REICHERT VERLAG WIESBADEN

KURDISCH FÜR FORTGESCHRITTENE

Lehr- und Arbeitsbuch des Kurmancî
mit Lösungen und Audiomaterial

Abdullah Incekan

mit Zeichnungen von
Pelda Cagabey

REICHERT VERLAG WIESBADEN

Umschlagabbildung: Kaiserkrone (*Fritillaria imperialis*)
Foto: Mohamad Khademi/shutterstock.com

Bibliografische Information der Deutschen Nationalbibliothek
Die Deutsche Nationalbibliothek verzeichnet diese Publikation in der Deutschen Nationalbibliografie; detaillierte bibliografische Daten sind im Internet über http://dnb.dnb.de abrufbar.

ISBN: 978-3-7520-0001-6
eISBN: 978-3-7520-0500-4
https://doi.org/ 10.29091/9783752005004
www.reichert-verlag.de

Gedruckt auf säurefreiem Papier
(alterungsbeständig – pH7, neutral)
Printed in Germany

INHALTSVERZEICHNIS

In Erinnerung an Yûnis Dildar (1918–1948)

DANKSAGUNG

Ich danke dem großen kurdischen Sänger Şivan Perwer, der die meisten Hörtexte las. Sümeyye trug mit ihrer Stimme ebenfalls zur Entstehung der Hörtexte bei, die technische Gestaltung erfolgte durch Yosef. Sigrun Kotb las die Korrektur des Buches und gestaltete es sehr sorgfältig. Ihnen allen sei hier herzlich gedankt.

Die **Audiodateien** befinden sich auf der **CD**. Sie finden sie aber auch zum **Download** oder direktem **Hören** auf der **Verlagswebsite** sowie auf der **Autoren-Website**.

http://reichert-verlag.de

https://kurdihindibim.com

VORWORT

Das vorliegende Buch ***Kurdisch für Fortgeschrittene (Kurmancî)*** ist als ein Lehrbuch des Kurmancî-Kurdischen für Fortgeschrittene konzipiert. Grundlegende Themen aus den Bereichen Laut-Graphem-Zuordnung, Rechtschreibung und Grammatik wurden anhand von authentischen Texten zusammen mit einer Audio-CD in **Kurdisch kompakt** dargestellt und anhand von diversen Übungen vertieft. Nun erfolgt mit ***Kurdisch für Fortgeschrittene (Kurmancî)*** die Fortsetzung dieser Arbeit. Ausgehend von ausgewählten Texten werden diverse Themen aus den Bereichen Rechtschreibung, Grammatik und Wortschatz mit weiterführenden Übungen vorgestellt und vertieft. Wichtige Tempora und Fälle werden wiederholt und vertieft; andere Aspekte der Grammatik, wie die Ergativität, der Aufbau von Verben und Adjektiven sowie einzelne Bereiche der Wortbildung eingeführt und ausführich besprochen.

Aufgrund der Rahmenbedingungen des Kurdischen und ihrer SprecherInnen entwickelt sich eine Standardsprache schwieriger und komplizierter als in anderen Sprachen. Es war mir wichtig, Texte aus unterschiedlichen Regionen auszuwählen, um sich der Heterogenität der sprachlichen Erscheinungen des Kurmancî-Kurdischen zu nähern. Varietätsunterschiede sowie die Unterschiede zwischen der gesprochenen und geschriebenen Sprache sind daher ein wichtiger Bestandteil des Buches. Man kann sich Kurmancî-Kurdisch am besten aneignen und eine breitere Grundlage aufbauen, indem man sich mit diesen Varietäten und unterschiedlichen Formen auseinandersetzt und sie lernt.

Alle Texte können über die mitgelieferte **Audio-CD** gehört werden. Mittels **QR-Codes** kann man sie auch von einem Smartphone oder Tablet hören.

Eine Vorarbeit mit **Kurdisch kompakt** wird nicht vorausgesetzt. Wichtige Themen sind deshalb an einigen Stellen noch einmal dargestellt, um darauf aufbauend weitere Sachverhalte zu erläutern.

Um auch das autodidaktische Lernern zu ermöglichen, habe ich folgende Anhänge angefügt:

- Lösungen
- Wörterverzeichnis Kurdisch-Deutsch
- Wörterverzeichnis Deutsch- Kurdisch
- Wortindex
- Liste aller Verben

Dr. Abdullah Incekan

ABKÜRZUNGEN

a.	auch
A/Adj.	Adjektiv
Abk. v.	Abkürzung von
Adv.	Adverb
bzw.	beziehungsweise
C. Obl.	Casus Obliquus
C. Rec.	Casus Rectus
d. h.	das heißt
Dem.-Pr.	Demonstrativpronomen
dir.	direkt
Elem.	Element
etymolog.	etymologisch
f	feminin
Fut.	Futur
Imperf.	Imperfekt
intr.	intransitiv
jdm.	jemandem
jdn.	jemanden
Komp.	Komparativ
Konj.	Konjunktiv
m	maskulin
meta.	metaphorisch
n	neutrum
nom.	nominal
N	Nomen
Neol.	Neologismus
O/Obj.	Objekt
Obl.	Casus Obliquus
P.	Person
Part.	Partizip
Pers.-Pr.	Personalpronomen
Pl.	Plural
Plusq.	Plusquamperfekt
Pr./Pron.	Pronomen
Präp.	Präposition
Präs.	Präsens
reg.	regionale Varietät
s.	siehe
S.	Seite
s. o.	siehe oben
Sg.	Singular
sog.	sogenannte
Standardvar.	Standardvarietät
Subj.	Subjekt
tr.	transitiv
V	Verb
vgl.	vergleiche
Wdh.	Wiederholung
wörtl.	wörtlich
z. B.	zum Beispiel

DAS ALPHABET

Alphabet	Beschreibung	Beispiel (Deutsch)	Beispiel (Kurdisch)
A – a	lang	**Aa**l	**A**ram (♂)
B – b		**B**aum	**B**erfîn (♂)
C – c		**j**oggen	**C**iwan (♂)
Ç – ç	wie die Buchstabenkombination «tsch» im Deutschen	Deu**tsch**	**Ç**etîn (♂)
D – d		**D**aumen	**D**ilber (♀)
E – e	kurz «e» repräsentiert zwei Laute: 1. wie im Deutschen 2. bei den Wörtern aus dem Arabischen wie der arabische Buchstabe ع	**E**ngel –	**E**lîf (♀) **E**mer (♂)
Ê – ê	lang	**E**bene	**Ê**zdîn (♂)
F – f		**F**alke	**F**erîde (♀)
G – g		**G**eige	**G**ulê (♀)
H – h	«h» repräsentiert zwei Laute: 1. wie im Deutschen 2. bei den Wörtern aus dem Arabischen wie der arabische Buchstabe ح	**H**aus –	**H**êlîn (♀) **H**esen (♂)
I – i	kurz wie der türk. Buchstabe «ı»	geh**e**n	H**i**sên (♂)
Î – î	lang	**I**gel	**Î**rfan (♂)
J – j		Gara**g**e	**J**ale (♀)
K – k		**K**opf	**K**ejê (♀)
L – l		**L**amm	**L**eman (♀)
M – m		**M**aus	**M**elek (♀)
N – n		**N**acht	**N**alan (♀)
O – o	kurz	**o**ffen	**O**sman (♂)
P – p		**P**ein	**P**erwîn (♀)

Q – q	keine Entsprechung im Deutschen, wie der arabische Buchstabe ق	–	**Q**asim (♂)
R – r	Zungenspitzen r	**R**aum	**R**eşat (♂)
S – s	stimmloses «s»	Se**ss**el	**S**emih (♂)
Ş – ş	wie die Buchstabenkombination «sch» im Deutschen	**Sch**laf	**Ş**emdîn (♂)
T – t		**T**afel	**T**ewfîq (♂)
U – u	kurz	**U**nfall	G**u**lê (♀)
Û – û	lang	**U**hr	**Û**sib (♂)
V – v		**W**iege	E**v**în (♀)
W – w	bilabial; keine Entsprechung im Deutschen wie engl. **w**ater oder arabisch و	–	**W**eysel (♂)
X – x	wie das arabische خ	Bu**ch**	**X**ebat (♂)
Y – y	wie «j» im Deutschen	**J**ahr	**Y**elda (♀)
Z – z	stimmhaftes «s»	**S**onne	**Z**eyneb (♀)

♂ = Jungenname, ♀ = Mädchenname

Wie man der Übersicht (aus **Kurdisch kompakt**) entnehmen kann, hat das Kurdische Alphabet in der lateinischen Schrift 31 Buchstaben. Kurdisch wird außerdem auch mit dem arabischen und kyrillischen Alphabet geschrieben.

In **Kurdisch kompakt** hatte ich bereits einzelne Aspekte der Laut-Graphem-Zuordnung thematisiert. Dazu gehören z.B. die beiden Buchstaben **e** und **h**, die jeweils zwei Laute repräsentieren.

An dieser Stelle möchte ich kurz auf weitere Buchstaben eingehen, die ebenfalls mehrere Laute repräsentieren: **ç**, **k**, **p** und **t**. Diese Buchstaben stellen jeweils einen aspirierten (behauchten) und einen nicht aspirierten (nicht behauchten) Laut dar, der wiederum in stimmhaft und -los unterteilt wird. Da der jeweilige Laut bedeutungsunterscheidend sein kann, muss man in der Lage sein ihn zu bilden, auch wenn er in der Schriftsprache durch denselben Buchstaben repräsentiert wird. Die regionalen Unterschiede bei diesen vier Lauten werden hier nicht extra gekennzeichnet, doch können sie in den beiden Wörterbüchern von Chyet und Rizgar nachgeschlagen werden.

Eine Besonderheit bei dem Buchstaben ***r*** ist, dass es neben dem einfachen ***r*** ein gerolltes ***r*** gibt, das in der Schriftsprache manchmal mit der Doppelung (***rr***) gekennzeichnet wird.

DESTPÊKA ÇÎROKÊ – ÇÎROKA KITÊBÊ*

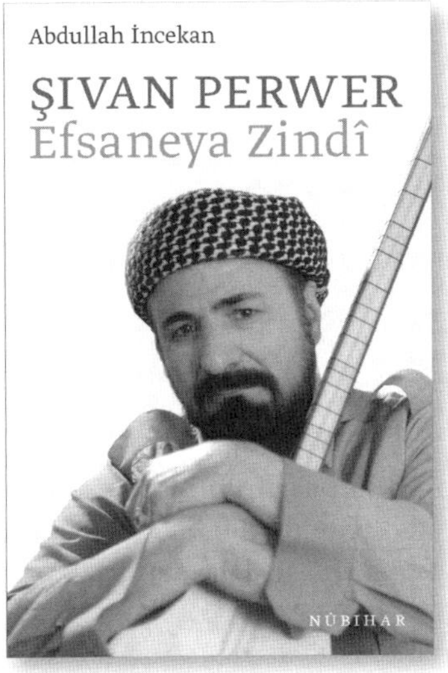

Di rojeke germ da ez li malê hazirîya xwe dikim, ku herim Weqfa Çandê ya Şivan Perwer. Li ser înternetê di Google Mapsê da ez navnîşana Weqfê didim, da ku bizanibim rê çiqas dikudîne: Ez sed û donzdeh kîlometreyan ji wir dûr im û xwe di seetek û deh deqîqeyan da dighînim wê derê. Herçiqas ez pê şadibim, ku ez nêzîkî Weqfê me jî, hîseke xemgînîyê pêşîya min bernade: Çima sirgûnî, xerîbî, bêxwedîtî perçeyek ji jîyana rewşenbîr, hunermend û sîyasetvanên min e? Bi van hestan ra gelek nav di serê min ra derbas dibin: Mîqdat Elî Bedirxan, Celadet, Kamûran, zarokên mala Cemîlpaşa ... Qahîre, Cenevre, Paris, Stenbol ... (...)
Cardin dixwazim ez konsantre bibim. Belê, ez ê îroj biçim Weqfê, lê dîsa jî ez meraq dikim: Vê tofana han Şivan çiqas ji kokên wî dûr xistiye? Ez dixwazim jimaran bibînim. Û ... Û van navnîşanan didim Google Mapsê: Bonn – Wêranşar, Urfa.

Xeteke dirêj î hêşîn, ku serî heye, binî tuneye ji welatê min tê ta navenda Ewrûpayê, paytexta Almanyayê ya kevn: Bonnê. Di xerîteyê da gelek nav derbas dibin, hin ji wan welatan xwedî kokên kûr in û yên din jî di van salên dawîn da hatine avakirin. Ez li wan welatan mêze dikim û xebata Şivan tê bîra min: Belê, ew jî dixwaze Kurd wek Boşnak, Arnawût û Makedonan xwedî welat bin, li ser axa xwe azad bin. Lê ... (...)

Kelîmeyên Nû

destpêk *(f)* – Anfang *(m)*, Beginn *(m)*
hazirî kirin *(tr.)* – Vorbereitungen treffen
weqf *(f)* – Stiftung *(f)*
çand *(f)* – Kultur *(f)*
Şivan Perwer – bekannter kurdischer (Polit-)Sänger, Songwriter
navnîşan *(f)* – Adresse *(f)*
da ku – um zu
kudandin, dikudîne, kudand *(intr.)* – (an)dauern
gihandin, ez dig(i)hênim, min gihand *(tr.)* – erreichen, bringen, überbringen

* Incekan, Abdullah: *Şivan Perwer – Efsaneya Zindî*. Istanbul (2014): Nûbihar.

wê derê – da(hin), dort(hin)
herçiqas – wenn auch, obschon
şabûn, bi/pê, ez şadibim, ez şabûm *(intr.)* – sich freuen (über)
nêzîkî *(f)* – Nähe *(f)*
hîs *(f)* – Gefühl *(n)*
xemgînî *(f)* – Trauer *(f)*
pêşî ... berdan *(tr.)* – in Ruhe lassen
sirgûnî *(f)* – Exil *(n)*
xerîbî *(f)* – Fremde *(f)*
bêxwedîtî *(f)* – Schutzlosigkeit *(f)*, ohne Schutz
perçe *(m)* – Teil *(n)*
rewşenbîr *(f/m)* – Intellektuelle(r) *(f/m)*
hunermend *(f/m)* – KünstlerIn *(f/m)*
sîyasetvan *(f/m)* – PolitikerIn *(f/m)*
hest *(f)* – Gefühl *(n)*
derbas bûn *(intr.)* – durchgehen, überqueren
Qahîre *(f)* – Kairo
Cenevre *(f)* – Genf
konsantre bûn *(intr.)* – sich konzentrieren
meraq kirin *(tr.)* – sich interessieren, sich fragen
tofan *(f)* – Sintflut *(f)*, Taifun *(m)*
kok *(f)* – Wurzel *(f)*
dûr xistin *(tr.)* – bannen, fortschaffen
Wêranşar *(f)* – kurdische Stadt, *türk.* Viranşehir
Urfa *(f)* – kurdische Stadt (*kurd.* Riha); *türk. amtlich* Şanlıurfa
xet *(f)* – Linie *(f)*, Strich *(m)*
dirêj *(Adj.)* – lang
serî heye, binî tuneye – unendlich
welat (*m; Obl.* welêt) – Land *(n)*
navend *(f)* – Zentrum *(n)*
Ewrûpa *(f)* – Europa *(n)*
paytext *(f)* – Hauptstadt *(f)*
Almanya *(f)* – Deutschland
xerîte *(f)* – Landkarte *(f)*
xwedî *(f/m)* – BesitzerIn *(f/m)*
kûr *(Adj.)* – tief
dawîn – letzte(r,s)
ava kirin *(tr.)* – gründen
xebat *(f)* – Arbeit *(f)*
hatin bîra ... *(intr.)* – sich erinnern an
Boşnak *(f/m)* – BosnierIn *(f/m)*
Arnawût *(f/m)* – AlbanerIn *(f/m)*
Makedon *(f/m)* – MazedonierIn *(f/m)*
ax *(f)* – Erde *(f)*, Erdboden *(m)*
azad *(Adj.)* – frei

Übersicht W-Fragen:

çima	warum
çi	was
çi wext (çaxtê)	wann
çawa	wie
çend	wie viele
kî (*C. Rec.)* / kê (*C. Obl.)*	wer
li kûderê	wo
kîjan	welche(r,s)

Textaufgaben

1. Nivîskar (Schriftsteller) li malê çi dike?
2. Ew çend kîlometreyan ji Weqfê dûr e?
3. Kîjan nav di serê wî ra derbas dibin?

Transitivität – Intransitivität

Wie bereits in KURDISCH KOMPAKT ausgeführt, werden im Kurmancî-Kurdischen die Verben nach Transitivität und Intransitivität unterschieden. In der Regel sind die Verben, die kein Objekt nach sich ziehen, wie z. B. *mirin – sterben, razan – schlafen*, intransitiv.

Verben, die ein (direktes oder indirektes) Objekt nach sich ziehen, sind transitiv, wie z. B. *kirrîn – kaufen, dan – geben*, weil man stets angeben muss, was man kauft bzw. wem man etwas gibt. Im Kurmancî-Kurdischen gibt es vereinzelt einzelne zusammengesetzte Verben, die zwar semantisch intransitiv aber vom Aufbau her transitiv sind. D. h. sie ziehen kein Objekt nach sich, werden aber wie ein transitives Verb konjugiert.

Da diese Verben große strukturelle Unterschiede (siehe weiter unten unter Ergativität) aufweisen, muss man sie auch als solche lernen und erkennen. In der Vokabelliste verweisen die Abkürzungen *tr.* (transitiv) und *intr.* (intransitiv) auf diese grammatische Eigenschaft.

Präsens- und Perfektstamm

Neben dem Infinitiv wird auch die erste Person im Präsens und Präteritum angegeben, damit man die beiden Stämme lernen kann.

Der Präsensstamm wird für folgende Tempora/Modi benötigt:

- Präsens
- Futur
- Befehlsform
- Modus

Er wird auch für den Subjunktiv benötigt (s. KURDISCH KOMPAKT). Alle Vergangenheitszeiten werden mit dem Perfektstamm gebildet. Man bildet bekanntlich den Perfektstamm, indem man die Infinitivendung weglässt. Für die Bildung des Präsensstammes gibt es keine allgemeinen Regeln, so dass man sie zusammen mit dem Verb lernen muss. Aus pragmatischer Sicht kann man bei einzelnen Verbgruppen bestimmte Bildungsweisen angeben:

a) Verben, die auf *-andin* und *-endin* (*şewitandin*, *vexwendin*) enden, werden durch *-în* ersetzt, um den Präsensstamm zu bilden.

b) Verben, die auf *-în* enden, verlieren diese Endung im Präsensstamm.

Bei den zusammengesetzten Verben werden die beiden Formen im Präsens und Präteritum nicht angegeben, da die Kenntnis über die Konjugation des Basisverbs vorausgesetzt wird.

Präsens

Zur Bildung des Präsens benötigt man den Präsensstamm des Verbs, den Tempusmarker ***di-*** und die jeweilige Personalendung. Also hat das Präsens folgende Struktur:

di	Präsensstamm	Personalendung
di	*lîz*	*im*
di	*şo*	*m*

Bei zusammengesetzten Verben wird der Tempusmarker ***di***- zwischen die Vorsilbe und den Stamm* geschoben:

Vorsilbe	***di***	Präsensstamm	Personalendung
rû	***di***	*nê*	*m*

Bei der Negation ersetzt die Negationsvorsilbe ***na***- den Tempusmarker *di*-, also:

Vorsilbe	***na***	Präsensstamm	Personalendung
	na	*lîz*	*im*
	na	*şo*	*m*
rû	***na***	*nê*	*m*

* In Mardin und Umgebung werden der Stamm und das Präfix als eine Einheit betrachtet, die nicht voneinander getrennt werden dürfen. Deshalb sagt man dort: *dirûnêm*.

Die Personalendung ist mit dem Verb *bûn* (sein) identisch und unterscheidet sich danach, ob der Stamm auf einen Vokal oder Konsonanten endet. Hier die Übersicht:

	Stammausgang: Konsonant	Stammausgang: Vokal
1. P. Sg.	*-im*	*-m*
2. P. Sg.	*-î*	*-yî*
3. P. Sg.	*-e*	–
1.–3. P. Pl.	*-in*	*-n*

Zur Bildung von Plural im Präsens und unregelmäßigen Verben (z. B. *hatin*, Negation von *zanîn*, *karîn*) im Präsens sowie viele Übungen vergleiche **Kurdisch Kompakt**.

Genus

Wie bereits in **Kurdisch kompakt** dargestellt wurde, hat jedes Nomen im Kurmancî-Kurdischen ein Genus, ein sogenanntes grammatisches Geschlecht. Das Geschlecht der Nomen zeigt sich an der Endung, die an das jeweilige Nomen angehängt und als **Ezafe** bezeichnet wird. Es gibt zwei Genera: Maskulina und Feminina. Die Ezafe-Endung ist bei den Maskulina *-ê*; bei den Feminina ***-a*** und im Plural der beiden Genera *-**ên***. Wenn das jeweilige Wort unbestimmt ist, dann haben wir folgende Endungen:

- maskulin: *-(y)ekî*
- feminin: *-(y)eke*
- Plural: *-(i)ne*

Grammatikübungen

1. ***Unterstreichen Sie alle Verben, die im Text vorkommen.***
2. ***Schreiben Sie daneben auf, ob es sich dabei um ein transitives (tr.) oder intransitives (intr.) Verb handelt.***
3. ***Stellen Sie das Subjekt des transitiven Verbs fest.***
4. ***Schreiben Sie alle Verben ab und ergänzen Sie die jeweilige Infinitivform.***
5. ***Unterstreichen Sie den Präsens- und den Perfektstamm!***

Präsensstamm	Perfektstamm
didim	dan
dikudîne	kudandin
dighînim	gihandin
şadibim	şabûn
bernade	berdan
derbas dibin	derbas bûn
meraq dikim	meraq kirin
dixwazim	xwestin
dibînim	dîtin
li ... mêze dikim	li ... mêze kirin

6. ***Verbinden Sie die beiden Stämme mit dem Infinitiv!***

Präsensstamm	Perfektstamm	Infinitiv
-k-	-xwest-	xwestin
-xwîn-	-xwend-	xwendin
-x-	-kir-	kirin
-b-	-ajot-	ajotin
-gr-	-xist-	xistin
-bîn-	-bir-	birin
-lîz-	-lîst-	lîstin
-xwaz-	-girt-	girtin

-ajo-	-dît-	dîtin
-kev-	-got-	gotin
-mîn-	-şand-	şandin
-şîn-	-ket-	ketin
-bêj-	-ma-	man

7. Bilden Sie den Präsensstamm!

çelqandin *(tr.)* – schütteln ....

revandin *(tr.)* – entführen ....

şewitandin *(tr.)* – in Brand setzen ....

birrîn *(tr.)* – schneiden ....

çinîn *(tr.)* – mähen ....

dexisîn *(intr.)* – eifersüchtig sein ....

dizîn *(tr.)* – klauen ....

karîn *(tr.)* – können ....

kirrîn *(tr.)* – kaufen ....

nihêrîn *(tr.)* – gucken ....

wêrîn *(intr.)* – sich trauen ....

zanîn *(tr.)* – wissen ....

⊙ 2

TEBÎETÊ DÛPIŞK*

Xalid Sadînî

Carekê dûpişkek hatîye ber devê çemekî û xwestîye ku derbas bibe alîyê din. Lewra li wir lêzimên wî hebûne. Bes ji ber ku çem zêde bûye û wî jî melevanî nedizanîye, newêrîye xwe bavêje çem.

Vir va çûye, wir va çûye, dawîyê beqek dîtiye û çûye ji beqê arîkarî xwestîye.
Gotîye beqê: «Here beqê Beqlîsayê, mala bavê te avayê ... Tu nizanî ka min çend xerîbîya dêûbavan kiriye. Tu ji kerema xwe min derbas bike alîye din ê çem.»
Beqê jî gotiyê: «Baş e, ez dê te derbas bikim, lê divê tu soz bidî ku bi min venadî.»
Dûpişk jî soz dayiyê û li pişta beqê siwar bûye. Beqê jî melevanî kiriye heta gihîştine nava avê. Li wir dûpişk xwe negirtiye û bi beqê vedaye.
Dema beq pê hesîyaye ku dûpişk pê vedaye, gotiyê: «Ma tu nabînî em di nava avê da ne. Dema ez mirim tu yê jî bixeniqî. Te bo çi wiha kir, ma te dil bi xwe va jî nîne?»
Dûpişk gotiyê: «Wellehî min jî nedixwest, lê di tebîetê min da heye. Ma ez çi bikim?»

Kelîmeyên Nû

tebîet *(m)* – Eigenschaft *(f)*, Wesen *(n)*
dûpişk *(m)* – Skorpion *(m)*
dev *(m)* – Mund *(m)*
alî *(m)* – Seite *(f)*
din – andere
lewra – weil, deshalb
li wir – dort
lêzim *(f)* – Verwandte *(f/m)*
bes – doch, jedoch
ji ber ku – weil
çem (*m*; *Obl.* çêm) – Fluss *(m)*
melevanî *(f)* – Schwimmen *(n)*
wêrîn, ez diwêrim, ez wêrîm *(intr.)* – sich trauen
avêtin, ez diavêjim, min avêt *(tr.)* – werfen
vir va – hierher

---

* SADÎNÎ, M. XALID: *Çîrokên Gelêrî*. Istanbul (2011): Nûbihar. Rûpel 22.

wir va – dorthin
dawî *(f)* – Ende *(n)*
beq *(f)* – Frosch *(m)*
arîkarî (*a.* alîkarî) *(f)* – Hilfe *(f)*
Beqlîsa (*a.* Belqîs) – Königin von Saba (Malkat Shebah); *hier dient das Wort als Reim*
ava – erbaut, bewohnt, reich
mala bavê te ava – Danke! (*wörtl.* möge das Haus deines Vaters reich sein)
ka – *Partikel zur Betonung einer Frage*
xerîbî kirin *(tr.)* – vermissen
ji kerema xwe – bitte
derbas kirin *(tr.)* – überqueren lassen
dê – *Partikel für Futur, auch als* «ê» *vorhanden*
vîn, ez divêm, min divê *(tr.)* – sollen
soz dan *(tr.)* – versprechen
vedan (bi), ez vedidim, min veda *(tr.)* – beißen, stechen, graben
pişt *(f)* – Rücken *(m)*
heta (*Präp.*) – bis
av *(f)* – Wasser *(n)*
girtin, xwe *(tr.)* – sich beherrschen
hesîyan, bi/pê, ez dihesim, hesîyam *(intr.)* – erfahren, wahrnehmen, bemerken
mirin, ez dimirim, ez mirim *(intr.)* – sterben
xeniqîn, ez dixeniqim, ez xeniqîm *(intr.)* – ertrinken
ma – *Partikel zur Betonung einer Frage*
dil bi xwe bûn *(intr.)* – Mitleid mit sich haben
wellehî – bei Gott

Textaufgaben

1. Dûpişk xwestiye derbasî kûderê bibe?
2. Wî çima xwestiye derbasî alîyê din yê çem bibe?
3. Dûpişk çima newêrîye xwe bavêje avê?
4. Wî ji beqê çi xwestiye?
5. Di nava avê da dûpişk bi beqê çi kiriye?

Fälle im Kurdischen: Casus Rectus und Casus Obliquus

Im Satz ... *wî jî melevanî nedizaniye* kommt das Subjekt *wî* im Casus Obliquus vor. Dieses Pronomen nehme ich als Anlass, um die beiden Fälle zu wiederholen, die in **KURDISCH KOMPAKT** ausführlich dargestellt worden sind.

Das Subjekt des intransitiven Verbs muss immer im Casus Rectus stehen. Beim transitiven Verb muss das Subjekt im Präsens und Futur ebenfalls im Casus Rectus stehen.

Der Casus Obliquus ist zum einen der Objektfall bei den transitiven Verben im Präsens und Futur, aber gleichzeitig der Subjektfall dieser Verbgruppe in den Vergangenheitszeiten. Diese Verhältnisse lassen sich tabellarisch wie folgt darstellen:

		Subjekt	**Objekt**
intr. Verb	alle Zeiten	C. Rectus	–
trans. Verb	Präsens + Futur	C. Rectus	C. Obliquus
	Vergangenheitszeiten	C. Obliquus	C. Rectus

Im Kurmancî gibt es i.d.R. deshalb auch zwei Gruppen von Pronomina, die gemäß dieses Schemas benutzt werden müssen:

Pronomen im C. Rectus			**Pronomen im C. Obliquus**		
Pers.-Pr.	Dem.-Pr.	Frage-Pr.	Pers.-Pr.	Dem.-Pr.	Frage-Pr.
ez *tu* *ew* *em* *hûn* *ew*	*ev/ew*	*kî*	*min* *te* *wî/wê* *me* *we* *wan*	*vê/wê*	*kê*

Wenn anstelle der Pronomen Namen bzw. Nomen benutzt werden, bekommen sie abhängig von ihrem Genus folgende Endungen:

	Casus Rectus-Endung (bestimmt)	Casus Obliquus-Endung (unbestimmt)
mask.	_*	*-(y)ekî*
fem.	*-(y)ê*	*-(y)ekê*
Pl. (m. und f.)	*-(y)an*	–

(**siehe dazu unten mehr*)

Das versteckte Subjekt

Im Gegensatz zum Deutschen muss im Kurdischen das Subjekt nicht in jedem Satz erwähnt werden, wenn es aus dem Kontext ableitbar und der Bezug klar ist. Im Satz *Vir va çûye, wir va çûye, dawîyê beqek dîtiye û çûye ji beqê arîkarî xwestiye* und in dem folgenden Satz wird das Subjekt nicht erwähnt, da klar ist, dass es sich dabei um den Skorpion handelt, der in dem Satz davor vorkam. Die Sätze sind grammatisch richtig. Die beiden erwähnten Sätze beinhalten folgende Subjekte [in eckigen Klammern]:

[*Ew*] *vir va çûye, wir va çûye, dawîyê beqek dîtiye û çûye ji beqê arîkarî xwestiye.*

[*Wî*] *gotiye beqê.*

Fusion der Präpositionen

Im Kurmancî-Kurdischen stellt das Objekt, welches durch eine Präposition regiert wird, das indirekte Objekt dar. Im Satz [*Dûpişk*] *ji beqê arîkarî xwestiye* ([Der Skorpion] bat den Frosch um Hilfe) ist das Wort *beq* (der Frosch) ein indirektes Objekt. In Dialogen oder in bestimmten Kontexten kann dieses Objekt durch ein Personalpronomen ersetzt werden. Aber da das Verb ebenfalls eine obligatorische Präposition nach sich zieht, bleibt sie erhalten. In diesem Fall findet eine Verschmelzung der Präposition mit dem Personalpronomen statt. Die Präposition sowie das Personalpronomen in der 3. P. Singular *wî/wê* bilden zusammen eine Form, die geschlechtsübergreifend gleich ist.

Diese Fusion ist bei folgenden Präpositionen vorhanden:

bi ... ra:	*bi wî/wê ra*	– *pê ra*
bi hev ra:		– *pev ra*
di ... da/ra:	*di wî/wê da*	– *tê da/ra*
ji ... (ra):	*ji wî/wê (ra)*	– *jê (ra)*
li:	*li wî/wê*	– *lê*

Bei *bi* und *di* ändern sich die Konsonanten. Exemplarisch möchte ich den Aufbau wie folgt zeigen:

*Dûpişk **ji beqê** arîkarî xwestiye.* – Der Skorpion bat den Frosch um Hilfe.

*Dûpişk **ji wî** arîkarî xwestiye.* – Der Skorpion bat ihn um Hilfe.

*Dûpişk **jê** arîkarî xwestiye.* – Der Skorpion bat ihn um Hilfe.

Diese Fusion gilt nur für die 3. Person Singular. Bei den anderen Personen muss das indirekte Objekt erwähnt werden; eine Fusion kann nicht stattfinden.

Man macht von dieser Form ebenfalls Gebrauch, wenn man vorgreifend auf das indirekte Objekt in einem Nebensatz verweist.

Dema beq pê hesîyaye ku dûpişk pê vedaye, (...) – Als der Frosch davon erfuhr, dass der Skorpion ihn gestochen hat, (...)

Das Verb *hesîyan* verlangt die obligatorische Präposition *bi*. Im Satzteil *dema beq pê hesîyaye ku* wird auf den Nebensatz vorgreifend Bezug genommen.

Bei der Nominalisierung wird die fusionierte Form gebraucht, also:

lêdana derî – der Schlag der Tür

Es gibt eine Reihe von Verben, die diese Struktur aufweisen. Hier einige Beispiele:

destpêkirin/dest bi ... kirin (tr.) – beginnen, anfangen

Zozan sibê dest bi mekebê dike. – Zozan beginnt morgen mit der Schule.

jêgirtin/ji ... girtin (tr.) – anstecken, verletzen

Gotina wî ji min digre. – Sein Wort verletzt mich.

lêdan/li ... dan (tr.) – schlagen, besiegen

Leşker li gundîyan didin. – Die Soldaten schlagen die Dorfbewohner.

lêkirin/li ... kirin (tr.) – aufeinanderlegen, stellen, satteln, anziehen

Ez şal li xwe dikim. – Ich ziehe die Hose an.

lêxistin/li ... xistin (tr.) – schlagen, prügeln

Leşker li gundîyan dixin. – Die Soldaten schlagen die Dorfbewohner.

têdan/di ... dan (tr.) – glätten, streichen

Ez rûn di nan didim. – Ich streiche das Brot mit Butter.

Kelîmeyên Nû

leşker *(f/m)* – SoldatIn *(f/m)* / gundî *(f/m)* – DorfbewohnerIn *(f/m)* / şal *(m)* – Hose *(f)* / rûn *(m)* – Butter *(m)* / nan *(m)* – Brot *(n)*

Das Enklitikon: Fusion des Pronomens mit dem Verb

Ähnlich wie in der obigen Erscheinung gibt es in der 3. P. Singular eine Fusion des Pronomens mit dem Verb. Hierbei wird das Personalpronomen, welches das indirekte Objekt darstellt, sozusagen in das Verb integriert. Im obigen Text kommen drei Sätze mit dem Verb *gotin* (sagen) vor, in denen eine solche Struktur vorliegt.

*beqê jî **gotiye wî/wê***	–	und der Frosch **sagte ihm**
*beqê jî **gotiyê***	–	und der Frosch **sagte ihm**
*dûpişk jî soz **dayiye wî***	–	und der Skorpion **versprach ihm**
*dûpişk jî soz **dayiyê***	–	und der Skorpion **versprach ihm/ihr**

Diese Struktur liegt denjenigen Verben zugrunde, die ein indirektes Objekt nach sich ziehen. Der Genusunterschied fällt dabei ebenfalls weg, so dass man z. B. für beide Geschlechter *gotiyê* (sagte ihm/ihr) benutzen kann. Aus dem Kontext kann man sich die Information über das Genus erschließen.

Das Perfekt

Um das Perfekt zu bilden, benötigt man den Perfektstamm, an den folgende Endungen angefügt werden:

intransitives Verb Stammausgang: Konsonant	
ez	*ket-**ime***
tu	*ket-**îyî***
ew	*ket-**îye***
em/hûn/ew	*ket-**ine***

intransitives Verb Stammausgang: Vokal
*çû-**me***
*çû-**yî***
*çû-**ye***
*çû-**ne***

Bei den transitiven Verben haben die Verben die Formen *-**(î)ye*** für Singular und *-**(i)ne*** für Plural. Sie werden an den Perfektstamm angehängt.

Grammatikübungen

1. Fusionieren Sie die Präpositionen!

– Ez bi Kurdî dizanim.

Ez .... dizanim.

(Ich kann Kurdisch. → Ich kann es.)

– Ez li hespê siwar dibim.

Ez .... siwar dibim.

(Ich besteige das Pferd. → Ich besteige es.)

– Ez bi keçikê ra rûdinim.

Ez .... ra rûdinim.

(Ich sitze mit dem Mädchen. → Ich sitze mit ihr.)

– Çi bi wê bûye?

Çi .... bûye?

(Was ist mit ihr passiert?)

- Keçik bi kurik razî dibe.

  Keçik .... razî dibe.

  (Das Mädchen ist mit dem Jungen zufrieden. → Das Mädchen ist mit ihm zufrieden.)

- Berfîn nameyê bi Elî ra dişîne.

  Berfîn nameyê .... ra dişîne.

  (Berfîn schickt den Brief mit Ali. → Berfîn schickt den Brief mit ihm.)

Kelîmeyên Nû

hesp *(m)* – Pferd *(n)* / siwar kirin *(tr.)* – hinaufsteigen lassen / keçik *(f)* – Mädchen *(n)*, Tochter *(f)* / kurik *(m)* – Junge *(m)*, Sohn *(m)* / razî bûn *(intr.)* – zufrieden sein

2. Lösen Sie das Enklitikon auf!

- Aqildar bala xwe dayê [............ ......] ku gotinên wî rast in.

  (Der Berater sah, dass seine Worte richtig waren.)

- Yekî rezek da yekî, ê din guşîyek tirî jê nedayê [............ ......].

  (Einer gab dem anderen einen Weintraubengarten; der andere gab ihm aber davon nicht einmal ein Büschel.)

- Bi min ra dirav tunebûn, min di dêlevê da dîkê me yê sor dayê

  [............ ......].

  (Ich hatte kein Geld dabei, ich gab ihm/ihr anstelle dessen unseren roten Hahn.)

- Şêr ewqas lava kirine jî rûvî guhê xwe nedayê [............ ......].

  (Obwohl der Löwe ihn so sehr anflehte, schenkte der Fuchs ihm keine Aufmerksamkeit.)

- Lê min gotê [............ ....].

  (Aber ich sagte ihm/ihr, ...)

– Mirîşk pir aciz bû û bi hêrs gotê [............ ......].

(Das Huhn ärgerte sich sehr und sagte zornig zu ihm/ihr ...)

Kelîmeyên Nû

aqildar *(f/m)* – BeraterIn *(f/m)* / bala xwe dan *(tr.)* – sehen, angucken / gotin *(f)* – Wort *(n)* / rez *(m)* – Weintraubengarten *(m)* / guşî *(f)* – Büschel *(n)*, Traube *(f)* / tirî *(m)* – Traube *(f)* / dirav *(m)* – Geld *(m)* / di dêlevê da *(Präp.)* – anstelle / dîk *(m)* – Hahn *(m)* / şêr *(m)* – Löwe *(m)* / lavahî kirin *(tr.)* – anflehen / rûvî *(m)* – Fuchs *(m)* / guh dan *(tr.)* – zuhören / mirîşk *(f)* – Huhn *(n)*

3. Im Rätsel sind 16 Wörter enthalten (senkrecht, waagrecht und diagonal). Kreisen Sie sie ein.

	1	2	3	4	5	6	7	8	9	10
A	A	R	S	A	R	A	S	A	R	A
B	B	Q	T	B	Û	H	T	B	Û	T
C	K	P	N	A	V	E	N	D	S	E
Ç	C	I	Ş	C	Î	S	A	Û	Ş	S
D	G	N	Ç	Ç	Ê	P	V	P	U	P
E	U	M	V	E	F	B	N	I	Û	B
Ê	Ş	L	D	Î	K	V	Î	Ş	Ê	R
F	Î	K	E	D	M	X	Ş	K	A	R
G	Ç	J	V	D	I	R	A	V	Q	L
H	D	Î	W	E	R	Y	N	L	M	N
I	E	I	Î	Ç	Î	B	E	Q	Q	O
Î	Ê	H	L	E	Ş	K	E	R	R	P
J	F	G	X	M	K	Z	X	W	S	Ş

3

TIŞTÊN DESTPÊKÊ

Kitêba pêşîn a zarokan a Ehmedê Xanî ye. Wî *Nûbihara Piçûkan* di sala 1683yan da nivîsî.

Radyoya Erîvanê radyoya pêşîn a bi Kurdî ye. Spîkera wê Eznîva Reşîd bû. Wê ji 1955an hetanî 1982yan spîkerîya radyoyê kir.

Televîzyona pêşîn a Kurdî MEDTV bû. Wê di sala 1995an da dest bi weşanê kir.

Celadet Alî Bedirxan kovara pêşîn a bi Kurdî derxist. Wî *Hawar* di sala 1932yan da weşand.

Erebê Şemo romana pêşîn a bi Kurdî nivîsî. Wî *Şivanê Kurmanca* di sala 1935an da çap kir.

Mîqdat Mîthat Bedirxan rojnameya pêşîn a Kurdan weşand. Wî di sala 1898an da dest bi weşana *Kurdistan*ê kir.

Kelîmeyên Nû

tişt *(f/m)* – Sache *(f)*
pêşîn – Erste(r)
Nûbihara piçûkan – Titel des Kinderwörterbuchs von Ehmedê Xanî
Êrîvan *(f)* – Yerevan, Hauptstadt Armeniens
spîker *(f/m)* – NachrichtensprecherIn *(f/m)*
spîkerî *(f)* – «Nachrichtensprechertum»
weşan *(f)* – Sendung *(f)*
roman *(f)* – Roman *(m)*
belav kirin *(tr.)* – vertreiben, verbreiten
çap kirin *(tr.)* – veröffentlichen, herausbringen
rojname *(f)* – Zeitung *(f)*

1. Setzen Sie das richtige Personalpronomen ein. Das Bezugsnomen ist unterstrichen.

– Kitêba pêşîn a zarokan a Ehmedê Xanî ye. .... *Nûbihara Piçûkan* di sala 1683yan da nivîsî.

– Radyoya Erîvanê radyoya pêşîn a bi Kurdî ye. Spîkera wê Eznîva Reşîd bû. .... ji 1955an hetanî 1982yan spîkeriya radyoyê kir.

– Televîzyona pêşîn a Kurdî MEDTV bû. .... di sala 1995an da dest bi weşanê kir.

– Celadet Alî Bedirxan kovara pêşîn a bi Kurdî derxist. .... *Hawar* di sala 1932yan da weşand.

– Erebê Şemo romana pêşîn a bi Kurdî nivîsî. .... *Şivanê Kurmanca* di sala 1935an da çap kir.

– Mîqdat Mîthat Bedirxan rojnameya pêşîn a Kurdan weşand. .... di sala 1898an da dest bi weşana *Kurdistan*ê kir.

4

HESRETA ZAROKTÎYÊ

Bêrîvan û Rojen par bi herdu zarokên xwe Zozan û Baran ra li gund bûn. Jîyana bajêr ew westandibûn. Loma jî hemû tiştên gund xweşî wan diçûn.

Tirsa trafîkê bi wan ra nemabû. Rojen û Bêrîvanê bi dilekî rihet ew dişandin derva. Bêrîvanê digot 'ez di tetîlê da me' û loma jî xwarin çênedikir. Wê li kêfa xwe mêze dikir, pirtûk dixwendin û çîrok werdigerandin Kurdî. Wê carna ji nav daristanê giyayên şifadar diçinî û ew tovî serhev dikir.

Zarokan li ber derî dilîstin. Gava dilê wan dixwest, wan hesp diajotin. Piştî nîvro wan di çem da sobarî dikirin. Di çem da gelek masî hebûn. Carna Rojen jî bi wan ra dibû yek û wan bi hev ra masî digirtin. Dû ra, ber bî esrê, wan bi hev ra ew paqij dikirin. Baran ê piçûk aşvanekî baş bû. Wî hemû masî diqijilandin. Zozanê selete çêdikir û bavê wan jî mase amade dikir. Bêî ku ew li seetê mêze bikin, wan xwarina xwe dixwar.

Zarokan carna bi şivan ra pez diçêrandin. Zozanê mîh didotin û Baran carna xwe nedi girt, diçû ser mêrgê û gîya diçinî. Wî dida pey paleyan û alî wan dikir.

Rojen şa dibû, ku li dû ewqas salan ew cardin li gundê xwe bû. Bîranînên piçûktîyê dev ji wî bernedidan.

Kelîmeyên Nû

hesret *(f)* – Sehnsucht *(f)*
Bêrîvan – *Mädchenname*
Rojen – *Jungenname*
par – letztes Jahr
herdu – beide
Zozan – *Mädchenname*
Baran – *Jungenname*
bajar (*m*; *Obl.* bajêr) – Stadt *(f)*
westandin, ez diwestînim, min westand *(tr.)* – ermüden, erschöpfen
xweşî ... çûn (*intr.*) – gefallen
tirs *(f)* – Angst *(f)*
trafîk *(f)* – Verkehr *(m)*
dil *(m)* – Herz *(n)*
bi dilekî rihet – ohne Sorge
xwarin çêkirin, ez x. çêdikim, min x. çêkir *(tr.)* – kochen
pirtûk (f) – Buch (n)
li kêfa xwe mêze kirin *(tr.)* – es sich wohl ergehen lassen
wergerandin, ez werdigerînim, min wergerand *(tr.)* – übersetzen
ji nav (*Präp.*) – aus
gîya (gîha) *(m)* – Gras *(n)*
şifadar *(Adj.)* – gesund
çinîn, ez diçinim, min çinî *(tr.)* – mähen
tovî serhev kirin, ez t. s. dikim, min t. s. kir *(tr.)* – zusammen tun
li ber derî – draußen, an der Tür
girtin, ez digrim, min girt *(tr.)* – fangen, nehmen, bekommen
girtin, xwe *(tr.)* – sich beherrschen
bûn yek *(intr.)* – sich zusammensetzen, sich vereinen
ber bi (*a.* ber bî) (*Präp.*) – gegen
paqij kirin *(tr.)* – sauber machen
aşvan *(f/m)* – Koch *(m)* / Köchin *(f)*
qijilandin, ez diqijilînim, min qijiland *(tr.)* – braten
selete *(f)* – Salat *(m)*
amade kirin, ez a. dikim, min a. kir *(tr.)* – vorbereiten
xwarin, ez dixwim, min xwar *(tr.)* – essen
şivan (*m*; *Obl.* şivên) – Hirt *(m)*, Schäfer *(m)*
pez (*m*; *Obl.* pêz) – Kleinvieh *(n)*
çêrandin, ez diçêrînim, min çerand *(tr.)* – weiden
mîh *(m)* – Schaf *(n)*
dotin, ez didoşim, min dot *(tr.)* – melken
dan pey, ez didim pey, min da pey *(tr.)* – eifrig verfolgen, auf den Fersen sein
pale *(f/m)* – FeldarbeiterIn *(f/m)*
alî ... kirin *(tr.)* – helfen
li dû *(Präp.)* – nach
bîranîn *(f)* – Erinnerung *(f)*
dev ji ... berdan, ez dev ji ... berdidim, min dev ji ... berda *(tr.)* – in Ruhe lassen, mit etwas aufhören

Textaufgaben

1. Bêrîvan û Rojen par li kûderê bûn?
2. Bêrîvan çima xwarinê çênake?
3. Bêrîvan li gund çi dike?
4. Zarok çi dikin?
5. Ew li kûderê masîyan digrin?
6. Rojen çima şa dibe?

Grammatikübungen

1. ***Lesen Sie den Text durch und unterstreichen Sie die transitiven Verben.***
2. ***Unterstreichen Sie auch das dazugehörige Subjekt.***
3. ***In welchem Tempus ist der Text geschrieben? Begründen Sie!***
4. ***Ergänzen Sie die Übersicht!***

Imperfekt	Perfcktstamm	Präsensstamm	1. P. Sg. Imp.	1. P. Sg. Präs.
dişandin	-şand-	-şîn-	min dişand	ez dişînim
digot				
çênedikir				
li ... mêze dikir				
dixwendin				
werdigerandin				
diçinî				
tovî serhev dikir				
dilîstin				

dixwest				
diajotin				
sobarî dikir				
digirtin				
paqij dikirin				
diqijilandin				
amade dikir				
dixwar				
diçêrandin				
didotin				
dida pey				
alî dikir				
dev ji ... bernedidan				

Präteritum und Imperfekt

Um das **Präteritum** zu bilden, benötigt man den Perfektstamm, an den die folgenden Endungen angefügt werden.
Die negierte Form bildet man mit der Vorsilbe ***ne-*** (*neketim, neçûm*).

intransitives Verb Stammausgang: Konsonant		intransitives Verb Stammausgang: Vokal
ez	*ket-**im***	*çû-**m***
tu	*ket-**î***	*çû-**yî***
ew	*ket-**ø***	*çû-**ø***
em/hûn/ew	*ket-**in***	*çû-**n***

Bei den transitiven Verben ist der Perfektstamm gleichzeitig das Präteritum für den Singular: *min pirsî, te got, wê da ...*

Im Plural fügt man die Pluralendung *-**(i)n*** an: *min pirs pirs**în**, te stran got**in**, wê sêv d**an** ...*

Zur Bildung des **Imperfekt**s setzt man die Vorsilbe ***di-*** vor die Präteritumform:

intransitives Verb Stammausgang: Konsonant		intransitives Verb Stammausgang: Vokal
ez	***di**ket-im*	***di**çû-m*
tu	***di**ket-î*	***di**çû-yî*
ew	***di**ket-ø*	***di**çû-ø*
em/hûn/ew	***di**ket-in*	***di**çû-n*

Bei den transitiven Verben ist der Perfektstamm gleichzeitig das Präteritum für den Singular, auch hier wird zur Bildung des Imperfekts die Vorsilbe ***di-*** verwendet: *min **di**pirsî, te **di**got, wê **di**da ...*

Im Plural fügt man die Pluralendung *-**(i)n*** an: *min pirs dipirs**in**, te stran digot**in**, wê sêv dida**n** ...*

Ergativität I: Subjekt des transitiven Verbs

Im Satz *Rojen û Bêrîvanê bi dilekî rihet ew dişandin derva* sind die grammatischen Beziehungen folgendermaßen:

Subjekt	Adv.	Objekt	Verb	indir. Objekt
Rojen û Bêrîvanê	*bi dilekî rihet*	*ew*	*dişandin*	*derva.*

Das Subjekt steht im Casus Obliquus, was an der Endung des weiblichen Namens *Bêrîvan* zu erkennen *-ê* ist, und das Objekt im Casus Rectus. Dieses Beispiel möchte ich als Anlass zu weiteren Ausführungen nehmen:

Die Konjugation des transitiven Verbs unterscheidet sich im Kurmancî-Kurdischen danach, ob es in den a) Vergangenheitszeiten oder b) in den Präsenszeiten gebraucht wird. Man muss also von zwei Paradigmen ausgehen.

Im Präsens, Futur und in den Befehlsformen verhält sich das transitive Verb wie ein intransitives Verb. Dies hat zur Folge, dass das Subjekt im Casus Rectus und das Objekt im Casus Obliquus steht. Das gilt auch für Eigennamen. Das Verb richtet sich nach dem Subjekt, d. h. es kongruiert mit dem Subjekt:

Das Paradigma des Präsens und des Futurs			
	Subjekt: Casus Rectus	Objekt: Casus Obliquus	Verb
Präsens	*Ez* *Tu* *Dîlan/Ew* *Em/Hûn/Ew*	*kitêbê* *kitêbê* *kitêbê* *kitêbê*	*dikirrim* *dikirrî* *dikirre* *dikirrin*
Futur	*Ez ê* *Tu yê* *Dîlan/Ew ê* *Em/Hûn/Ew ê*	*kitêbê* *kitêbê* *kitêbê* *kitêbê*	*bikirrim* *bikirrî* *bikirre* *bikirrin*

In den Beispielsätzen befindet sich das Subjekt in allen beiden Tempora im Casus Rectus; deshalb wird es nicht dekliniert. Das Objekt dagegen ist im Casus Obliquus. Im obigen Beispiel handelt es sich um das Wort *kitêb (f)* – «Buch», welches die Obliquuus-Endung *-ê* bekommen hat. Das Verb passt sich in der Person, Zeit und im Modus dem Subjekt an. D. h. es hat die jeweilige Personalendung und die Vorsilbe der jeweiligen grammatischen Zeit.

Das Paradigma der Vergangenheitszeiten stellt sich dagegen anders dar, weil hier die Ergativität vorliegt: Die obigen Beispielsätze lauten in den Vergangenheitszeiten wie folgt:

Das Paradigma der Vergangenheitszeiten			
	Subjekt: Casus Obliquus	Objekt: Casus Rectus	Verb
Präterium	*Min* *Te* *Dîlanê/Wê* *Me/We/Wan*	*kitêb* *kitêb* *kitêb* *kitêb*	*kirrî* *kirrî* *kirrî* *kirrî*

Was hat sich nun im Vergleich zum obigen Schema verändert? Der erste Unterschied ist, dass das Subjekt jetzt im Oblique-Fall steht (deshalb auch *min, te, Dîlan-ê, wê, me, we, wan),* das Objekt aber steht im Casus Rectus, d. h. im Nominativ und hat deshalb keine Endung.
Der hier dargestellte Sachverhalt lässt sich in einem Schema folgendermaßen darstellen:

		Subjekt	Objekt
transitives Verb	**Präsenszeiten**	**Casus Rectus**	**Casus Obliquus**
	Vergangenheits-zeiten	**Casus Obliquus**	**Casus Rectus**

5. ***In den folgenden Sätzen ist das Subjekt in beiden Fällen (Casus Rectus und Casus Obliques) angegeben. Streichen Sie die falsche Form durch.***

- **Rojen û Bêrîvan / Rojen û Bêrîvanê** bi dilekî rihet ew dişandin derva.

- **Bêrîvan / Bêrîvanê** digot 'ez di tetîlê da me' û loma jî xwarin çênedikir.

- **Ew / Wê** li kêfa xwe mêze dikir, kitêb dixwendin û çîrok werdigerandin Kurdî.

- **Ew / Wê** carna ji nav daristanê giyayên şifadar diçinî û ew tovî serhev dikir.

- **Zarok / Zarokan** li ber derî dilîstin.

- Gava dilê wan dixwest, **ew / wan** hesp diajotin.

- Piştî nîvro **ew / wan** di çem da sobarî dikir.

- Carna Rojen jî bi wan ra dibû yek û **ew / wan** bi hev ra masî digirtin.

- Dû ra, berbi esrê, **ew / wan** bi hev ra ew paqij dikirin.

- Baran ê piçûk aşvanekî baş bû. **Ew / Wî** hemû masî diqijilandin.

- **Zozan / Zozanê** selete çêdikir û bavê wan jî mase amade dikir. Bêî ku ew li seetê mêze bikin, **ew / wan** xwarina xwe dixwar.

- **Zarok / Zarokan** carna bi şivan ra pez diçêrandin. **Zozan / Zozanê** mîh didotin û **Baran / Baranî / Baranê** carna xwe nedigirt, diçû ser mêrgê û giya diçinî. **Ew / Wî** dida pey paleyan û alîkarî dikir.

- **Rojen / Rojenî / Rojenê** şa dibû, ku li dû ewqas salan ew cardin li gundê xwe bû.

6. ***Setzen Sie in die zweite Spalte das Subjekt in der 1. P. Sg. ein und übersetzen Sie die Wortgruppe (Präsensstamm ist angegeben)!***

7. ***Ändern Sie das jeweilige Verb ins Imperfekt! Das Subjekt soll einfachheitshalber immer die 1. Person Singular sein. Übersetzen Sie anschließend die Wortgruppe.***

Infinitiv-Übersetzung	**Präsens 1. P. Sg.**	**Imperfekt 1. P. Sg.**
xwarin- essen	*ez dixwim – ich esse*	*min dixwar – ich aß*
kirin – machen, tun	.... (-k-)	min ....
vexwarin – trinken	.... (ve-xw-)	min ....
stran – singen	.... (strê-)	min ....
raxistin – auslegen	.... (ra-x-)	min ....
çelqandin – schütteln	.... (çelqîn-)	min ....
anîn – bringen	.... (tîn-)	min ....
avêtin – werfen	.... (-avêj-)	min ....
cûtin – kauen	.... (-cû-)	min ....
birrîn – schneiden	.... (-birr-)	min ....
êşandin – weh tun	.... (-êşîn-)	min ....

Ergativität II: Casus Obliquus von maskulinen Wörtern

In den meisten kurmancîsprachigen Regionen werden maskuline Wörter im Casus Obliquus i.d.R. nicht dekliniert. In der Behdînî-Region sowie in einigen wenigen anderen Gebieten werden jedoch auch maskuline Nomen und Eigennamen dekliniert und erhalten die Deklinationsendung -î. So heißt z.B. in dieser Variante der Satz

Baranî kitêbek kirrî. – Baran kaufte ein Buch.

Neben dieser Endung gibt es einzelne maskuline Wörter, die im Casus Obliquus eine Veränderung im Wort selbst erfahren – dabei wird der Buchstabe *a* bzw. *e* durch das ***ê*** (und in manchen Regionen sogar auch durch ***î***, s. Lesetext III) ersetzt. Im obigen Text kommt das Wort *bajar* als *bajêr* vor, weil es in diesem Satz im Casus Obliquus steht. Auch männliche Namen, die den Buchstaben *a* enthalten, folgen dieser Regel. Diese Regel taucht in der Serhed-Varietät nicht auf.

Ich behandle das Thema nicht normativ und übernehme die Texte genau so, wie sie in der Ursprungsquelle vorkommen, daher kann es vorkommen, dass in diesem Buch einzelne Wörter unterschiedlich geschrieben sind.

Im Vokabelverzeichnis gebe ich jedoch auch die Oblique-Form an, um auf diese Erscheinung hinzuzuweisen.

Exemplarisch zeige ich hier folgende Wörter, die diese Struktur aufweisen:

bajar *(m)* – Stadt *(f)*	bajêr
şivan *(m)* – Hirt *(m)*	şivên
aş *(m)* – Mühle *(f)*	êş
nan *(m)* – Brot *(n)*	nên
şekir *(m)* – Zucker *(m)*	şêkir
ard *(m)* – Mehl *(n)*	êrd
mast *(m)* – Joghurt *(m)*	mêst
agir *(m)* – Feuer *(n)*	êgir
dîwar *(m)* – Wand *(f)*	dîwêr

mela *(m)* – Mullah *(m)*	melê
welat *(m)* – Heimat *(f)*, Land *(n)*	welêt
xanî *(m)* – Haus *(m)*, Wohnung *(f)*	xênî
ziman *(m)* – Sprache *(f)*, Zunge *(f)*	zimên
pez *(m)* – Kleinvieh *(n)*	pêz
çem *(m)* – Fluss *(m)*	çêm
hesp *(m)* – Pferd *(n)*	hêsp
Mistefa	Mistefê
Arif	Êrif

ÇEND KESAYETÎ

I. Şerafettin Elçi

Sîyasetmedarê kurd Şerafettin Elçi îro wefat kir. Wî dibistana seretayî û navîn li Cizîrê, lîse li Mêrdinê xwend û derbasî beşa Hiqûqê ya Zanîngeha Enqereyê bû. Piştî xilaskirina zanîngehê wî li Amedê staja xwe ya parêzerîyê kir.
Di sala 1992yan da wî û hin rewşenbîran Weqfa Azadî û Mafên Kurdan vekirin.
Elçi di sala 1994an da digel hin hevalên xwe Platforma Demokratîk a Kurd ava kir û wî jî berdevkîya platformê kir. Wan di 1997an da Demokratik Kitle Partisi vekirin û ew bû serokê partîyê.
(*Diyarname, 25.12.2012*)

II. Antoine de Saint-Exupéry

Antoine de Saint-Exupéry bavê xwe wenda kir. Wî piçûktîyeke xweş dît.
Di sala 1912an da çavên wî bi balafirekê ketin, wî dît çawa ew bi asîmanan dikeve. Wî hîsên xweşî û azadîyê nas kirin. Di sala 1921ê da wî leşkerîya xwe kir. Wî pere ji dîya xwe xwest û ew hînî ajotina balafirên medenî bû û wî dîploma xwe ya balafirvanîyê girt. Li bajarê Toulousê wî di kargeha balafiran da kar kir. Bi balafirê wî name ji Toulousê dibir Kazablankayê û ji wê derê jî wî ew digihandin bajarê Dakarê.

III. Sînemxan Bedirxan

Sînemxan Bedirxan xwendina xwe ya taybetî li dibistana rahibeyên Fransî qedand. Piştî bekaloria (bachelor) wê dû salan li zanîngeha Şamê beşa yasayê xwend. Wê xwendina xwe ya li wir neqedand, ji ber ku sala 1960an ew bi endezyar Selah Sadallah ra zewicî û hat Îraqê. Piştî beyana adarê wê li Yekitîya Afretên Kurdistanê heta 1974an kar kir.

Li Bexdayê wê xwendina xwe qedand û wê bawernameya zimanê Fransî wergirt.

Sala 1980ê wê li Baghdad International School wekî mamosteya zimanê Fransî dest bi kar kir.

IV. Çend cumle

Nûbiharê hejmara xwe ya nû derxist: Nûbiharê li ser «Jina Kurd» dosye amade kir! (*Diyarname, 28.02.2013*)

Amedê dengê Qamişloyê bihîst: Şaredarê Bajarê Mezin ê Amedê Osman Baydemîr, çû derîyê sînor ê li navbera Nisêbîn û Qamişloyê û alîkarî gihand rayedarên wê derê. (*Diyarname, 28.02.2013*)

Newrozê tirs xist nav dilê dîktatoran. (*Agirî, hejmar 203, 04.2013*)

Kurdistanê dest bi firotina petrolê kir. (*avestakurd.net, 07.04.2013*)

Kelîmeyên Nû

I.

kesayetî *(f)* – Persönlichkeit *(f)*
sîyasetmedar *(f/m)* – PolitikerIn *(f/m)*
wefat kirin *(tr.)* – sterben
dibistan *(f)* – Schule *(f)*
dibistana seretayî – Grundschule *(f)*
dibistana navîn – Mittelschule *(f)*
Cizîr *(f)* – kurdische Stadt, *türk.* Cizre
lîse *(f)* – gymnasiale Oberstufe
Mêrdîn *(f)* – kurdische Stadt, *türk.* Mardin
derbas ... bûn *(intr.)* – betreten, überqueren
beş *(f)* – (Fach-)Bereich *(m)*
hiquq *(f)* – Jura *(m)*
zanîngeh *(f)* – Universität *(f)*
Enqere *(f)* – Ankara
xilaskirin *(f)* – Beenden *(n)*
Amed *(f)* – kurdische Stadt, *türk.* Diyarbakir
staj *(f)* – Praktikum *(n)*
parêzerî *(f)* – Anwaltschaft *(f)*
azadî *(f)* – Freiheit *(f)*
maf *(m)* – Recht *(n)*
digel *(Präp.)* – zusammen, mit
berdevkî *(f)* – Sprecher(-tum) *(m)*
serok *(f/m)* – Vorsitzende(r) *(f/m)*

II.

wenda kirin *(tr.)* – verlieren
çav bi ... ketin (*intr.*) – etw. sehen, erblicken
balafir *(f)* – Flugzeug *(n)*
asîman *(m)* – Himmel *(m)*
bi asîmanan ketin *(intr.)* – fliegen
leşkerî *(f)* – Militär *(n)*
leşkerî kirin *(tr.)* – den Militärdienst leisten
medenî (*Adj.*) – zivil
dîploma *(f)* – (Abschluss-)Zeugnis *(n)*
balafirvanî *(f)* – Fliegerei *(f)*
kargeh *(f)* – Unternehmen *(n)*
kar kirin *(tr.)* – arbeiten

III.

taybetî – privat
rahîbe *(f)* – Nonne *(f)*
qedandin, ez diqedînim, min qedand *(tr.)* – beenden

yasa *(f)* – Jura *(m)*
endezyar *(f/m)* – IngenieurIn *(f/m)*
zewicîn, ez dizewicim, ez zewicîm *(intr.)* – heiraten
Îraq *(f)* – Irak *(m)*
beyan *(f)* – Erklärung *(f)*
yekitî *(f)* – Vereinigung *(f)*, Einheit *(f)*
afret *(f)* – Frau *(f)*, Weib *(n)*
Bexda *(f)* – Bagdad
bawername *(f)* – Zeugnis *(n)*
wergirtin, ez werdigrim, min wergirt *(tr.)* – bekommen, entgegen nehmen

IV.
Nûbihar *(f)* – Name einer kurdischen Zeitschrift
derxistin, ez derdixim, min derxist (*tr.*) – herausbringen, veröffentlichen
dosye *(f)* – Dossier *(n)*
deng *(m)* – Stimme *(f)*
Qamişlo *(f)* – kurdische Stadt in Rojava
bihîstin, ez dibihîzim, min bihîst *(tr.)* – hören
şaredar *(f/m)* – OberbürgermeisterIn *(f/m)*
derî *(m)* – Tür *(f)*
derîyê sînor – Grenztür *(f)*
navber *(f)* – Mitte *(f)*, zwischen *(Präp.)*
Nisêbîn *(f)* – kurdische Stadt, *türk.* Nusaybin
alîkarî *(f)* – Hilfe *(f)*
rayedar *(f/m)* – Verantwortliche(r) *(f/m)*
Newroz *(f)* – kurdisches Neujahrsfest
xistin, ez dixînim, min xist *(tr.)* – hineintun, platzieren, schlagen
petrol *(f)* – Petroleum *(n)*

Textaufgaben zu I.

1. Şerafettin Elçi dibistana seretayî û navîn li kûderê xwend?
2. Wî lîse li kûderê xwend?
3. Elçi li Enqereyê çi xwend?
4. Piştî qedandina zanîngehê wî li Enqereyê çi kir?
5. Di sala 1992yan da wî û hevalên xwe çi vekirin?
6. Di 1997an da wî kîjan partî vekir?

Textaufgaben zu II.

1. Çavên wî di sala 1912an da li çi ketin?
2. Wî çaxtê leşkerîya xwe kir?
3. Wî li kîjan bajarî kar kir?

Textaufgaben zu III.

1. Sînemxan Bedirxan xwendina xwe li kîjan dibistanê qedand?
2. Wê li zanîngeha Şamê kîjan beş xwend?
3. Wê çima xwendina xwe neqedand?
4. Li Bexdayê wê çi kir?
5. Sala 1980an wê çi kir?

Textaufgaben zu IV.

1. Nûbiharê li ser çi dosye amade kir?
2. Osman Baydemîr çû kûderê?
3. Kurdistanê dest bi firotina çi kir?

Grammatikübungen

1. In den Sätzen ist das Subjekt im Casus Rectus und Casus Obliquus angegeben. Streichen Sie die falsche Form durch (das Verb ist unterstrichen).

Sîyasetmedarê kurd Şerafettin Elçi îro wefat kir. **Wî / Ew** dibistana seretayî û navîn li Cizîrê, lîse li Mêrdinê <u>xwend</u> û derbasî beşa Hiqûqê ya Zanîngeha Enqereyê bû. Piştî xilaskirina zanîngehê **wî / ew** li Amedê staja xwe ya parêzerîyê <u>kir</u>.

Di sala 1992yan da **wî / ew** û hin rewşenbîran Weqfa Azadî û Mafên Kurdan <u>vekirin</u>.

Elçi di sala 1994an da digel hin hevalên xwe Platforma Demokratîk a Kurd ava kir û **wî / ew** jî berdevkîya platformê <u>kir</u>. **Ew / Wan** di 1997an da Demokratik Kitle Partisi <u>vekirin</u> û ew bû serokê partîyê. (*Diyarname, 25.12.2012*)

Nûbihar / Nûbiharê hejmara xwe ya nû <u>derxist</u>: **Nûbihar / Nûbiharê** li ser «Jina Kurd» dosye <u>amade kir</u>! (*Diyarname, 28.02.2013*)

Amed / Amedê dengê Qamişloyê <u>bihîst</u>: Şaredarê Bajarê Mezin ê Amedê Osman Baydemîr, çû deriyê sînor ê li navbera Nisêbîn û Qamişloyê û alîkarî gihand rayedarên wê derê. (*Diyarname, 28.02.2013*)

Newroz / Newrozê tirs <u>xist</u> nav dilê dîktatoran. (*Agirî, hejmar 203, 04.2013*)

Kurdistan / **Kurdistanê** dest bi firotina petrolê <u>kir</u>.(*avestakurd.net, 07.04.2013*)

2. Im Satz fehlt das Subjekt. Setzen Sie das fehlende Personalpronomen ein!

Antoine de Saint-Exupéry bavê xwe wenda kir. .... piçûktîyeke xweş dît. Di sala 1912an da çavên wî bi balafirekê ketin, ... dît çawa ew bi asîmanan dikeve. .... hîsên xweşî û azadîyê nas kir. Di sala 1921ê da .... leşkerîya xwe kir. .... pere ji dîya xwe xwest û ew hînî ajotina balafirên medenî bû û .... dîploma xwe ya balafirvanîyê girt. Li bajarê Toulousê .... di kargeha balafiran da kar kir. Bi balafirê .... name ji Toulousê dibir Kazablankayê û ji wê derê jî .... ew digihandin bajarê Dakarê.

3. Im Satz fehlt das Subjekt. Setzen Sie das fehlende Personalpronomen ein!

Sînemxan Bedirxan xwendina xwe ya taybetî li dibistana rahibeyên Fransî qedand. Piştî bekaloria (bachelor) .... dû salan li zanîngeha Şamê beşa yasayê xwend. .... xwendina xwe ya li wir neqedand, ji ber ku sala 1960an ew bi endezyar Selah Sadallah ra zewicî û hat Iraqê.

Piştî beyana adarê .... li Yekitîya Afretên Kurdistanê heta 1974an kar kir.

Li Bexdayê .... xwendina xwe qedand û .... bawernameya zimanê Fransî wergirt.

Sala 1980ê .... li Baghdad International School wekî mamosteya zimanê Fransî dest bi kar kir.

4. ***Nun stehen die Texte im Präsens. Ergänzen Sie das Subjekt. Wenn nichts in Klammern angegeben ist, muss es ein Personalpronomen sein. Das direkte Objekt ist bereits im Casus Obliquus, die Verben sind unterstrichen.***

Sîyasetmedarê kurd Şerafettin Elçi îro wefat kir. .... dibistana seretayî û navîn li Cizîrê, lîse li Mêrdinê dixwîne û derbasî beşa Hiqûqê ya Zanîngeha Enqereyê dibe. Piştî xilaskirina zanîngehê .... li Amedê staja xwe ya parêzeriyê dike.

Di sala 1992yan da .... û hin rewşenbîr Weqfa Azadî û Mafên Kurdan vedikin.

Elçi di sala 1994an da digel hin hevalên xwe Platforma Demokratîk a Kurd ava dike û .... jî berdevkiya platformê dike. .... di 1997an da Demokratik Kitle Partisi vedikin û ew dibe serokê partiyê. (*Diyarname, 25.12.2012*)

.... (Nûbihar) hejmara xwe ya nû derdixe: .... (Nûbihar) li ser «Jina Kurd» dosye amade dike! (*Diyarname, 28.02.2013*)

.... (Amed) dengê Qamişlo dibihîse: Şaredarê Bajarê Mezin ê Amedê Osman Baydemîr çû derîyê sînor ê li navbera Nisêbîn û Qamişloyê û alîkarî gihand rayedarên wê derê. (*Diyarname, 28.02.2013*)

.... (Newroz) tirs dixe nav dilê dîktatoran. (*Agirî, hejmar 203, 04.2013*)

.... (Kurdistan) dest bi firotina petrolê dike (*avestakurd.net, 07.04.2013*)

Antoine de Saint-Exupéry piçûktîyeke xweş dibîne. Di sala 1912an da çavên wî bi balafirekê dikevin, ... dibîne çawa ew bi asîmanan dikeve. .... hîsên xweşî û azadîyê nas dike. Di sala 1921ê da .... leşkerîya xwe dike. .... pere ji dîya xwe dixwaze û ew hînî ajotina balafirên medenî dibe û .... dîploma xwe ya balafirvanîyê digre. Li bajarê Toulousê

.... di kargeha balafiran da kar dike. Bi balafirê

.... name ji Toulousê dibe Kazablankayê û ji wê derê jî .... wan digihîne bajarê Dakarê.

Sînemxan Bedirxan xwendina xwe ya taybetî li dibistana rahibeyên Fransî diqedîne. Piştî bekaloria (bachelor) .... dû salan li zanîngeha Şamê beşa yasa yê dixwîne.

.... xwendina xwe ya li wir naqedîne, ji ber ku sala 1960an ew bi endezyar Selah Sadallah ra dizewice û tê Iraqê.

Piştî beyana adarê .... li Yekitîya Afretên Kurdistanê heta 1974an kar dike.

Li Bexdayê .... xwendina xwe diqedîne û .... bawernameya zimanê Fransî werdigre.

Sala 1980an .... li Baghdad International School wekî mamosteya zimanê Fransî dest bi kar dike.

5. Im Rätsel sind 13 Wörter enthalten (senkrecht und waagrecht). Kreisen Sie sie ein.

	1	2	3	4	5	6	7	8	9	10
A	A	Î	Y	P	Ş	Y	Ê	Ş	L	U
B	B	D	E	R	Î	Z	F	I	M	Û
C	Y	E	K	S	T	A	G	V	N	A
Ç	C	N	I	R	U	B	H	A	P	L
D	Ç	G	T	A	Û	C	I	N	R	Î
E	D	M	Î	H	V	Ç	Î	J	S	K
Ê	E	J	N	I	W	D	Y	K	Ş	A
F	Ê	K	P	B	A	L	A	F	I	R
G	F	L	Q	E	X	E	S	Î	T	Î
H	B	A	W	E	R	N	A	M	E	X
I	G	Z	A	N	Î	N	G	E	H	Y
Î	H	M	D	I	B	I	S	T	A	N

⊙ 6

LI MALA MÎR CELADET ALÎ BEDIR-XAN*

Firat Ceweri

Min biharekê hazirîya xwe kir, çenteyek amade kir, ji bo hevpeyvînan teybeke piçûk digel deh kasetan xistin çenteyekî û min ji Swêdê berê xwe da Sûriyê. Min dixwest ez herim mala Celadet Bedir-Xan. Min xwest ez li mala wî bigerim, bi dotmama wî ra li ser wî sohbet bikim, fikir û ramanên wî hê baştir nas bikim, çîroka wî ji devê dotmam û kevanîya wî bibihîzim. Ez hê di balafirê da bûm, kelecanekê ez girtibûm, lê gava min ji Şamê xwe bi otobêsê gihand Baniyasê û min li derîyê Rewşen Xanimê kir teqînî, di şûna heyecanê da dilşahîyekê di dilê min da pêl da.

Rewşen Xanim ji hundir pêrgî min hat û wê ez hemêz kirim. Germahîya hemêza wê hemêzkirina dêya min anî bîra min û wê jî bi hesreta hemêzkirina kurê xwe ez şidandim. Gava min xwest ez pêlavên xwe ji pê bikim, wê nehişt. Em rûniştin, hema piştî rûniştinê wê cigare îkramî min kir, min cigareke wê pêxist û li hal û wextê wê pirsî. (...) Gava çaya me hat, min çavên xwe li hundirê odeyê gerandin. Dîwar, bi resimên çarçovekirî yên malbata Bedir-Xaniyan va xemilandî bûn. (...) Wê rojê heta bi derengê êvarê me (...) sohbet kir.

Êdî şerma min nemabû, Rewşen Xanimê jî ez mîna endamekî malê dihesibandim û wê tewra wê dikir ku ez jî xwe mîna endamekî malê bihesibînim. Min di wê navê ra benda Celadet Alî Bedir-Xan *Were Dotmam* (...) di bîra wê da anî û bîranînên wê yên ciwaniyê teze kirin. «Erê, erê...», wê jî bi axîn got, «wî ne bi tenê bi hesreta pismamekî ez hemêz dikirim, lê bi ya bavekî, bi ya birayekî jî ez hemêz dikirim. (...)»

Min dît ku Rewşen Xanim di xeyalan da kûr diçe û dixwaze bi her awayî Celadetê xwe bi bîr bîne, wî di bîranînên xwe da zindî bike. Hema di wê navê re, ew rabû ser xwe, çû, wê ji wê kitêbxaneya caminî du albûmên mezin anîn û li ser masê danîn. (...)

---

* Ceweri, Firat: *Li Mala Mîr Celadet Alî Bedir-Xan*. Stockholm (1998): Nûdem.

Kelîmeyên Nû

mîr *(m)* – Emir *(m)*, Prinz *(m)*, Fürst *(m)*
çente *(m)* – Tasche *(f)*
hevpeyvîn *(f)* – Interview *(n)*
teyib *(f)*, teyb – Kassettenrekorder *(m)*
kaset *(f)* – Kassette *(f)*
Swêd *(f)* – Schweden
berê xwe dan *(tr.)* – sich begeben in/nach
Sûrîye *(f)* – Syrien
herim → Subjunktiv von *çûn*
do(t)mam *(f)* – Cousine *(f)* (väterlicherseits)
fikir *(f)*, fikr – Gedanke *(m)*
raman *(m)* – Gedanke *(m)*, Meinung *(f)*
kevanî *(f)* – Hausfrau *(f)*, Haushälterin *(f)*
kelecan *(f)* – Aufregung *(f)*
Şam *(f)* – Damaskus
Banîyas *(f)* – eine Stadt in Syrien
teqînî kirin *(tr.)* – *hier:* an der Tür klopfen
şûn *(f)* – Stelle *(f)*, Platz *(m)*
di şûna ... da – anstelle von
heyecan *(f)* – Aufregung *(f)*
dilşahî *(f)* – Freude *(f)*, Fröhlichkeit *(f)*
pêl dan *(tr.)* – wogen, wallen
hundir *(m)* – Innere *(n)*
pêrgî ... hatin *(intr.)* – entgegen kommen
hemêz kirin *(tr.)* – umarmens
germahî *(f)* – Wärme *(f)*
hemêz *(f)* – Schoß *(m)*
... anîn bîra ... *(tr.)* – erinnern an
şidandin, ez dişidînim, min şidand *(tr.)* – festdrücken, festbinden
pêlav *(f)* – Schuh *(m)*
ji pê kirin *(tr.)* – ausziehen
hiştin, ez dihêlim, min hişt *(tr.)* – lassen, zulassen
cigare *(f)* – Zigarette *(f)*
îkram kirin *(tr.)* – anbieten
pêxistin, ez pê dixim, min pêxist *(tr.)* – anzünden
li ... pirsîn *(tr.)* – fragen nach
li hal û wextê ... pirsîn *(tr.)* – jdn. nach dem Befinden fragen
çay *(f)* – Tee *(m)*
ode *(f)* – Zimmer *(n)*
gerandin, ez digerînim, min gerand *(tr.)* – *hier:* drehen
çarçovekirî – eingerahmt
malbat *(f)* – Familie *(f)*
xemilandî – verziert
şerm *(f)* – Scham *(e)*, Scheu *(f)*

endam *(f/m)* – Mitglied *(n)*
hesibandin, ez dihesibînim, min hesiband *(tr.)* – zählen zu
tewr *(f)* – Haltung *(f)*, Umgang *(m)*
di vê/wê navê da – in diesem/jenem Moment
bend *(f)* – Zeitungsartikel *(m)*
Were Dotmam – Titel eines Gedichtes von Celadet Ali Bedir-Xan
teze kirin *(tr.)* – entfachen, erneuern
axîn *(f)* – Stöhnen *(n)*
bi axîn – stöhnend
pismam *(m)* – Cousin *(m)* (väterlicherseits)
awa *(m)* – Art und Weise *(f)*
bi her awayî – auf jeden Fall, in jedem Fall
zindî kirin *(tr.)* – entfachen, wach rufen
rabûn ser xwe *(intr.)* – aufstehen
kitêbxane *(f)* – Bücherei *(f)*, Bibliothek *(f)*
caminî *(Adj.)* – gläsern
album *(f)* – (Foto-/Musik-)Album *(n)*

Textaufgaben

a) Firat Cewerî diçe mala kê?

b) Mala Mîr Celadet li kûderê ye?

c) Cewerî li kîjan welatî dimîne?

d) Ew ji bo çi teybekê bi xwe dibe?

e) Ew li mala Mîr kê dibîne?

f) Dîwarên mala Rewşen Bedirxanê bi çi xemilandî ne?

g) «Were Dotmam» çi tîne bîra Rewşen Bedirxanê?

1. Die folgenden 5 Sätze kommen im Text in etwas längerer Form vor. Unterstreichen Sie in den Sätzen das Subjekt und das Objekt. Nach welchem Bestandteil ist das Verb konjugiert? Erklären Sie.

– Kelecanekê ez girtibûm.

– Wê ez hemêz kirim.

– Min çavên xwe li hundurê odeyê gerandin.

– Min bîranînên wê yên ciwaniyê teze kirin.

– Wê du albûmên mezin anîn û li ser masê danîn.

Ergativität III: Die Verbkonjugation richtet sich nach dem Objekt

Eine weitere Eigenschaft der Ergativität im Kurmancî-Kurdischen zeichnet sich darin aus, dass sich die Konjugation des Verbs in den Vergangenheitszeiten nach dem Objekt richtet. Eine solche Struktur ist den Nicht-Ergativ-Sprachen fremd.

Um diesen Aufbau zu erklären, möchte ich nun wieder das Paradigma im Präsens und im Anschluss daran die Ergativstruktur zeigen. Als Beispiel dient das Verb *tirsandin – Angst machen*, welches ein Objekt nach sich zieht:

Das Paradigma des Präsens und des Futurs

Subjekt	Objekt im Obliquus	Verb Tempusmarker – Präsensstamm – Personalendung
Tu	*min*	*di-tirsîn-î.*
Tu	*wî*	*di-tirsîn-î.*
Tu	*wê*	*di-tirsîn-î.*
Tu	*me*	*di-tirsîn-î.*

Was sieht man in den Beispielsätzen? Das **Verb** passt sich dem **Subjekt** an. Das Subjekt befindet sich in der 2. P. Sing. (*tu – du*) und deshalb steht auch das Verb in der 2. P. Singular. Bis hierhin gibt es im Allgemeinen keinen Unterschied zwischen Kurmancî und anderen Nicht-Ergativsprachen.

In den **Vergangenheitszeiten** jedoch kongruiert das **Verb** nicht mit dem Subjekt, sondern mit dem **Objekt**. Nun wieder zu dem Schema, welches diese Struktur exemplarisch darstellt:

Das Paradigma der Vergangenheitszeiten		
Subjekt	Objekt	Verb Perfektstamm – Personalendung
Te	*ez*	*tirsand-im.*
Te	*ew*	*tirsand.*
Te	*em*	*tirsand-in.*

Wie man erkennen kann, ist in allen drei Sätzen das Subjekt *te – du* (2. P. Singular). Das Objekt steht der Reihe nach in der 1. P. Singular (*ez – ich*), in der 3. P. Singular (*ew – er/sie/es*) und in der 1. P. Plural (*em – wir*). Wenn man sich die Personalendungen beim Verb ansieht, wird man feststellen, dass das Verb mit dem Objekt kongruiert und deshalb im ersten Satz in der 1. P. Singular (*-im*), im zweiten Satz in der 3. P. Singular (keine Endung) und im dritten Satz in der 1. P. Plural (*-in*) steht.

Nominalisierung

Im Text *Li mala Mîr Celadet Alî Bedir-Xan* kommt folgender Satz vor:

Germahîya hemêza wê hemêzkirina dêya min anî bîra min û wê jî bi hesreta hemêzkirina kurê xwe ez şidandim.

Das Verb *hemêz kirin* ist in dem Text zusammen geschrieben, da es sich um die Nominalisierung eines Verbs handelt. Im Kurmancî-Kurdischen kann jedes Verb im Infinitiv nominalisiert werden. Die Nominalisierung ist feminin und wird stets zusammen geschrieben. Auch jedes Adjektive kann nominalisiert werden.

7

HIN STRAN Û ANEKDOTEK

Nesrînê – Diljen Roni

Te ez kuştim
Te ez kuştim, Nesrînê
Dilê'm dixwaze te bibîne
Kulîlka sor û şînê
Te ez pîr kirim lê dînê

Çavên Te – Ciwan Haco

Çavên te reş in lê gidîyê
Reşekî tarî
Bejna te zirav e, dirêj e
Bejna çinarê
Te ez helandim şêrînê
Te ez helandim delalê
Were kubarê
Te ez helandim şêrînê
Te ez helandim delalê
Were kubarê
Te ez helandim şêrînê
Te ez helandim delalê
Were kubarê

Te ez kal kirim – Aram Tigran

Te ez kal kirim bi ciwanî,
Lê ez xort bûm, tu baş (di)zanî,
Pelê dara min te weşand,
Bihar çû, te payîz anî.

Reva ji xewê

Şevekê xewa Xoce nayê. Ew ji nav nivînan radibe, fanosê vêdixe, derdikeve derva û li kûçeyê digere. Di wê gavê da nobedar Xoce dibîne û tê cem wî, jê ra dibêje:

– Xoce, tu vê şeva tarî li çi digerî?

Xoce bersiva nobedar dide û dibêje:

– Xewa min wenda bû, ez lê digerim.

Kelîmeyên Nû

kuştin, ez dikujim, min kuşt *(tr.)* – töten
kulîlk *(f)* – Blume *(f)*
şîn – blau
pîr kirin – jdn. «alt machen», ermüden, krank machen, altern lassen
lê *(Vokativ)* – Oh! *hier:* Ansprache für weibliche Personen
dîn *(f/m)* – doof

gidî – Ausdruck für Tadel oder stärkeres Gefühl
bej(i)n *(f)* – Figur *(f)*, Körpergröße *(f)*
zirav *(Adj.)* – dünn
çinar *(f)* – Ahorn *(m)*
helandin, ez dihelînim, min heland *(tr.)* – schmelzen
şêrîn *(Adj.)* – süß
delal *(Adj.)* – schön, verehrt
were – *Befehlsform Sg. von* hatin
kubar *(Adj.)* – höflich, fein, nett

kal kirin *(tr.)* – jdn. «alt machen», ermüden, krank machen, altern lassen
ciwanî – jung, in jungen Jahren
xort *(Adj.)* – jung
pel *(m)* – Blatt *(n)*
dar *(f)* – Baum *(m)*
weşandin, ez diweşînim, min weşand *(tr.)* – fallen lassen
payîz *(f)* – Herbst *(m)*

rev *(f)* – Flucht *(f)*, Fliehen *(n)*
xew *(f)* – Schlaf *(m)*
xoce *(f/m)* – Hodscha *(m)*
ji nav – aus
nivîn *(m)* – Bett *(n)*
fanos *(f)* – Laterne *(f)*, Lampe *(f)*
vêxistin, ez vêdixim, min vêxist *(tr.)* – anzünden, einschalten
kûçe *(f)* – Gasse *(f)*
gav *(f)* – Schritt *(m)*
di wê gavê da – in jenem Moment
nobedar *(f/m)* – WächterIn *(f/m)*
bersiv dan *(tr.)* – antworten
xew ... revîyan (*intr.*) – nicht schlafen können

Grammatikübungen

2. ***In den angegebenen Liedauszügen wird das Verb nach dem Objekt konjugiert. Markieren Sie das Subjekt und das Objekt und stellen Sie die Person des Verbs fest.***
3. ***Ändern Sie die Sätze ins Präsens um. Was verändert sich?***
4. ***Tragen Sie das Objekt in die Lücke ein!***

– Ez .... dixwim.
(zebeş *(f)* – Wassermelone *(f)*)

– Tu .... dibêjî.
(stran *(f)* – Lied *(n)*)

– Tu .... vedixwî.
(av *(f)* – Wasser *(n)*)

– Ew .... radixe.
(xalîçe *(f)* – Teppich *(m)*)

– Ez .... diajom.
(trimbêl *(f)* – Auto *(n)*)

– Em .... çêdikin.
(hevîr *(m)* – Teig *(m)*)

– Hûn .... diçelqînin.
(mast *(m)* – Joghurt *(m)*)

– Tu .... diçinî.
(zevî *(f)* – Feld *(n)*)

– Ez .... dibirrim.
(kaxiz *(f)* – Papier *(n)*)

*5. **Nun ändern Sie den Satz ins Präterium. Das Subjekt steht in der 1. P. Sg., das Objekt in der Einzahl.***

– *Ez zebeşê dixwim.* – *Min zebeş xwar.*

– Tu stranê dibêjî. – ....

– Tu avê vedixwî. – ....

– Ew xalîçeyê radixe. – ....

– Ez trimbêlê diajom. – ....

– Em hevîr çêdikin. – ....

– Hûn mast diçelqînin. – ....

– Tu zevîyê diçinî. – ....

– Ez kaxizê dibirrim. – ....

*6. **Lesen Sie die Nasredîn Xoce-Anekdote durch und unterstreichen Sie die transitiven Verben.***

*7. **Stellen Sie das Subjekt sowie das Objekt des transitiven Verbs fest und markieren Sie sie.***

*8. **Bilden Sie Sätze im Präsens. Das Subjekt ist bereits angegeben.***

– Tu ....
(agir *(m)* – Feuer *(n)* / dadan – anzünden)

– Tu .... min.
(gul *(f)* – Rose *(f)* / dan – geben)

– Ez .... ser maseyê.
(mifte *(f)* – Schlüssel *(m)* / danîn – legen, setzen)

– Ew ....
(kovar / derxistin – herausbringen)

– Em ....
(kîs *(m)* – Tüte *(f)*, Sack *(m)* / dewisandin – eindrücken)

– Hûn ....
(pere *(m)* – / deyn kirin – ausleihen, borgen)

– Zozan ....
(îşlig *(m)* – Hemd *(n)* / dirûtin – nähen)

– Rojen ....
(zêr *(m)* – Gold *(n)* / dizîn – stehlen)

– Berfîn ....
(Baran / dîtin – sehen)

– Bêrîvan ....
(çêlek *(f)* – Kuh *(f)* / (dotin – melken)

9. Setzen Sie die Sätze ins Präteritum um.

– <u>Tu</u> *agir (m)* dadidî.
Te agir dada.

– <u>Tu</u> *gulê (f)* didî min.

....

– <u>Ez</u> *mifteyê (f)* datînim ser maseyê.

....

– <u>Ew</u> *kovarê (f)* derdixe.

....

– <u>Em</u> *torbe (m)* didewsînin.

....

– <u>Hûn</u> *pere (m)* deyn dikin.

....

– <u>Zozan</u> *îşlig (m)* didirû.

....

– <u>Rojen</u> *zêr (m)* didize.

....

– <u>Berfîn</u> *Baran (m)* dibîne.

....

– <u>Bêrîvan</u> *çêlekê (m)* didoşe.

....

⊙ 8

BAVÊ MIN Û ŞIVAN, EZ Û ŞAKIRO*

Îkram Oğuz

Me ne Elvis Presley, ne jî Marilyn Monroe nas dikir. Bi navê huner û hunermendîyê tiştê ku me dizanîbû, ew jî dengbêj û kilam û stranên wan bûn. (...)

Hemû êvarên me bi teyîba(n) ra derbas dibûn. Bavê min teyîb dida kêleka xwe, kasêtek ji bêrîka xwe derdixist û di teybê da bi cih dikir, me jî bi malbatî dengê xwe dibirrî û guh dida kilam û stranên dengbêjan. Bavê min kengê biçûya çarşîyê ji dost û hevalên xwe bi emanetî kasêtek digirt û dianî malê. Heger îmkan heba, me ew berê kopî dikir; tuneba, çend roj guhdarî dikir. Pişt ra jî bavê min ew dibir û yeke din dianî. Bi vî awayî carcaran kasêtek di navbera hezar kesî da diçû û dihat. (...)

Bavê min xwe Kurd dihesiband û hertim muzîka Kurdî guhdarî dikir, min jî xwe wek Kurd dihesiband, lê muzîka ku min guhdarî dikirin, muzîka şoreşgerî bû. Ew hunermendên ku me şoreşger bi nav dikirin û guhdarî dikirin; pirranîya wan jî wek Şivan, Kurd bûn. Lê mixabin ji Kurdîtîyê zêdetir, min jî wek herkesên şoreşger, bi taybetî Şivan ji bo xatirê kilamên ku li ser Marx, Engels, Lenîn û Stalin û Apê Ho digotin, guhdarî dikir.

Bavê min wê demê Şivan guhdarî nedikir, ji ber ku wî gotinên wî fêm nedikirin û bi hêrs ji min ra digot «Kuro, ew Kurdî bibêje jî, ez tu tiştek jê fêm nakim».

Min jî bersiva wî wisa dida: «Dengbêjên te jî Kurdî dibêjin, lêbelê ew di bin baskên axa û began da dijîn û bi kilam û stranên xwe, di nav Kurdan da dubendîtîyê dikin.»

Kelîmeyên Nû

Şakiro – kurdischer Klassiksänger
bi navê – in/mit dem Namen, mit/unter dem Titel
huner *(f)* – Kunst *(f)*
hunermendî *(f)* – Künstlertum *(n)*
dengbêj *(f/m)* – kurdische(r) «BalladensängerIn»

---

* Nûbihar, hejmar 122, rûpel 35

kilam *(f)* – Lied *(n)*
hemû – alle
derbas bûn *(intr.)* – vergehen
kêlek *(f)* – Seite *(f)*
bêrîk *(f)* – Hosen-/Brusttasche *(f)*
bi cih kirin *(tr.)* – platzieren
bi malbatî – mit der Familie
birrîn *(tr.)* – *hier:* still sein
kengê (Fragewort) – wann
çarşî *(f)* – Markt *(m)*, Einkaufsstraße *(f)*
dost *(f/m)* – FreundIn *(f/m)*, KameradIn *(f/m)*
bi emanetî – ausgeliehen, geborgt
bi emanetî girtin *(tr.)* – ausleihen, borgen
heger – wenn
îmkan *(f)* – Möglichkeit *(f)*, Gelegenheit *(f)*
kopî kirin *(tr.)* – kopieren, nachmachen
guhdarî kirin *(tr.)* – (zu)hören
pişt ra – danach
bi vî awayî – auf diese Art und Weise
carcaran – manchmal
navber (*im Hörtext als* navbêr) *(f)* – Mitte *(f)*, zwischen
kes *(f/m)* – Person *(f)*
şoreşgerî *(f)* – revolutionär
şoreşger *(f/m)* – RevolutionärIn *(f/m)*
bi nav kirin *(tr.)* – nennen, benennen
mixabin – leider
Kurdîtî *(f)* – Kurdischsein *(n)*
zêdetir – mehr (*Komparativ von* zêde)
herkes – alle, jeder
bi taybetî – insbesondere
xatir *(m)* – Gefallen *(m)*
ji bo xatirê – wegen, zuliebe
Apê Ho – Ho Chi Minh
wê demê – zu jener Zeit
hêrs *(f)* – Wut *(f)*
kuro – Junge! (*Vokativ von* kur – Sohn, Junge)
bask *(m)* – Flügel *(m)*, Arm *(m)*
beg *(m)* – Herr *(m)*, Titel für das Mitglied einer aristokratischen Familie
jîyan, ez dijîm, ez jîyam *(intr.)* – leben
dubendîtî *(f)* – Spaltung *(f)*, Trennung *(f)*
dubendîtî kirin *(tr.)* – spalten

Textaufgaben

1. Malbat hemû êvaran çi dike?
2. Bavê wî teyibê dide kûderê?
3. Bavê wî ji çarşîyê çi tîne?
4. Kasêtek di navbera çend kesî da dihat û diçû?
5. Bavê wî wê demê çima Şivan guhdarî nake?

Grammatikübungen

1. ***In welchen Tempora ist der Text geschrieben?***
2. ***Unterstreichen Sie das transitive Verb mit dem dazugehörigen Subjekt.***
3. ***Tragen Sie die unterstrichenen Verben in die Tabelle ein und ergänzen Sie die fehlenden Angaben.***

Textbeleg	Präsensstamm	Perfektstamm	Infinitiv
nas dikir	nas -k-	nas -kir-	nas kirin
dizanîbû	-zan-		

*4. **Erklären Sie, warum die Verben im Plural stehen.***

- Ew hunermendên ku me şoreşger **bi nav dikirin** û **guhdarî dikirin**; pirranîya wan jî wek Şivan, Kurd bûn.
- Lê mixabin ji Kurdîtîyê zêdetir, min jî wek herkesên şoreşger, bi taybetî Şivan ji bo xatirê kilamên ku li ser Marx, Engels, Lenîn û Stalin û Apê Ho **digotin**, guhdarî dikir.
- Bavê min wê demê Şivan guhdarî nedikir, ji ber ku wî gotinên wî fêm **nedikirin** û bi hêrs ji min ra digot «Kuro, ew Kurdî bibêje jî, ez tu tiştek jê fêm nakim».

Steigerungsformen des Adjektivs

Die Grundform des Adjektivs bezeichnet im Kurdischen eine Eigenschaft, ein Merkmal und Ähnliches. In diesem Kontext reicht die reine Grundform aus, wie in dem folgenden Beispiel:

Rê dûr e. – Der Weg ist lang.

Mit der Grundform des Adjektivs kann man auch ausdrücken, dass zwei Personen oder Sachen etc. in Bezug auf ein Merkmal **gleich** sind. Hierzu muss man die folgenden Wörter verwenden:

wek(î/e/u)* – wie
mîna – wie
bi qasî – (so viel) wie

*Kurê min **wekî** kurê te dirêj e.* – Mein Sohn ist **so** groß **wie** dein Sohn.
*Kurê min **mîna** kurê te dirêj e.* – Mein Sohn ist **so** groß **wie** dein Sohn.
*Kurê min **bi qasî** kurê te dirêj e.* – Mein Sohn ist **so** groß **wie** dein Sohn.

Um das Nomen nicht zu wiederholen kann auch die **Ezafe** stehen:

*Kurê min **bi qasî yê** (kurê) te dirêj e.* – Mein Sohn ist so groß wie deiner.

Im obigen Text kommt das Wort *zêdetir – mehr als* vor, welches die Komparativform von *zêde – viel* ist. Für den **Komparativ** wird also einfach die Endung ***-tir*** an die Grundform angefügt:

dûr (fern, weit) → *dûr**tir*** (ferner, weiter)

dirêj (lang, groß) → *dirêj**tir*** (länger)

zêde (viel) → *zêde**tir*** (mehr)

Um die **Ungleichheit** von zwei Personen oder Sachen etc. auszudrücken, benötigt man auch im Kurdischen eine Vergleichspartikel:

ji – als

*Kurê min **ji** kurê te dirêjtir e.* – Mein Sohn ist größer **als** dein Sohn.

*Xanîyê min **ji** xanîyê te kevntir e.* – Mein Haus ist älter **als** dein Haus.

Der Komparativ kann durch weitere Wörter verstärkt werden, wie z. B.:

*Kurê min ji kurê te **pirr** dirêjtir e.* – Mein Sohn ist **viel** größer *als* dein Sohn.

*Xanîyê min ji xanîyê te **gelek** kevntir e.* – Mein Haus ist **viel** älter *als* dein Haus.

Das zur Verstärkung dienende Wort kann auch alternativ vor der Vergleichspartikel stehen.

* Das sind gleichwertige Variäteten.

Kurê min ***pirr*** *ji kurê te dirêjtir e.* – Mein Sohn ist viel größer als dein Sohn.

Xanîyê min ***gelek*** *ji xanîyê te kevntir e.* – Mein Haus ist viel älter als dein Haus.

Der **Superlativ** wird gebildet, indem die Endung ***-tirîn*** an die Grundform angehängt wird (diese Form ist eher aus dem Südkurdischen übernommen).

*Mezin**tirîn** avahî li New Yorkê ye.*
– Das höchste Gebäude ist in New York.

*Sûra Amedê piştî sedda Çînê dirêj**tirîn** beden e.*
– Nach der chinesischen Mauer ist Ameds Mauer die längste.

Alternativ wird auch die Form ***herî*** – *am meisten* gebraucht. Vermutlich ist diese Form sogar geläufiger:

herî *dirêj* – der/die Längste, ***herî*** *zêde* – am meisten

Avahîya ***herî*** *mezin li New Yorkê ye.*
– Das höchste Gebäude ist in New York.

Wortbildung I: Mithilfe von Suffixen

Im Text kommen die Wörter *dengbêj*, *şoreşger*, *şoreşgerî* und *guhdar* vor, die mithilfe der Endungen ***-bêj*** (*dengbêj*), ***-ger*** (*şoreşger*), ***-î*** (*şoreşgerî, mêvanî)* und ***-dar*** (*guhdar*) aus anderen Nomen gebildet worden sind. An dieser Stelle möchte ich einige der Endungen (auch Suffixe genannt) vorstellen, mit deren Hilfe häufig Nomen gebildet werden. Diese Suffixe können nicht nur an die einfache Basis, sondern auch an Komposita (zusammengesetzte Nomen) angehängt werden, um daraus weitere Wörter (sog. Derivate=Ableitungen) zu bilden (A=Adjektiv; N=Substantiv, V=Verb).

a)

-dar	**N(omen) > N(omen)/A(djektiv)**
mêl 'Zuneigung'	*mêldar* '(zu)geneigt'
nobet 'Wache'	*nobedar* 'Wächter'
nan 'Brot'	*nandar* 'großzügig, gastlich'
deyn 'Schulden'	*deyndar* 'Schuldner'
çek 'Waffe'	*çekdar* 'bewaffnet'

Mit dem Suffix ***-dar*** werden Adjektive und Nomen gebildet, die eine Tätigkeit, Neigung bzw. eine Eigenschaft zum Ausdruck bringen. Die Ableitungen können substantivisch oder adjektivisch sein (N>N/A).

b)

-kar / -ker / -ger	**N > N**
şîret 'Rat'	*şîretkar / şîretker* 'Ratgeber'
şoreş 'Revolution'	*şoreşger* 'Revolutionär'
senet 'Kunst'	*senetkar* 'Künstler'
xizmet 'Dienst'	*xizmetkar* 'Diener'
xwende (Part. von *xwendin*)	*xwendekar* 'Student, Leser'
tobe 'Reue'	*tobekar* 'Büßer'
cot 'Pflug'	*cotkar* 'Ackerbauer'
derew 'Lüge'	*derewker* 'Lügner'

Semantisch beschreiben die obigen Suffixe eine Person, die das ausübt, was das Nomen beschreibt.

c)

-î	**N > A/N**
av 'Wasser'	*avî* 'wässrig'
Bazîd 'Bazîd (türk. Doğubeyazıt)'	*Bazîdî* 'aus Bazîd stammend'

Das Suffix ***-î*** dient der Bildung von Adjektiven, die eine Beziehung zum Ausdruck bringen sowie von Bezeichnungen, die die Herkunft bzw. den Ursprung eines Gegenstandes/einer Person beschreiben.

d)

-î / -atî / -ahî / -ayî	**N/A > N**
bilind 'hoch'	*bilindî / bilindahî / bilindayî* 'Höhe, Anhöhe'
dijmin 'feind, feindlich'	*dijminî / dijminatî / dijminahî / dijminayî* 'Feindschaft'
dirêj 'lang'	*dirêjî / dirêjahî / dirêjayî* 'Länge'
dost 'freundlich, Freund'	*dostî / dostayetî / dostahî / dostayî* 'Freundschaft'
germ 'warm'	*germî / germahî / germayî* 'Wärme'

Diese Gruppe der Suffixe gehört zu den produktivsten Wortbildungssuffixen. In der Regel dienen sie dazu, aus Adjektiven und Nomen neue Substantive zu bilden. Aber auch an zusammengesetzte Nomina können Suffixe gehängt werden, um daraus weitere Derivate zu bilden.

Die Frage, ob es sich bei diesen Endungen um Allomorphe (also um Endungen, die die gleiche Bedeutung sowie die gleiche Funktion haben) handelt, ist nicht leicht zu beantworten. Hierbei spielen auch regionale Unterschiede eine Rolle, so dass die unterschiedlichen Formen teilweise auch als regional bedingte Variation zu erklären sind und nicht als Allomorphie. Das dürfte der Fall sein, wenn ein und dieselbe Basis mit mehreren Suffixvarianten kompatibel ist (und kein semantischer Unterschied feststellbar ist).

5. Füllen Sie die Liste aus.

Grundform	Komparativ	Grundform	Komparativ	Grundform	Komparativ
baş	baştir	germ		piçûk	
bedew		har		rast	
delal		kal		tarî	
dereng		kerr		zêde	
erzan		kin		biha	

6. Beantworten Sie die Fragen mithilfe der Tabellen.

Çîya *(m)* – Berg *(m)*	**Bilindahî** *(f)* – Höhe *(f)*
Ararat	5.137 m
Reşko	4.135 m
Cîlo	4.116 m
Sîpanê Xelatê	4.058 m
Çîxî Derê	3.611 m
Qendîl	3.587 m
Akbaba	3.463 m
Paltokan	3.271 m
Nurhaq	3.081 m

Gol *(f)* – See *(m)*	**Mezinahî** *(f)* – Größe *(m)*
Gola Urmîyeyê/ Urmîyê	5470 km^2
Gola Wanê	3755 km^2
Nemrûd	12.36 km^2

Bajar	**Hejmar** *(f)* – Anzahl *(f)*
Hewlêr	1.713.000
Amed	1.635.000
Kirmaşan	1.200.000
Qamişlo	500.000
Mehabad	168.000

a) Kîjan çîya ji Araratê piçûktir e?

....

b) Kîjan çîya ji Nurhaqê mezintir e?

....

c) Sîpanê Xelatê ji kîjan çîyayî mezintir e?

....

d) Çîyayê herî piçûk kîjan e?

....

e) Çîyayê herî bilind kîjan e?

....

f) Mezintirîn gola Kurdistanê kîjan e?

....

g) Gola herî piçûk kîjan e?

....

h) Nîfûsa kîjan bajarî herî zêde ye?

....

i) Nifûsa kîjan bajarî herî kêm ye?

....

j) Hejmara kîjan bajarî ji ya Qamişlo zêdetir e?

....

9

SEWÎLÊ SOFÎ*

Sofîk hebû: sewîlê xwe bir û çû serê kanîyê, da ko destmêj bigire. Vêca sewîlê danî bin latekê û çû ko destê xwe bişo. Vegerîha cem sewîlê xwe, dî lat bi ser sewîlê wî da ketiye, sewîl şikestiye.

Sofî gote latê:	Çima te sewîlê min şikand?
Latê go:	Nexwe, çima giya di bin min da şîn dibe?
Sofî gote gîyê:	Ji bo çi tu di bin latê da şîn dibî?
Giyê go:	Nexwe, ji bo çi pez min dixwin?
Sofî gote peza:	Ji bo çi hon giyê dixwin?
Peza go:	Nexwe, ji bo çi gur têne me?
Sofî gote gura:	Çima hon têne pez?
Gura go:	Nexwe, çima se têne me?
Sofî gote sa:	Çima hon têne gur?
Seya go:	Çima kebanî me têr nan nakin?
Kebanîya go:	Nexwe, çima mişk hebanê me qul dikin?
Sofî gote mişka:	Çima hon heban qul dikin?
Mişka go:	Nexwe, çima kitik têne me?
Sofî gote kitika:	Çima hon mişka dikujin?
Kitik go:	Em mişka dikujin û di dora mala xwe da didine xwe.

Sofî dev ji van berda û perçeyê sewîlê xwe dane hev.

---

* Ronahî, hejmar 22, Kanûna Paşîn 1944.

Kelîmeyên Nû

sewîl *(m)* (*a.* sebîl) – Krug *(m)*
sofî *(f/m)* – Sufi *(f/m)*, AsketIn *(f/m)*, tiefgläubiger Mensch
sofîk *(f/m)* – *Verkleinerungsform von* sofî
birin û çûn *(tr./intr. – Redewendung)* – hinbringen
kanî *(f)* – Brunnen *(m)*
da ku *(Präp.)* – um zu
destmêj *(f)* – religiös-rituelle Waschung
destmêj girtin *(tr.)* – die (religiös-rituelle) Waschung vornehmen
vêca – nun
bin *(Präp.)* – unter
lat *(f)* – Fels *(m)*
dest *(m)* – Hand *(f)*
şûştin, ez dişom, min şûşt *(tr.)* – waschen
vegerîhan, ez vedigerihim, ez vegerîham (*a.* vegerîyam, ez vedigerim, ez vegerîyam) *(intr.)* – zurückkehren
cem *(Präp.)* – bei, zu
dî – *umgangssprachlich von* dît
bi ser da *(Präp.)* – darauf
ketin, ez dikevim, ez ketim *(intr.)* – fallen
şikestin, ew dişikê, ew şikîya *(intr.)* – kaputt gehen, zerbrechen
şikandin, ez diş(i)kênim, min şikand *(tr.)* – kaputt machen, zerbrechen
nexwe – dann
di bin da – unter
şîn bûn *(intr.)* – wachsen, grün werden
hon → hûn
gur *(m)* – Wolf *(m)*
hatin ... *(intr.)* – angreifen
gur têne min – Wölfe greifen mich an
sa / se(g/h) *(m)* – Hund *(m)*
kebanî *(f)* (*a.* kevanî) – Haushälterin *(f)*, Dame *(f)*
nan (*m*; *Obl.*: nên) – Brot *(n)*
têr – satt
têr kirin *(tr.)* – satt machen
heban (*m/n*) – Sack *(m)*
qul kirin *(tr.)* – lochen
kitik *(m)* – Katze *(f)*
dor *(f)* – Reihe *(f)*, um ... herum
dev ji ... berdan *(tr.)* – aufhören mit
dan hev *(tr.)* – zusammen tun, einsammeln

Textaufgaben

1. Sofî diçe kûderê?
2. Ji bo çi ew diçe serê kanîyê?
3. Ew sewîlê xwe datîne kûderê?
4. Çi bi sewîlê wî tê?
5. Sofî bi kîjan heywanî ra qise dike?

Grammatikübungen

1. ***Welche Tempora kommen im Text vor?***
2. ***Unterstreichen Sie in dem Erzählertext sowie den Redebegleitsätzen das Verb, Subjekt und das Objekt.***
3. ***Welches Wort ist in dem Satz «Sofîk hebû: sewîlê xwe bir û çû serê kanîyê, da ko destmêj bigire.» das Subjekt? Wie könnte der Satz gebaut sein, wenn man die Subjekte ergänzen würde?***
4. ***Wandeln Sie die Sätze aus 2 ins Präsens um.***

Mündliche Sprache – schriftliche Sprache – Varietäten

Der Text stammt aus der Feder von Celadet Ali Bedirxan, der sich der Standardisierung des Kurmancî-Kurdischen gewidmet hat. Der Text weist trotzdem Varietätsunterschiede auf: man findet sowohl Elemente der mündlichen Sprache als auch der regionalen Varianten.

Umgangssprachlich sind folgende Kürzungen: Der Entfall von *-n* in der Pluralendung im Casus Obliquus und bei einzelnen Personalpronomina sowie der Entfall des Buchstabens *-t* in der 3. P. Sg. bei einzelnen Verben. Außerdem wird in der mündlichen Sprache die Unbestimmtheitsendung *yek* auf *-k* reduziert, so in dem Wort *sofîk*, welches schriftsprachlich *sofîyek* lautet.

mündliche Sprache	Schriftsprache
dî (3. P. Sg. von *dîtin*)	*dît*
go (3. P. Sg. von *gotin*)	*got*
peza (Obl. Pl. *-an*)	*pezan*
seya (Obl. Pl. *-an*)	*seyan*
gura (Obl. Pl. *-an*)	*guran*
mi (Personalpronomen 1. P. Sg., Obliquus)	*min*

Im Kurdischen gibt es aufgrund der schwierigen Rahmenbedingungen starke Varietätsunterschiede – vor allem in der mündlichen Sprache. In diesem Text kommen folgende Wörter aus der Cizîr-Varietät vor, die in anderen Regionen anders lauten können:

Cizîr Varietät	Schriftsprache
ko	ku
hon	hûn
vegerîhan	vegerîyan
di ... de	di ... da
gotin + nachgestelltes Objekt: wie in *Sofî gote latê*	*gotin* + Präp (*ji ... gotin*): wie in *Sofî ji latê ra got*

Nebensätze

Im Text kommen folgende Nebensätze vor:

– [...] *Çû serê kanîyê da ko destmêj bigire.*

Er ist zum Brunnen gegangen, um die rituelle Waschung vorzunehmen.

– [...] *Çû ko destê xwe bişo.* – Er ging, um seine Hände zu waschen.

Wie man den Beispielen entnehmen kann, verbindet die Konjunktion ***ku*** – *dass, um zu* den Haupt- und den Nebensatz.

Die Wortstellung des Nebensatzes ist mit der des Hauptsatzes identisch. Im Nebensatz muss das Verb im Subjunktiv (s. **Kurdisch kompakt**) stehen. Wenn das Subjekt referenzidentisch ist, muss das Verb des Nebensatzes in derselben Person sein; ein Subjekt muss im Nebensatz nicht vorkommen (wie in den beiden Beispielsätzen).

Wenn die Subjekte unterschiedlich sind, muss das im Subjunktiv stehenden Verb mit dem Subjekt im Nebensatz kongruieren:

Newzad çû ku destên Azad bişo. – Newzad ist gegangen, um Azads Hände zu waschen.

Eine weitere Konjunktion, die Nebensätze einleitet, ist das Wort ***gava*** – *wenn, als* welches in **Kurdisch kompakt** bereits eingeführt worden ist. Je nach Kontext, leitet es einen konditionalen oder einen temporalen Nebensatz ein. Die Konjunktion hat keinen Einfluss auf die Wortstellung in der Syntax.

5. ***Lesen Sie die folgenden Sätze in Nr. 6 durch und kennzeichnen sie die Haupt- und die Nebensätze.***

6. ***Übersetzen Sie die Sätze ins Deutsche.***

– Gava dilê wan dixwest, wan hesp diajotin.

....

– Gava min xwest ez pêlavên xwe ji pê bikim, wê nehişt.

....

– Gava çaya me hat, min çavên xwe li hundirê odeyê gerandin.

....

– Bêî ku ew li seetê mêze bikin, wan xwarina xwe dixwar.

....

– Wî dît çawa ew bi asîmanan dikeve.

....

– Wê xwendina xwe ya li wir neqedand, ji ber ku sala 1960an ew bi S. Sadallah ra zewicî.

....

– Bavê min wê demê Şivan guhdarî nedikir, ji ber ku wî gotinên wî fêm nedikirin.

....

– Tewra wê dikir ku ez jî xwe mîna endamekî malê bihesibînim.

....

– Min dît ku Rewşen Xanim di xeyalan da kûr diçe.

....

– Tiştê ku me dizanîbû, ew jî dengbêj û kilam û stranên wan bûn.

....

– Lê muzîka ku min guhdarî dikir, muzîka şoreşgerî bû.

....

– Ew hunermendên ku me şoreşger bi nav dikir û guhdarî dikir, Kurd bûn.

....

⊙
10

MIN NAVÊ XWE KOLA LI BIRCÊN DÎYARBEKIR*

Rojen Barnas

Min navê xwe kola li bircên Dîyarbekir,
Gava ku stêrk
Li ezmana stûxar
Gava ku
ney, bilûr û tembûr
û dahol û zirne
sar bûn, sar bûn.

Bi gîyanek pola
Min navê xwe kola,
Min navê xwe kola li bircên Dîyarbekir

Ez welatparêz im,
Ez mirovperwer im,
Ez Bavê Tûjo me lo,
şoreşger im şoreşger
Ez Şêx Seîdê kal,
Bijîşk Fuad im

Pêşmergekî bê navûnîşan im
Ez duh şehîd bûm,
Îro nû hatim

---

* ROJEN BARNAS: *Kadiz*. Stenbol (2013): Nûbihar. Rûpel 27

Kelîmeyên Nû

kolan, ez dikolim, min kola *(tr.)* – ausgraben, graben, *hier:* einritzen
birc *(f)* – Turm *(m)*
Dîyarbekir *(f)* – kurdische Stadt; *türk.* Dîyarbakır
stêrk *(f)* – Stern *(m)*
ezman *(m)* – Himmel *(m)*
stûxwar – traurig, eingeknickt
gîyan *(m)* – Seele *(f)*
pola – eisern
ney *(f)* – Flöte *(f)*
bilûr *(f)* – Flöte *(f)*
tembûr *(f)* – Mandoline *(f)*
dahol *(f)* – Trommel *(f)*
zurne *(f)* – Oboe *(f)*
sar bûn *(intr.)* – verstummen, *wörtl.* kalt werden
welatparêz – patriotisch
mirovperwer – human, menschenliebend
Bavê Tûjo – ein Gefährter Şêx Seîds, der zusammen mit ihm hingerichtet wurde
lo (*Vokativ*) – Oh! *hier:* Ansprache für männliche Personen
Şêx Seîd – Führer des kurdischen Aufstandes von 1925 gegen Kemalisten
bijîşk *(f/m)* – Arzt *(m)*/Ärztin *(f)*
Fuad – ein Gefährter Şêx Seîds, der zusammen mit ihm hingerichtet wurde
pêşmerge *(f/m)* – Peschmerga, kurdischer Freiheitskämpfer
bê navûnîşan – anonym
duh (*a.* do) – gestern
şehîd bûn *(intr.)* – Märtyrer sein
îro – heute
nû – neu

Grammatikübungen

1. ***Suchen Sie die Haupt- und Nebensätze im Gedicht und markieren Sie diese.***
2. ***Übersetzen Sie diese Sätze ins Deutsche.***
3. ***In welchen Tempora ist das Gedicht geschrieben?***
4. ***Das Gedicht ist von vielen Musikern gesungen worden. Hören Sie es sich (z. B. über Youtube) an.***

Wortbildung II: zusammengesetzte Nomen

Die zusammengesetzten Nomen (auch Komposita genannt) im Kurdischen lassen sich je nach Wortart der einzelnen Bestandteile in Gruppen unterteilen. In der Regel ist das rechtsstehende Glied der Kopf und bestimmt die Wortart des gesamten Kompositums (A=Adjektiv, N=Substantiv, V=Verb). An dieser Stelle möchte ich ausgehend von Beispielen aus dem Gedicht einige Formen der Komposita vorstellen.

Im Text kommen folgende Komposita vor:

stûxwar, *welatparêz*, *mirovperwer*, *navûnîşan*.

a)

N	A	Kompositum
çav 'Auge'	*reş* 'schwarz'	*çavreş* 'schwarzäugig, neidisch'
çav 'Auge'	*sor* 'rot'	*çavsor* 'wütend, der Wütende'
ser 'Kopf'	*hişk* 'hart'	*serhişk* 'dickköpfig, Dickkopf'
rû 'Gesicht'	*reş* 'schwarz'	*rûreş* 'grob, schändlich'
rû 'Gesicht'	*spî* 'weiß'	*rûspî* 'Weise'
hevîr 'Teig'	*tirş* 'sauer'	*hevîrtirş* 'Hefe'
aqil 'Verstand'	*sivik* 'leicht'	*aqilsivik* 'dumm, unklug'
bejin 'Statur'	*zirav* 'schlank'	*bejinzirav* 'schlank, wohlgeformt'

N + A: In der Regel wird die Wortart des Kompositums durch das zweite Glied festgelegt. Doch die Komposita dieser Gruppe können sowohl als Adjektive als auch als Nomina gebraucht werden. Als Beispiel aus dem Gedicht kann das Wort *mirovperwer* (*mirov* – Mensch, *perwer* – liebend, positiv geneigt) dienen.

b)

N	N	Kompositum
şiv 'Stock'	*dar* 'Holz'	*şivdar* 'Stab'
nîv 'Mitte'	*ro* 'Tag'	*nîvro* 'Mittag, halber Tag'
ser 'Kopf'	*kar* 'Arbeit'	*serkar* 'Vorarbeiter'
nîv 'Mitte'	*saet* 'Uhr'	*nîvsaet* 'halbe Stunde'
ser 'Kopf'	*êş* 'Schmerz'	*serêş* 'Kopfschmerzen'
da 'Mutter'	*pîr* 'die Alte'	*dapîr* 'Großmutter'
ba[*v*] 'Vater'	*pîr* 'der Alte'	*bapîr* 'Großvater'

N + N: Hierbei handelt es sich um Determinativkomposita, bei denen das erste Nomen das zweite Nomen inhaltlich bestimmt. Das Genus wird wie im Deutschen durch das Zweitglied bzw. Grundwort festgelegt. Mithilfe des Derivationsverfahrens können aus diesen Nomen weitere Wörter gebildet werden.

c)

N	Fugen-element	N	Kompositum
şiv 'Stock'	***e***	*rê* 'Weg'	*şiv**e**rê* 'Pfad'
şev 'Nacht'	***e***	*der* 'Draußen'	*şev**e**der* 'die Person, die keine nächtliche Bleibe hat'
terk 'verlassen'	***e***	*selat* 'Gebet'	*terk**e**selat* 'die Person, die mit dem Beten aufhört'
sal 'Jahr'	***e***	*wext* 'Zeit'	*sal**e**wext* 'jährlich'

N + e + N: Diese Gruppe der Determinativkomposita unterscheidet sich von der vorherigen Gruppe nur durch das eingefügte Fugenelement ***-e-***.

d)

N	Fugen-element	N	Kompositum
dest 'Hand'		*pê* 'Fuß'	*dest* ***û*** *pê* 'Glieder'
xwişk 'Schwester'	***û*** 'und'	*bira* 'Bruder'	*xwişk****û****bira* 'Geschwister'
dê 'Mutter'		*bav* 'Vater'	*dê****û****bav* 'Eltern'

N + û + N: Diese Gruppe der Komposita besteht aus zwei Nomen, die mit dem Wort **û** 'und' verbunden sind. Semantisch gehören sie zu den koordinativen Komposita. Dieses Muster der Wortbildung ist im Kurdischen sehr produktiv. Das Wort *navûnîşan* aus dem Gedicht weist diese Struktur auf.

e)

N	V	Kompositum
welat 'Land'	*parêz (parastin)* 'schützen'	*welatparêz* 'Patriot'
şîr 'Milch'	*mij (mijandin)* 'stillen'	*şîrmij* 'Milchtrinker'
şûr 'Schwert'	*kêş (kişandin)* 'ziehen'	*şûrkêş* 'Schwertzieher'
ser 'Kopf'	*hatî (hatin)* 'kommen'	*serhatî* 'Ereignis'
nijad 'Nation'	*perest (perestin)* 'vergöttern'	*nijadperest* 'Rassist'
mêr 'Mann'	*kuj (kuştin)* 'töten'	*mêrkuj* 'Mörder'
ser 'Kopf'	*kêş (kişandin)* 'ziehen'	*serkêş* 'Führer'
aştî 'Frieden'	*xwaz (xwestin)* 'wollen'	*aştîxwaz* 'friedlich'
bal 'Aufmerksamkeit'	*kêş (kişandin)* 'ziehen'	*balkêş* 'interessant'

N + V: Diese Komposita bestehen aus einem Nomen (Erstglied) und einem «Verbteil» (Zweitglied). Das Zweitglied ist in der Regel der Präsensstamm oder in einigen wenigen Fällen eine Partizipform des jeweiligen Verbs. Im Gedicht weist das Kompositum *welatparêz* diese Struktur auf.

f)

A	N	Kompositum
şor 'salzig'	*av* 'Wasser'	*şorav* 'Salzwasser'
çar 'vier'	*gav* 'Schritt'	*çargav* 'Gallop'
sed 'hundert'	*sal 'Jahr'*	*sedsal* 'Jahrhundert'

A + **N**: Das Grundwort ist ein Nomen, das Bestimmungswort ein Adjektiv.

g)

A	Fugen-element	N	Kompositum
nêr 'männlich'	***e***	*gur* 'Wolf'	*nêr**e**gur* 'männl. Wolf (Rüde)'
nêr 'männlich'	***e***	*hirç* 'Bar'	*nêr**e**hirç* 'männl. Bär'
nêr 'männlich'	***e***	*ker* 'Esel'	*nêr**e**ker* 'männl. Esel'
nêr 'männlich'	***e***	*kew* 'Vogel'	*nêr**e**kew* 'männl. Vogel'
dêl 'Hündin'	***e***	*gur* 'Wolf'	*dêl**e**gur* 'weibl. Wolf (Fähe)'
bin 'unten'	***e***	*mal* 'Familie'	*bin**e**mal* 'Stamm, Familie'

A + **e** + **N**: Im Unterschied zu f) tritt zwischen das Adjektiv und das Nomen das Fugenelement ***-e-***.

h)

A	Fugen-element	A	Kompositum
kesk 'grün'	***e***	*sor* 'rot'	*kesk**e**sor* 'Regenbogen'

A + **e** + **A**: Das Kompositum besteht aus zwei Adjektiven, die mit dem Fugenelement ***-e-*** verbunden sind. Im hier aufgeführten Beispiel hat das Kompositum einen exozentrischen Aufbau. Obwohl beide Wortteile Adjektive sind, ist das Kompositum ein Nomen. Ob dieses Merkmal allen Komposita dieser Gruppe zugrunde liegt, ist aufgrund der Beschränkung der Beispiele nicht festzustellen.

11

SÎNOR*

Mueyed Teyib

Ev pirtûka min a helbestan a duwemîn eku li Tirkîyê çap dibe. A pêşîn bi navê *Ne Ba Min Siwar Dike / Ne Ax Min Peya Dike* bû. Li sala 2014an, weşanxaneya Avestayê ew li Stembolê weşandîye. Li sala 2016an, Dr. Selîm Temo gulbijêrek ji wan helbestan wergerand ser zimanê Tirkî û weşanxaneya Lîsê li Amedê ew çap kir.
Ez helbestan bi Kurmancî, devoka Behdînî ku devoka min e, dinivîsim, lê di heman demê da min bizav kirîye ku zimanê min nêzî wê Kurmancîyê bibe ya ku îro li Bakur bi kar tê. Dibe hin peyv hebin ku min bi kar anîne û li Bakur neyên fêmkirin. Ji bo wê jî, min li dawîya vê pirtûkê ferhengogek danîye.
Têkilîyên min bi Bakurî ra vedigerin sala 1984an ku kovara *Medya Güneşî* li Amedê dihat weşandin. Ew kovar bi zimanê Tirkî bû, lê helbestên min bi Kurdî tê da hatine weşandin. Piştî hingê, min gelek caran pişkdarî di êvarîyên helbest û edebîyatan da li Stembolê, Amedê, Wanê, Mêrdînê û Cizîrê da kirîye.
Xewna her nivîskarekî li cîhanê ew e ku sînorên ziman û welatên xwe derbaz bike, lê mixabin hîn xewna nivîskarên Kurd ew e ku sînorên welatê wan perçê kirine derbaz bikin. Çapkirina vê pirtûkê û ya berî vê jî diçe di çarçoveya vê xewnê de. Ez baş dizanim jî xewna me yek, xema me jî yek e. [...]

Kelîmeyên Nû

sînor *(m)* – Grenze *(f)*
helbest *(f)* – Gedicht *(n)*
duwemîn – zweite(r,s)
Tirkîye *(f)* – Türkei *(f)*
çap bûn *(intr.)* – veröffentlicht werden
ne... ne... – weder noch
ba *(m)* – Wind *(m)*

* Teyib, Mueyed: *Ne şev têra xewnên min dike, ne roj têra xemên min.* Stenbol (2017): Avesta.

peya kirin *(tr.)* – herabsteigen, aussteigen lassen
weşanxane *(f)* – Verlag *(m)*
Stembol (*auch* Stenbol) *(f)* – *türk.* Istanbul
gulbijêr *(f)* – Auswahl *(f)*
wergerandin ser *(tr.)* – übersetzen in
devok *(f)* – Dialekt *(m)*
Behdînî *(f)* – Region/ Kurmancî-Dialekt in Irakisch-Kurdistan
heman – gleich
bizav kirin *(tr.)* – sich bemühen, streben
nêzî – nah
nêzî bûn *(intr.)* – nah sein
Bakur *(m)* – Nord *(m)*
bi kar hatin *(intr.)* – im Gebrauch sein, benutzt werden
dibe – *3. P. Sg. von* bûn; *hier:* es ist möglich, es kann sein
hebin – *Subj. von* hebûn
bi kar anîn *(tr.)* – benutzen, gebrauchen
ji bo wê – deshalb
têkilî *(f)* – Beziehung *(f)*
vegerîn, ez vedigerim, ez vegerîyam *(intr.)* – zurückgehen
hingê – damals, dann, darauf
piştî hingê – dann, darauf
pişkdarî kirin *(tr.)* – teilnehmen an
Wan *(f)* – *türk.* Van
her – jede(r,s)
nivîskar *(f/m)* – SchriftstellerIn *(f/m)*
cîhan *(f)* – Welt *(f)*
welat (*m*; *Obl.* welêt) – Land *(n)*
derbaz/s kirin *(tr.)* – überqueren
hîn – noch
perçe kirin *(tr.)* – teilen, trennen, zerlegen
berî – vor, davor
çarçove *(f)* – Rahmen *(m)*
xem *(f)* – Sorge *(f)*

Textaufgaben

1. Navê pirtûka pêşîn ya Mueyed Teyib çi ye; ew di kîjan salê da weşîyaye?
2. Kîjan weşanxaneyê ew li kûderê weşandîye?
3. Mueyed Teyib bi kîjan zimanî dinivîse?
4. Wî li dawîya pirtûkê çi danîye?
5. Xewna nivîskarên Kurd çi ye?

Grammatikübungen

1. *Im Text kommen drei Sätze im Passiv vor. Unterstreichen Sie sie.*
2. *Fünf Sätze werden mit der Konjunktion* **ku** *benutzt. Bestimmen Sie diese Hauptsätze mit den Nebensätzen und übersetzen Sie sie ins Deutsche.*

Grammatik: Ordinalzahlen

Im Text kommt das Wort *duwemîn* mit der Bedeutung «Zweite(s,r)» vor. Wie man leicht sehen kann, geht dieses Wort auf das Zahlwort *du – zwei* zurück. Sowohl bei den Grund- als auch bei den Ordinalzahlen gibt es aber wichtige regionale Unterschiede. Allgemein gibt man in Normativgrammatiken und Lehrbüchern eine Form an, die im Südkurdischen gebräuchlich ist (*-(y)em*). Um auch in anderen Kontexten und Umgebungen verstanden zu werden, wird hier auch die in der Serhed-Varietät vorhandene Form angegeben. Um die Ordinalzahlen zu bilden, muss sie wie eine Genitivkonstruktion mit dem Bezugswort in Verbindung gesetzt werden (wie *pirtûka duwemîn*):

Kardinalzahl	Ordinalzahl	Beispiel
yek	*yekem / yekê*	*pirtûka yekem / yekê* – das erste Buch
du/dudi	*duyem / du(diy)an*	*pirtûka duyem / dudiyan* – das zweite Buch
sê/sisê	*sêyem / sisê(yan)*	*pirtûka sêyem / sisêyan* – das dritte Buch
çar	*çarem / çaran*	*pirtûka çarem / çaran* – das vierte Buch
pênc	*pêncem / pêncan*	*pirtûka pêncem / pêncan* – das fünfte Buch
şeş	*şeşem / şeşan*	*pirtûka şeşem / şeşan* – das sechste Buch
heft	*heftem / heftan*	*pirtûka heftem / heftan* – das siebte Buch

he(y)şt	*heştem / heştan*	*pirtûka heştem / heştan* – das achte Buch
neh	*nehem / nehan*	*pirtûka nehem / nehan* – das neunte Buch
deh	*dehem / dehan*	*pirtûka dehem / dehan* – das zehnte Buch
yanzdeh	*yanzdehem / yanzdeyan*	*pirtûka yanzdehem / yanzdeyan* – das elfte Buch

Zusammengesetzte Verben und komplexe Prädikate

Im Kurmancî-Kurdischen gibt es neben den einfachen Verben auch zusammengesetzte Verben. Die Gruppe der zusammengesetzten Verben ist recht kompliziert; einzelne Aspekte davon wurden bereits in **Kurdisch kompakt** behandelt. Nun soll hier der Versuch unternommen werden, eine Übersicht darüber zu geben.

1) Partikel-Verbbildungen

Es gibt eine Reihe von Verben, die sich aus einer Partikel und einem Verb zusammensetzen, wie z. B.

ba-dan (tr.) – drehen
ber-dan (tr.) – (los)lassen, aufhören, trennen
çê-kirin (tr.) – machen, tun
da-çikandin (tr.) – pflanzen
da-dan (tr.) – anzünden, anmachen
da-girtin (tr.) – (be)füllen
da-weşandin (tr.) – schütteln, abschütteln
da-xistin (tr.) – schließen, aufheben
dan dû(v) (tr.) – folgen, verfolgen
dan hev (tr.) – sammeln, zusammenlesen
der-anîn (tr.) – herausnehmen, herausbringen
der-ketin (intr.) – herauskommen, erscheinen

der-xistin (tr.) – herausnehmen, herausbringen
hil-anîn (tr.) – (auf)räumen
hil-bijartin (tr.) – auswählen
hil-çinîn (tr.) – aufräumen
hil-dan (tr.) – hochheben, emporheben
hil-girtin (tr.) – tragen, nehmen, heben
hil-şandin (tr.) – abreißen, stürzen
ra-bûn (intr.) – aufstehen
ra-kirin (tr.) – aufheben
ra-xistin (tr.) – auslegen
rû-niştin (intr.) – sitzen
ve-kirin (tr.) – öffnen
vê-xistin (tr.) – anzünden, anmachen

Die Zeitenbildung sowie die Konjugation im Zusammenhang dieser Verben wurden in KURDISCH KOMPAKT (s. z. B. S. 45) an mehreren Stellen erklärt.

2) Komplexe Prädikate

Im obigen Text kommen folgende komplexe Prädikate vor:

wergerandin ser (tr.) – übersetzen in
çap bûn (intr.) – veröffentlicht werden
bizav kirin (tr.) – sich bemühen, streben
nêzî bûn (intr.) – nah sein
bi kar hatin (intr.) – im Gebrauch sein, benutzt werden
pişkdarî kirin (tr.) – teilnehmen an
derbaz/s kirin (tr.) – überqueren
parçe kirin (tr.) – teilen, trennen, zerlegen

Das komplexe Prädikat besteht aus einem einfachen Verb (wie *kirin* oder *bûn*) und einem Bestandteil, welches ein Nomen (*parçe kirin*), ein Adjektiv (*nêzî bûn*), eine Präposition (*wergerandin ser*) oder eine Kombination davon sein kann (z. B. *dest-pê-kirin* – anfangen, beginnen). Die Semantik, also die Bedeutung, wird durch das nominale bzw. deadjektivische Element bestimmt.

Nun werde ich eine Auswahl der zahlreichen komplexen Prädikate aufführen, die nach syntaktischen Kriterien unterteilt ist. Aus Lernersicht ist es wichtig, den Aufbau der komplexen Prädikate zu verstehen.

2a) Verben mit einem Präpositionalobjekt

Diese Verben werden mit einer Präposition benutzt – bei einigen **obligatorisch** und bei den anderen **fakultativ**. Einige Verben brauchen also unbedingt eine Präposition, bei anderen hängt ihr Gebrauch vom Kontext ab. Das indirekte Objekt hinter der Präposition steht im Casus Obliquus.

Im Buch sind alle Verben gekennzeichnet, die eine Präposition nach sich ziehen, die **obligatorischen ohne Klammern**, die **fakultativen mit Klammern**. Hier exemplarisch einige Verben mit einer **obligatorischen Präposition,** bei ihnen **muss** also eine Präposition stehen:

bi/pê ... hesîyan (tr.) – bemerken, fühlen, erfahren

Ez bi virûsê hesîyam. – Ich erfuhr von dem Virus.

ji ... hez kirin/ hez ji ... kirin (tr.) – lieben, mögen

Baran ji Zozanê hez dike./ Baran hez ji Zozanê dike.
– Baran liebt Zozan.

*li ... mêze kirin (*tr.) – gucken, sehen, fernsehen

Keçik li televîzyonê mêze dike. – Das Mädchen sieht fern.

ji ... rica kirin (tr.) – bitten

Ez ji te rica dikim. – Ich bitte dich.

li ... temaşe kirin (tr.) – sich etwas anschauen

Tu li çi temaşe dikî? – Was schaust du dir an?

Die Verben mit **fakultativer** Verwendung von Präpositionen **können** mit oder ohne Präposition stehen:

derxistin (tr.) – herausnehmen, herausgeben
(ji) ... derxistin (tr.) – herausnehmen aus

Ew qeleme ji çenteyê xwe derdixe.
– Er nimmt aus seiner Tasche einen Stift heraus.

kirin (tr.) – machen, tun

kirin (der) (tr.) – hinaus-/herausschmeißen

Mazûvan mêvan dike der. – Der Gastgeber schmeißt den Gast hinaus.

Bei einigen Verben können regionale Unterschiede auftreten. Im obigen Text kommt das Verb *wergerandin ser – übersetzen in* vor, welches in anderen Regionen ohne diese Präposition benutzt wird. Hier nun eine Auswahl von Verben mit einem Präpositionalobjekt:

dan pey (tr.) – verfolgen, auf den Fersen sein
ji ber kirin (tr.) – auswendig lernen
ji bîr kirin (tr.) – vergessen
jêkirin (tr.) – schneiden
li hev anîn (tr.) – versöhnen
lêkirin/ li ... kirin (tr.) – anziehen, aufeinanderlegen

2b) Doppelfunktion von Nomen im Funktionsverbgefüge

Einige Verben haben ein nominales Element mit einer Doppelfunktion. Das Nomen ist zum einen Bestandteil des komplexen Prädikats und zum anderen nimmt es im Satz den Platz des direkten Objekts ein und wird dementsprechend dekliniert.

Diese Gruppe der Verben kann, abhängig vom Kontext, auch ein zweites Objekt, nämlich das indirekte Objekt regieren, welches dem Verb folgt (vgl. a.) und dem deutschen Dativobjekt entspricht.

Das nominale Element kann gleichzeitig über ein anderes Nomen attribuiert werden, ähnlich wie das Genitivattribut im Deutschen (vgl. b.).

a.

	Subjekt	**V. – nom. Elem., dir. Obj.**	**V. – verbales Element**	**indir. Objekt (C. Obl.)**
bersiv dan	*Ez* *Min*	*bersivê* *bersiv*	*didim* *da*	*Zozanê.* *Zozanê*
cewab dan – antworten	*Ez* *Min*	*cewabê* *cewab*	*didim* *da*	*Zozanê.* *Zozanê.*
ders dan – unterrichten	*Ez* *Min*	*dersê* *ders*	*didim* *da*	*Zozanê.* *Zozanê.*
destûr dan – erlauben	*Ez* *Min*	*destûrê* *destûr*	*didim* *da*	*Zozanê.* *Zozanê.*

b.

	Subj.	V. – nom. Elem. Grundwort + Ezafe	Bestimmungs-wort + Obl.-Endung	V. – verbales Element
bersiv dan	*Ez* *Min*	*bersiv + a* *bersiv + a*	*Zozan + ê* *Zozan + ê*	*didim.* *da.*
cewab dan	*Ez* *Min*	*cewab + a* *cewab + a*	*Zozan + ê* *Zozan + ê*	*didim.* *da.*
ders dan	*Ez* *Min*	*ders + a* *ders + a*	*Zozan + ê* *Zozan + ê*	*didim.* *da.*
destûr dan	*Ez* *Min*	*destûr + a* *destûr + a*	*Zozan + ê* *Zozan + ê*	*didim.* *da.*

Alle komplexen Prädikate, die als Grundverb *dan – geben* haben, weisen die beiden dargestellten Strukturen auf.

Folgende komplexe Prädikate weisen die Struktur der unter b) eingeführten Verben auf:

behs kirin (tr.) – erzählen, berichten
bêrî kirin (tr.) – vermıssen
ders dan (tr.) – unterrichten
guhdarî kirin (tr.) – hören, zuhören
hazirî kirin (tr.) – vorbereiten
hurmet girtin (tr.) – respektvoll sein
înkar kirin (tr.) – leugnen
meraq kirin (tr.) – sich Sorgen machen
minet kirin (tr.) – Dankbarkeit verlangen
paqijî kirin (tr.) – säubern
pirs kirin (tr.) – fragen
qal kirin (tr.) – erzählen von
qedir girtin (tr.) – würdigen, ehren
şik kirin (tr.) – verdächtigen, bezweifeln
xeyal kirin (tr.) – träumen
xizmet kirin (tr.) – dienen, bedienen

Neben der Genitivkonstruktion (1) kann das direkte Objekt bei einigen Verben auch ohne Ergänzung (2) auftreten:

1) *Dewlet înkara Kurdî dike.* – Der Staat leugnet das Kurdische.
2) *Dewlet Kurdî înkar dike.* – Der Staat leugnet das Kurdische.

Ebenso:

guhdarî kirin (tr.) – hören, zuhören
meraq kirin (tr.) – sich Sorgen machen
xeyal kirin (tr.) – träumen

2c) Funktionsverbgefüge mit «starrem» Element

Das Verb besteht hier aus einem verbalen und einem nicht-verbalen Element. Das nicht-verbale Element kann deadjektivisch oder denominal sein; wobei bei einzelnen Wörtern eine genaue Zuordnung nicht möglich bzw. in diesem Kontext nicht von Interesse ist.

Das nicht-verbale Element bleibt starr, d. h. ohne Endungen und Deklination. Lediglich das verbale Element, meist *kirin, dan* oder *bûn*, wird konjugiert.

Die transitiven Verben verlangen ein direktes Objekt. Hier eine Auswahl solcher komplexen Prädikate:

aciz bûn (intr.) – sich ärgern
aciz kirin (tr.) – bedrücken, stören
amade bûn (intr.) – fertig/bereit sein
amade kirin (tr.) – (vor)bereiten, bereitstellen
av dan (tr.) – bewässern, tränken
ava kirin (tr.) – erbauen, bebauen
bar kirin (tr.) – beladen, fortfahren
belav kirin (tr.) – verteilen, veröffentlichen
berhev kirin (tr.) – einsammeln, anhäufen
betal kirin (tr.) – abschaffen
bilind kirin (tr.) – heben, erheben
birîndar kirin (tr.) – verletzen, verwunden
bêhn/bîhn kirin (tr.) – riechen
cot kirin (tr.) – pflügen
çap kirin (tr.) – veröffentlichen
darda kirin (tr.) – aufhängen
dehf dan (tr.) – schieben
dewam kirin (tr.) – fortsetzen

deyn kirin (tr.) – ausleihen, borgen
dîyar kirin (tr.) – bekannt machen
dom kirin (tr.) – fortsetzen, fortführen
dubare kirin (tr.) – wiederholen
efû kirin (tr.) – begnadigen
erzan kirin (tr.) – verbilligen
êriş kirin (tr.) – angreifen, attackieren
fehm/fêm kirin (tr.) – verstehen
ferq kirin (tr.) – unterscheiden, bemerken
gez kirin (tr.) – beißen
gêj kirin (tr.) – ermüden, betäuben
girê dan (tr.) – binden, verbinden
guhdarî kirin (tr.) – folgen, zuhören
helal kirin (tr.) – vergeben
heq kirin (tr.) – verdienen
kifş kirin (tr.) – erfinden, aufdecken
kurr kirin (tr.) – rasieren, kürzen (Haare)
maç kirin (tr.) – küssen
mehr kirin (tr.) – trauen, verheiraten
mizdan (tr.) – zerreiben, scheuern
nas kirin (tr.) – kennen
parve kirin (tr.) – teilen
paşda dan (tr.) – zurückschieben, verschieben
peyda bûn (intr.) – erscheinen, existieren, vorhanden sein
peyda kirin (tr.) – finden, entdecken
pêxwas kirin (tr.) – jdm. die Schuhe ausziehen
pîroz kirin (tr.) – gratulieren, feiern
qezenc kirin (tr.) – verdienen, gewinnen
qebûl kirin (tr.) – akzeptieren, annehmen
sabûn kirin (tr.) – einseifen
seh kirin (tr.) – hören

2d) Funktionsverbgefüge mit indirektem Objekt

Bei dieser Gruppe der komplexen Prädikate muss man Folgendes beachten. Bei einzelnen Verben reicht das **direkte Objekt** aus, um einen grammatisch richtigen Satz zu bilden. Bei diesem Gebrauch würde das nichtverbale Element ebenfalls «starr» bleiben, also nicht dekliniert. Sie würden dann folgendermaßen funktionieren:

dirêj kirin (tr.) – verlängern, überreichen

Ez dersê dirêj dikim. – Ich verlängere den Unterricht.

fêr/hîn kirin (tr.) – lehren, unterrichten

Ew Kurdî fêr/hîn dike. – Er/Sie/Es unterrichtet Kurdisch.

pêşkeş kirin (tr.) – vorstellen, anbieten

Zarok çîrokê pêşkeş dike. – Das Kind stellt das Märchen vor.

Wird jedoch ein **indirektes Objekt hinzugefügt**, tritt folgende Veränderung ein: Das nicht-verbale Element und das indirekte Objekt stehen in einer Art **«Genitivattribution»** (dieser Begriff dient hier nur als Verständigungsmittel und passt nicht exakt zur kurdischen Grammatik). Das nicht-verbale Element fungiert als Grundwort und erhält die Endung *-î*; das indirekte Objekt ist das Bestimmungswort mit der Obliquus-Endung. Beispiele:

	Subj.	dir. Objekt	Verb nom. Element, Grundwort+*î*	indir. Objekt Bestimmungswort + Obl.-Endung	Verb verb. Elem.
dirêj kirin	*Ez*	*qelemê*	***dirêj + î***	***Zozanê***	*dikim.*
fêr/ hîn kirin	*Ew*	*zarokan*	***fêr + î / hîn + î***	***Kurdî***	*dike.*
pêşkeş kirin	*Zarok*	*çîrokê*	***pêşkeş + î***	***me***	*dike.*

Zu diesen Verben gehören:

derbas bûn (intr.) – eintreten, einreisen
êriş kirin (tr.) – angreifen
hicûm kirin (tr.) – attackieren
kerem kirin (tr.) – bitten
lava kirin (tr.) – bitten, anflehen
nîşan dan (tr.) – zeigen
qeyd kirin (tr.) – anmelden
ray dan (tr.) – zeigen
sirgûn kirin (tr.) – ins Exil schicken
telefon kirin (tr.) – anrufen

12

MARTÎNÊ BEXTEWAR*

Destpêka sala 1699an bû. Roja duşemê bîst û çarê meha Recebê ku beramber bîst û şeşê meha çileyê paşîn bû. Saet nehê sibeheke sar, yanzdeh kes, sê ji wan Osmanî bûn, di saloneke rût da ku di pencereyên wê ra çemê Tunayê û yanzdeh kevokên ku li ezmanekî ewravî difirîyan, xuya dikirin, li hev civîyabûn.

Ew bûbû heftê rojên wan giregiran ku gotubêja peymanê û merc û bendên wê dikirin. Geh li hev dikirin, geh na. Geh li hev aşt dibûn, geh zîz dibûn. Xalên di peymanê da radikirin û datanîn û li ser wan li hev nedikirin heta ku heftê roj bi dawî bûn û ew duşema sar hat. Duşema ku dê berê dîrokê biguhere, hat û yanzdeh kesan qedera bi dehan milet mîna cawekî hevrişîm bi cawbira berjewendîyên împarator û padîşahan dibirrîn. Ramî Mehmet Paşa ku nûnerê sultan Mustefa bû ji tercumanê herî mezin ê Osmanîyan Aleksander Mavrokodortos ra gotibû ku ew naxwaze mîna Ewropîyan li ser kursîyekî rûne û nigên wî bi erda salonê bibin. Kesekî ku nûnerê padişahê Osmanî be, divê bi hemî bedena xwe ji erdê qut be û di ser hemîyan ra be. Loma jî mazûvanan ji wan ra bi lez û bez qoltixek li cem necarê bajêr Branko Moravac dabûne sazkirin û anîbûn li wê salona sar û rût danîbûn û rûyek ji mexmerekî sor avêtibûn ser.

Kelîmeyên Nû

bextewar – glücklich
receb *(f)* – der 7. Monat des islamischen Kalenders
beramber – gegenüberliegend
sar – kalt
osmanî – osmanisch
salon *(f)* – Salon *(m)*
rût – nackt
pencere *(f)* – Fenster *(n)*
Tuna *(f)* – Donau
kevok *(f)* – Taube *(f)*
ezman *(m)* – Himmel *(m)*
ewravî – wolkig
firîn, ez difirim, ez firîyam *(intr.)* – fliegen

* Dost, Jan: *Martînê Bextewar.* Istanbul (2011): Avesta. Rûpel 12.

xuya kirin *(intr.)* – erscheinen
civîyan, li hev, ez dicivim, ez civîyam *(intr.)* – zusammen kommen, sich versammeln
giregir *(m)* – angesehene Persönlichkeit
gotûbêj *(f)* – Diskussion *(f)*
peyman *(f)* – Vertrag *(m)*
merc *(f)* – Bedingung *(f)*
bend *(f)* – Klausel *(f)*
geh ... geh – ab und zu, mal
li hev kirin *(tr.)* – sich übereinkommen
aşt bûn *(intr.)* – sich aussöhnen/versöhnen
zîz bûn *(intr.)* – verärgert sein
xal *(f)* – Punkt *(m)*
bi dawî bûn *(intr.)* – zu Ende sein
ber *(m)* – Gesicht *(n)*, Vorderseite *(f)*
dîrok *(f)* – Geschichte *(f)*
milet *(m)* – Volk *(n)*, Nation *(f)*
caw *(m)* – Baumwollgewebe *(n)*
hevrîşim *(m)* – Seide *(f)*
cawbir *(f)* – große Schere zur Schafschur
berjewendî *(f)* – Vorteil *(m)*
împarator *(m)* – Reich *(n)*
padişah *(f/m)* – KönigIn *(f/m)*, KaiserIn *(f/m)*
birrîn, ez dibirrim, min birrî *(tr.)* – schneiden
nûner *(f/m)* – VertreterIn *(f/m)*
sultan *(f/m)* – Sultan *(m)*
tercuman *(f/m)* – ÜbersetzerIn *(f/m)*
kursî *(m)* – Stuhl *(m)*
nig *(m)* – Fuß *(m)*
hemî – alle
beden *(f)* – Körper *(m)*, Leib *(m)*
qut bûn *(intr.)* – getrennt sein
di ser ... bûn *(intr.)* – stehen über
mazûvan *(f/m)* – GastgeberIn *(f/m)*
bi lez û bez – eilig
qoltix *(f)* – Sessel *(m)*
necar *(f/m)* – Schreiner(in *(f/m)*
saz kirin *(tr.)* – regeln, ordnen, *hier:* anfertigen
rû *(m)* – Gesicht *(n)*
mexmer *(f)* – Samt *(m)*

Textaufgaben

1. Destpêka kîjan salê, kîjan roj û mehê bû?
2. Ew çend kes in û li ber kîjan çemî ne?
3. Çend roj in ew li wir in?
4. Ramî Mehmet Paşa kî ye?
5. Navê necarê bajêr çi ye?

Grammatikübungen

1. ***Im Text werden unterschiedliche Tempora (Prät., Imp., Plusq. und Futur) benutzt. Unterstreichen Sie alle Verben und stellen Sie jeweils das Tempus fest.***
2. ***Unterstreichen Sie den Satz im Konjunktiv.***
3. ***Ein Satz kommt im Kausativ vor. Welcher?***
4. ***Im Rätsel sind 16 Wörter enthalten (senkrecht und waagrecht). Kreisen Sie sie ein.***

	1	2	3	4	5	6	7	8	9	10
A	A	H	K	R	Û	W	A	B	G	J
B	B	M	E	X	M	E	R	E	H	K
C	X	A	L	S	S	X	B	X	H	L
Ç	C	Z	L	Ş	A	Y	C	T	E	M
D	N	Û	N	E	R	Z	G	E	V	N
E	Ç	V	M	Z	Û	Û	O	W	R	P
Ê	C	A	W	M	V	P	T	A	Î	E
F	D	N	N	A	D	E	Û	R	Ş	N
G	E	I	O	N	Î	Y	B	D	I	C
H	Ê	Î	P	T	R	M	Ê	E	M	E
I	H	E	M	Î	O	A	J	Ê	I	R
Î	G	J	Q	U	K	N	Ç	F	Î	E

Kausativ

Im Text kommt in dem hier verkürzten Satz eine Form vor, die in der Grammatik als Kausativ definiert wird:

Mazûvanan qoltixek dabûne sazkirin.
– Die Gastgeber hatten einen Sessel anfertigen lassen.

Als Kausativ bezeichnet man eine Situation, bei der eine Person jemanden anderen veranlasst, irgendetwas zu machen. Das Kausativ wird in den meisten Varietäten des Kurmancî mit zwei Formen gebildet:

a) mit der Endung *-and*. Diese Endung wird an den Präsensstamm des intransitiven Verbs hinzugefügt, um daraus ein transitives Verb zu bilden, welches eine kausative Bedeutung hat.

revîn – fliehen, flüchten → *revandin* – rauben, entführen

şewitîn – brennen, verbrennen → *şewitandin* – in Brand setzen, anzünden

b) *dan* + Infinitiv

kirin – machen, tun → *dan kirin* – machen lassen

sazkirin – anfertigen → *dan sazkirin* – anfertigen lassen

(In einigen Gebieten wird *Infinitiv* + *dan* benutzt, aber die andere Variante ist geläufiger.)

Dieser Aufbau liegt denjenigen Verben zugrunde, bei denen eine transitive Form mit *-and* nicht möglich ist.

Modalverb

Im Text kommen die Verben *divê* und *naxwaze* vor, welche bereits in **Kurdisch kompakt** (S. 105–106) behandelt wurden. Es handelt sich dabei um Modalverben. An dieser Stelle erfolgt eine Übersicht über alle Modalverben und -konstruktionen; ihr Aufbau wurde bereits in **Kurdisch kompakt** erklärt:

vîn, ez divêm, min divê (tr.) – müssen

xwestin, ez dixwazim, min xwast (tr.) – wollen

karîn, ez dikarim, min karî (tr.) / *kanîn, ez dikanim, min dikanî* (tr.) / *şîyan, ez dişêm, min şa* (tr.) – können

(*şîyan* ist in der Behdînî-Region verbreitet; in den anderen Gegenden ist das Wort weniger bekannt.)

Daneben gibt es die Wörter *bira* (bzw. *bila*), *gere(k)*, *lazim* und *mecbûr*, die jeweils eine Soll- bzw. Mussbedeutung zum Ausdruck bringen.

bila / bira – soll

gotî / gerek / lazim / mecbûr – muss

Da sie keine Verben sind, kann man sie auch nicht konjugieren und sie haben keinen Einfluss auf die Wortstellung. Alle diese Wörter verlangen jedoch ein Verb, welches im Subjunktiv stehen muss:

Bira / Gerek / Lazim / Mecbûr Zozan jî biçe.
– Zozan muss/soll auch gehen.

Im Text *Sînor* kommt die Form *dibe – es kann sein* vor, die eine modale Bedeutung zum Ausdruck bringt. Hierbei muss der Satz dem Verb folgen.

«Dibe hin peyv hebin ku min bi kar anînê û li Bakur neyên fêmkirin.»
– Es kann sein, dass es einige Wörter gibt, die ich benutzt habe, welche im Norden nicht verstanden werden.

Konjunktiv Präsens

Auch der Konjunktiv Präsens des Verbs dient dazu, eine modale Bedeutung auszudrücken. Der Konjunktiv Präsens wird mit der Vorsilbe *bi-*, dem Präsensstamm sowie der jeweiligen Personalendung gebildet (mit den Imperativformen identisch). In der Regel werden alle Fragesätze in diesem Gebrauch als Soll-Modalsätze verstanden.

Ez biçim? – Soll ich gehen?

Ez bixwim? – Soll ich essen?

Der Konjunktiv Präsens von *bûn – sein* hat zwei Formen, die im Deutschen mit dem Verb *sein* (ohne Vorsilbe *bi-*) und *werden* (mit der Vorsilbe *bi-*) wiedergegeben werden:

	sein	werden
ez	*bim* – dass ich sei	*bibim* – dass ich würde
tu	*bî* – dass du seist	*bibî* – dass du würdest
ew	*be* – dass er/sie/es sei	*bibe* – dass er/sie/es würde
em/hûn/ew	*bin* – dass wir seien / ihr seiet / sie seien	*bibin* – dass wir würden / ihr würdet / sie würden

Partizip

Bei den obigen Erklärungen (s. Modalverb) kommt die Form *gotî* vor, welche das Partizip des Verbs *gotin – sagen* ist. Das Partizip hat unterschiedliche Funktionen. Es kann dazu dienen, zusammengesetzte Zeiten zu bilden oder auch dazu adjektivische Attribute darzustellen. Von der Bedeutung her entspricht das Partizip etwa dem Partizip II im Deutschen. Wie Bedir Khan & Lescot (1986:136) feststellen, gibt es jedoch einen Bedeutungsaspekt, der wichtig ist: Das Partizip «enthält aber eine aktive Nuance für die intransitiven Verben, eine passive für die transitiven Verben.

ketî, gefallen, der gefallen ist (von *ketin*, intr.)

kuştî, getötet, der getötet worden ist (von *kuştin*, tr.)

kirî, gemacht, der gemacht worden ist (von *kirin*, tr.)

gotî, gesagt, der gesagt worden ist (von *gotin*, tr.)»

Das Partizip kann nicht von jedem Verb gebildet werden, deshalb sollte man in der Lage sein, es zu bilden und zu verstehen, aber eine komplette Darstellung der Verben mit dem Partizip scheint problematisch zu sein.

Das Partizip wird durch das Hinzufügen der Endung ***-î*** an den Perfektstamm gebildet. Bei den Stämmen, die auf einen Vokal enden, fungiert der Laut ***-y*** (bei manchen auch ***-yay***) als Gleitlaut. Wenn der Vokal ***-î*** ist, erhält das Verb keine weitere Endung:

Infinitiv	Perfekt-stamm	Partizip	Beispiel
girtin – nehmen, festhalten	*girt-*	*girtî*	*girtîyên hepsê* – die Inhaftierten
mirin – sterben	*mir-*	*mirî*	*mirîyên Enfalê* – die Gestorbenen/ Gefallenen von Enfal
gerîyan – reisen, verreisen	*gerîya-*	*gerîyayî*	*merivên gerîyayî* – die (viel) verreisten Menschen
kirrîn – kaufen	*kirrî-*	*kirrî*	*nanê kirrî* – das gekaufte Brot

Das apokopierte Partizip

Das apokopierte Partizip bekommt man, indem man das *-n* in der Infinitivendung weglässt.

keti (von *ketin*, intr.)
kuşti (von *kuştin*, tr.)
kiri (von *kirin*, tr.)
goti (von *gotin*, tr.)

Dieses Partizip dient der Bildung von zusammengesetzten Zeiten und tritt nie allein auf.

Das Plusquamperfekt

Um das Plusquamperfekt zu bilden, benötigt man bei den intransitiven Verben den Perfektstamm, das apokopierte Partizip sowie die jeweilige Personalendung. Das apokopierte Partizip ist allerdings nur bei Perfektstämmen notwendig, die auf einen Konsonanten enden.

intransitives Verb Stammausgang: Konsonant	
ez	*ket-i-bûm*
tu	*ket-i-bûyî*
ew	*ket-i-bû*
em/hûn/ew	*ket-i-bûn*

intransitives Verb Stammausgang: Vokal
ma-bûm
ma-bûyî
ma-bû
ma-bûn

Beim transitiven Verb benötigt man ebenfalls den Perfektstamm sowie das apokopierte Partizip (nur, wenn der Stamm auf einen Konsonanten endet). Bei der Personalendung braucht man entweder *-bû* für Singular oder *-bûn* für Plural, also *min girtibûn, min dabûn...*

4. *Bilden Sie kausative Sätze!*

Ew mektûbê dinivîse.
Ew mektûbê dide nivîsîn.

Ew çayê çêdike.
Ew çayê ....

Ew sêvê dixwe.
Ew sêvê ....

Ew xanî ava dike.
Ew xanî ....

Ew erebeyê diajo.
Ew erebeyê ....

Polês wî digre.
Polês wî ....

Ew paketê dişîne.
Ew paketê ....

Ew derî vedike.
Ew derî ....

Ew kitêbê diweşîne.
Ew kitêbê ....

Ew dixwîne.
Dê wî/wê ....

5. Bilden Sie Modalsätze wie im Beispiel!

Ew mektûbê dinivîse.

Ew dixwaze mektûbê binivîse.

Gerek ew mektûbê binivîse.

Divê ew mektûbê binivîse.

Bira ew mektûbê binivîse.

a) Ew çayê çêdike.

....

....

....

....

b) Ew sêvê dixwe.

....

....

....

....

c) Ew xanî ava dike.

....

....

....

....

d) Ew erebeyê diajo.

....

....

....

....

e) Polês wî digre.

....

....

....

....

f) Ew paketê dişîne.

....

....

....

....

g) Ew derî vedike.

....

....

....

....

h) Ew kitêbê diweşîne.

....

....

....

....

i) Ew dixwîne.

....

....

....

....

NAMEYÊD NEŞANDÎ*

Wekî tu bihatayî mala min bi mêvanî, min ê danîya ber te baqê wan nameyêd nivîsî, lê... neşandî

Mêvan**

[Ev perçeyek e ji çîrokekê. Selîm û Bedir hevdu nas dikin. Bedir kar nabîne û Selîm alî wî dike, wî digre kar û ew li cem Selîm dixebite. Rojekê ew xeber nade wî û îdî naçe kar û tu agahî jî nade wî. Selîm dibihîse ku ew çûye welatekî din, lê rojekê ew li bajarê xwe rastî wî tê.]

Bi rastî ji ber dudilîya Selîm ew ji ber çavan wenda bûbû û çûbû. Ketibû dudilîyê ku gelo wî bibîne baş e yan nebîne? Di dilê xwe da hem xwest, hem jî nexwest wî bibîne û xwe sist kir. Ev dudilî nebana, çawa wî ew dît, wî yê deng lê bikira, wî yê Bedir zeft bikira.

Ji ber çûyîna xwe ya bêxeber – herçiqas Bedir nizanîbû Selîm pê dizane jî – dibû ku li hember Selîm mehcûb biba, û nikarîba li rûyê wî mêze bikira û derew bikira. Ya rast, Selîm nexwest wê mehcûbîyetê bibîne. Derew jî bikira, rûyê wî sor nebaya jî Selîm dê li cihê wî fedî bikira. Ew jî xûyek e.

Apê Qado***

Gava ku min hatina wî dibihîst, şahîyekê ez digirtim. Bi rastî heta îro jî hê min sedemeke maqûl ji wê şahîyê ra peyde nekirîye. Lewra tu dostanîyeke min û wî ya taybetî nîn bû û bi ser de, ez dikarim bibêjim, ku wî navê min jî nizanîbû. Jixwe ne mumkîn bû ku jî di navbêra ewçend zarokan de, navê min hîn bibûya û wî ez nas bikirama.

Mirovekî kin û zeîf bû Apê Qado. Bi rastî ku me jê ra «Kalê Qado» gotibaya wê hê di cih da baya. Lewra tayekî reş bi tenê jî di nav porê wî da xuya nedibû. Loma gotina «apo» piçekî ciwantir dima, li hemberî vê rewşa wî. Lêbelê gava ku dimeşîya nola xortekî, şidîyayî û çalak bû. Dibe ku ev şidîyayîya wî dikir ku ciwantir bi me bide qebûl kirin. Dengê wî jî meriv şaş dikir; dengekî wî yî zirav hebû. Ku meriv dikarîbû sond bixwara û bigota ku ev deng, dengê zarokekî hê kamilnebûyî ye.

---

* Serdar, Emerîkê: *Destê Dê.* Diyarbekir (2015): Lîs. Rûpel 114

** Ezeban, Bedran: *Antolojîya Çîrokên Nûbiharê.* Istanbul (2008): Nûbihar. Rûpel 73

*** Baravî, Raserîn: *Antolojîya Çîrokên Nûbiharê.* Istanbul (2008): Nûbihar. Rûpel 201

Kelîmeyên Nû

bi mêvanî – zu Gast
ber (*Präp.*) – bei, an
baq *(f)* – Stapel *(m)*
neşandî – *Part. von* şandin
hevdu – sich gegenseitig
alî kirin *(tr.)* – helfen
girtin kar *(tr.)* – beschäftigen
xebitîn, ez dixebitîm, ez xebitîm *(intr.)* – arbeiten
xeber dan *(tr.)* – informieren
tu – überhaupt nicht; *Gebrauch nur mit Negation*
agahî *(f)* – Information *(f)*
rast hatin *(intr.)* – begegnen
bi rastî – wirklich, in der Tat
ji ber (*Präp.*) – wegen
dudilî *(f)* – Skepsis *(f)*
ji ber çavan wenda bûn *(intr.)* – aus den Augen verlieren
ketin dudilîyê *(intr.)* – unschlüssig sein
gelo – *Partikel zur Betonung einer Frage*
hem ... hem ... – sowohl als auch
sist kirin *(tr.)* – (ab)schwächen
xwe sist kirin *(tr.)* – unentschlossen sein
deng li ... kirin *(tr.)* – jdn. rufen
zeft kirin *(tr.)* – mit Gewalt festhalten
şahî *(f)* – Freude *(f)*
... şahî girtin *(tr.)* – Freude ergreifen
sedem *(f)* – Grund *(m)*, Ursache *(f)*
maqûl – vernünftig
peyde kirin *(tr.)* – finden, auffinden
dostanî *(f)* – Freundschaft *(f)*
nîn – nicht
bi ser da – hinzu, dazu
jixwe – ohnehin
mumkîn – möglich
ewçend – soviel
kin – kurz
zeif – schlank, dünn
di cih da bûn *(intr.)* – angemessen sein
ta *(m)* – Härchen *(n)*
bi tenê – nur, allein
di nav da – in, in der Mitte
xuya bûn *(intr.)* – scheinen, erscheinen
piçekî – etwas, ein bisschen
ciwantir – *Komparativ von* ciwan
li hemberî – angesichts

rewş *(f)* – Situation *(f)*, Zustand *(m)*
lêbelê – aber
meşîn, ez dimeşim, ez meşîyam *(intr.)* – laufen
nola – wie
şidîyayî – *Part. von* şidandin; fest, stark
çalak – aktiv
şaş kirin *(tr.)* – in die Irre führen
zirav – dünn
sond xwarin *(tr.)* – schwören
kamilbûyî – *Part.* kamilbûn; in der Pubertät, reif

Grammatikübungen

1. ***Im Text fehlen «versteckte» Subjekte. Fügen Sie sie ein.***
2. ***Alle Sätze im Konjunktiv sind verkürzt unten zu sehen.***
   a) Unterstreichen Sie die Verben und zerlegen Sie sie in ihre Bestandteile.
   b) Stellen Sie das Subjekt fest.

– Tu bihatayî mala min bi mêvanî, min ê danîya ber te baqê wan nameyêd nivîsî.

– Ev dudilî nebana, wî yê deng lê bikira, wî yê Bedir zeft bikira.

– Dibû ku Bedir li hember Selîm mehcûb biba, û nikarîba li rûyê wî mêze bikira û derew bikira.

– Derew jî bikira, rûyê wî sor nebaya jî Selîm dê li cihê wî fedî bikira.

– Jixwe ne mumkîn bû ku jî di navbera ewçend zarokan de, ew navê min hîn bibûya û wî ez nas bikirama.

– Bi rastî ku me jê ra «Kalê Qado» gotibaya, wê hê di cih da baya.

– Ku meriv dikarîbû sond bixwara û bigota ku ev deng, dengê zarokekî hê kamilnebûyî ye.

3. Tragen Sie die Verben im Konjunktiv in die Tabelle ein.

	Bestandteile	**tr./intr.**	**Infinitiv**
bihatayî	*bi-hat-ayî*	*intr.*	*hatin*

Ezafe-Endung in Behdînî

Die Ezafe-Endung im Plural, die in der Standardvarietät ***-ên*** lautet, ist in der Behdînî-Region ***-êd*** (wie oben in dem Wort *namey-êd*). Auch in älteren Texten aus der Serhed-Region ist sie zu finden.

Der Konjunktiv Imperfekt

Der Konjunktiv Imperfekt dient dazu, Irreales auszudrücken. Dies können Vermutungen, Wünsche und Hoffnungen sein, die sich auf die Vergangenheit, das Jetzt oder die Zukunft beziehen.

Die Bildung auch dieser Formen unterscheidet sich danach, ob es sich bei dem jeweiligen Verb um ein transitives oder ein intransitives Verb handelt.

Für die Bildung des Konjunktivs Imperfekt benötigt man bei **transitiven Verben** den **Perfektstamm** und die Vorsilbe ***bi-*** sowie eine **Personalendung**. Diese sind für die **3. P. Sing. *-(y)a* (für die Einzahl des Objekts)** und für die **3. P. Plural *-(y)ana* (für die Mehrzahl des Objekts)**. Also:

Sg. des Objekts: *min/te/wî/wê/me/we/wan* ***sêvek bi-xwar-a***

Pl. des Objekts: *min/te/wî/wê/me/we/wan* ***sêv bi-xwar-ana***

Selbstverständlich können auch die **1. P. Sg.** ***(-(a)ma)*** oder die **2. P. Sg.** ***(-(a)yî)*** – in Abhängigkeit vom Sinn des Satzes – gebraucht werden.

Bei den **intransitiven** Verben hat der Konjunktiv Imperfekt folgende Endungen:

Person	*ketin* fallen	*man* bleiben	*hebûn* haben, existieren
ez (1. P. Sg.)	*bi-ket-ama*	*bi-ma-ma*	*hebûma*
tu (2. P. Sg.)	*bi-ket-ayî*	*bi-ma(ya)-yî*	*hebûyayî*
ew (3. P. Sg.)	*bi-ket-a*	*bi-ma(ya)*	*hebûya*
em/hûn/ew (1.–3. P. Pl.)	*bi-ket-ana*	*bi-ma-na*	*hebûna*

Bei zusammengesetzten Verben wird meistens die Vorsilbe *bi-* weglassen, so dass nur durch Personalendungen der Konjunktiv erkannt wird:

Person	*derketin* – herauskommen
ez (1. P. Sg.)	*der-(bi)-ket-ama*
tu (2. P. Sg.)	*der-(bi)-ket-ayî*
ew (3. P. Sg.)	*der-(bi)-ket-a*
em/hûn/ew (1.–3. P. Pl.)	*der-(bi)-ket-ana*

Der Konjunktiv Imperfekt wird gebraucht, wenn bestimmte Ereignisse und Handlungen von Ereignissen und Handlungen der Vergangenheit abhängig sind. D. h. man nimmt an, dass wenn eine gewisse Handlung in der Vergangenheit begonnen hätte, die Auswirkungen davon noch andauern würden. Es drückt also etwas Irreales aus der Vergangenheit aus.

Min vê sibehê taştê bixwara, niha ez têr bûm. –

Wenn ich diesen Morgen gefrühstückt hätte, wäre ich jetzt satt.

(taştê *(f)* – Frühstück *(m)*, têr bûn *(intr.)* – satt sein/werden)

Der Hauptsatz, bei dem die **Folge** zum Ausdruck kommt (also in dem obigen Beispielsatz *niha ez têr bûm*) kann entweder a) als Tatsache oder b) ebenfalls als eine Möglichkeit ausgedrückt werden. Wenn die Folge als **Tatsache** zum Ausdruck kommt, benutzt man das **Präteritum**. Im anderen Fall benutzt man eine weitere Form des Konjunktivs, die ich weiter unten erklären werde.

Um einen **Wunsch** auszudrücken, wird dem Satz in der Regel das Einleitungswort für Wunschsätze (sie sind gleichwertig) ***xwezî / xwezil(a) / xwez(i)ka*** *(f) – Wunsch (m), Wille (m)* vorgeschoben. ***ku*** *– dass, als, als dass* oder ***da ku*** *– damit, auf dass* dient der Bildung von Konditionalsätzen.

Das Verb *bûn – sein* hat im Konjunktiv Imperfekt zwei unterschiedliche Formen (mit und ohne die Vorsilbe *bi-*), was im Deutschen mit *sein* bzw. *werden* durch zwei unterschiedliche Verben ausgedrückt wird:

	sein	werden
ez	*bûma/bama* – dass ich wäre	*bibûma/bibama* – dass ich würde
tu	*bûyayî* – dass du wärst	*bibûyayî/bibayîya* – dass du würdest
ew	*bûya/ba* – dass er/sie/es wäre	*bibûya/biba* – dass er/sie/es würde
em/ hûn/ ew	*bû(ya)na/bana – dass wir wären / ihr wäret / sie wären*	*bibû(ya)na/bibana* – dass wir würden / ihr würdet / sie würden

Konditionaler Konjunktiv (bzw. Konditional I)

Wenn die **Folge** aus der irrealen Handlung ebenfalls als etwas **Irreales** dargestellt werden soll, dann benutzt man eine Form des **konditionalen Konjunktivs**, welcher noch die Zukunftspartikel ***ê*** bzw. ***dê*** hinzugefügt wird. Die Partikel folgt direkt dem Subjekt:

> *Min vê sibehê taştê bixwara, ez* ***ê*** *niha têr* ***bûma***. – Wenn ich diesen Morgen gefrühstückt hätte, wäre ich jetzt satt gewesen.
>
> *Min vê sibehê tu bidîta, ez* ***ê*** *niha* ***birevîyama***. – Wenn ich dich diesen Morgen gesehen hätte, hätte ich jetzt gejoggt.
> (revîyan, ez direvim, ez revîyam *(intr.)* – laufen, joggen)

Diese Form dient auch dazu, auszudrücken, dass eine Handlung in der Vergangenheit abgebrochen worden ist, als man dabei war etwas zu tun, d. h. ein in der Vergangenheit unterbrochenes Vorhaben, wovon mögliche Folgen ausgeblieben sind:

> *Min ê vê sibehê taştê bixwara, mêvan hatin.* – Als ich heute Morgen frühstücken wollte, kamen die Gäste/Besucher.

Bis auf die Partikel *ê* bzw. *dê* ist die Formbildung mit dem Konjunktiv Imperfekt gleich; d. h. die Konjugation ist mit dem Konjunktiv Imperfekt identisch:

ezê bihatama	–	ich wäre gekommen
tuyê bihatayî	–	du wärst gekommen
ewê bihata	–	er/sie/es wäre gekommen
emê bihatana	–	wir wären gekommen
hûnê bihatana	–	ihr wärt gekommen
ewê bihatana	–	sie wären gekommen

4. Konjugieren Sie die Verben im Konjunktiv Imperfekt.

	hatin	çûn	gerîn
ez			
tu			
ew			
em/hûn/ew			

	rûniştin	sekinîn	tirsîn/tirsîyan
ez			
tu			
ew			
em/hûn/ew			

	ajotin	birin	dan	dîtin
3. P. Sg.				
Pl.				

	girtin	kirrîn	nivîsîn	nihêrîn
3. P. Sg.				
Pl.				

	danîn	kirin	karîn	gotin	xwarin
3. P. Sg.					
Pl.					

	pirsîn	şandin	xistin	xwendin	xwestin
3. P. Sg.					
Pl.					

5. ***Setzen Sie die Verben im Konjunktiv Imperfekt ein. Bei den Sätzen handelt es sich um authentische Beispiele aus Twitter.***

- Tenê tv .... (qise kirin) baş bû, yên me jî bi tv yê ra qise dikin.
- Mêvanekî xwe li me .... (girtin), min ê jê ra çi .... (gotin).
- Ez .... (bûn – negiert), tu nikarîbû .... (hatin).
- Tu .... (çûn) jî, tu yê nexweş .... (ketin).
- Min tu .... (nas kirin), min alî te dikir.
- Min kitêb .... (xwendin), min mijar fêm kirin.
- Min erebe .... (ajotin), ez niha hatibûm.
- Tu gavekê bi pêş da .... (hatin), ez nediketim vê rewşê.
- Xwezila çend heb ez .... (hebûn); yekê kitêb .... (xwendin), yekê tv .... (temaşe kirin), yekê li wan berhemên niha online in .... (mêze kirin), yekê bi xwîşk û brayan ra .... (ketin), yekê jî tenê .... (rihet kirin).
- Em niha li gund .... (bûn), qulika xanîyê xwe da. Ne ji babarana, ne jî ji gur û deban .... (tirsîyan).
- Xwezila Japonîya min jî .... (hebûn).
- Wan di şûna .... (gotin) Zelal ji bo zimanê xwe dixebite û alî min .... (kirin), ez rexne dikirim.
- Xwezila we .... (zanîn) gava hûn Kurmancî deforme dikin, hûn çiqas tehl in.
- Em li Almanyayê .... (bûn), me yê hinekî zêdetir .... (xwendin).

– Xwezila hinek Theodor Herzl ji nav me jî .... (derketin).

– Ez nivîskar .... (bûn), min ê navekî xweş ji zaroka xwe ra .... dîtin.

– Ku îmkan .... (hebûn), min dixwest alî te bikim.

– Min jî pirr dixwest niha li mala xwe .... (bûn) û wekî we .... (aciz bûn) û min bela xwe di nivîs û pirtûk û fîlman .... (dan).

– Ger ji bo nivîsînê pere .... (dan), meaşê te çiqas .... (bûn).

– Derfeta min .... (hebûn), ez ê gund bi gund, dawet bi dawet .... (gerîyan) û govend .... (qeyd kirin).

– Dibe ez li gund.............................. (man), ez ê bextewartir .... (bûn).

– Min ê ev .... (pirsîn): «Gelo hunermend dixwazin polîtîk bin?»

– Ez ne yê reklaman im. Heger wisa .... (bûn), min ê xwe .... (eşkere kirin).

Kelîmeyên Nû

nexweş ketin *(intr.)* – krank werden / berhem *(f)* – Werk *(n)* / heb *(f)* – Stückchen *(n)* / rihet kirin *(tr.)* – ausruhen / mijar *(f)* – Thema *(n)* / bi pêş da *(Präp.)* – nach vorne / qulik *(f)* – Loch *(n)* / baran *(f)* – Regen *(m)* / deb *(m; von* dehbe*)* – Raubtier *(n)*, wildes Tier / Japonî *(f)* – Japanisch / rexne kirin *(tr.)* – kritisieren / deforme kirin *(tr.)* – deformieren, ändern / tehl – bitter / bela xwe di ... dan *(tr.)* – *hier:* sich beschäftigen mit / derfet *(f)* – Möglichkeit *(f)* / qeyd kirin *(tr.)* – aufnehmen / bextewartir – glücklicher (*Komparativ von* bextewar) / reklam *(f)* – Reklame *(f)* / eşkere kirin *(tr.)* – enthüllen, offenbaren

14

XWEZIL

Fêrîkê Ûsiv

Bira xwezil Kurdistana min şên bûya,
Miletê min aza, xwendî û zên bûya,
Derge-dîwan bi ziman û zarê min bûya,
Qewm û milet li her çar hewarê min bûya,
Bira hingê ayê şevê li min çar[e] bûya,
Kelefekî wêran [ji] min ra cî-star bûya,
Qerpalekî reş li stûyê min da xarbûya,
[Di] Destê min da ne ev qelem nivîsar bûya,
Bira gêzik dergevana [di] destê min [da] bûya,
Soqaqeke El-Cizîrê «posta» min bûya.

Mala Mêran Neketî!* – Emerîkê Serdar

Dibêjin, du Kurd dijminê hev bûne, li pê hev gerîyane, yekî xwestîye yê mayîn bikuje.
Rojekê jî yek dikeve konê yê mayîn. Dîna xwe didîyê, wa ye dijminê wî razaye. Li ber serê wî rûdinê, cixareyekê dikişîne. Wexta derketinê du fîşekan dike bin balgîya wî û dertê, diçe.
Gava yê razayî hişîyar dibe, wan her du fîşekan dibîne, dibêje:
«Wî karîbû ez razayî bikuştama. Lê wisa nekir. Ez şa me, wekî mêrekî wisa dijminê min e. Dijmin jî gotî alçax nîn be ...»

Çav – Nîzar Qabanî

Ger sêhr ji devê kûp derketa û bigota: «Fermo, deqqeyek ji te ra misaade ji nav perçeyên zimrûd û yaqûtan. Te çi divê, hilbijêre!»
Bê tereddud min ê herdu çavên te hilbijartana.

---

* Emerîkê Serdar: *Destê Dê.* Diyarbekir (2015): Lîs. Rûpel 49

Kelîmeyên Nû

şên bûn *(intr.)* – blühen
aza(d) bûn *(intr.)* – frei sein, befreit sein
xwezil/xwezîl/xwezî *(vgl. S. 107) sind unterschiedliche Varianten des Wortes (im Hörtext als* xwezîl *ausgesprochen)*
xwendî – *Part. von* xwendin
zên bûn (intr.) – belesen/klug/schlau sein
derge *(m)* – Tor *(n)*
dîwan *(f)* – Divan *(m)*, Saal *(m)*
zar *(m)* – Sprache *(f)*
qewm *(m)* – Volk *(n)*, Nation *(f)*
hewar *(f)* – *hier:* in der Umgebung, zur Hand
her – alle, jede
hewar *(f)* (*a.* hawar) – Hilferuf *(m)*, Hilfeschrei *(m)*
ayê şevê – Fluch der Nacht
çar(e) bûn *(intr.)* – Lösung sein
kelef *(m)* – Trümmer *(Pl.)*
wêran – zerstört, ruiniert
cî *(m)* – Ort *(m)*
star *(f)* – *hier:* Bleibe *(f)*
cî-star bûn *(intr.)* – Wohnort sein
qerpal *(f)* – Lumpen *(m)*, Fetzen *(m)*
stû *(m)* – Nacken *(m)*, Hals *(m)*
xar bûn *(intr.)* – schief sein; *hier:* hängen
gêzik *(f)* – Besen *(m)*
dergevan *(f/m)* – TürsteherIn *(f/m)*
soqaq *(f)* – Straße *(f)*
El-Cizîr – kurdische Stadt; *türk.* Cizre
post *(f/m)* – Haut *(f)*, Leder *(n), hier:* Arbeits- und Lebensort

neketî – *Part. (Negation) von* ketin
dijmin *(f/m)* – FeindIn *(f/m)*
li pê hev gerîyan *(intr.)* – folgen
mayîn – *Part. von* man/mayîn
kon *(m)* – Zelt *(n)*
dîna xwe dan *(intr.)* – sehen, sich etwas angucken, bemerken
li ber *(Präp.)* – an
cixare *(f)* – Zigarette *(f)*
kişandin, ez dik(i)şînim, min kişand *(tr.)* – rauchen, ziehen, aushalten
fîşek *(f)* – Munition *(f)*
bin *(Präp.)* – unter
balgî *(f)* – Kissen *(m)*
hiş(i)yar bûn *(intr.)* – aufwachen
wisa – so
şabûn *(intr.)* – froh sein

wekî – *hier:* dass
alçax (*aus dem Türkischen*) – niederträchtig

ger – wenn
sêhr *(f)* (*a.* sihr) – Zauberei *(f)*, Magie *(f)*
kûp *(m)* – Krug *(m)*
fermo – bitte schön
deqqe (*Abk. v.* deqîqe) *(f)* – Minute *(f)*
misaade *(f)* – Erlaubnis *(f)*
zimrûd *(f)* – Smaragd *(m)*
yaqût *(f)* – Korund *(m)*
tereddud *(f)* – Zweifel *(m)*

Grammatikübungen

1. ***In den Texten kommen Sätze im Konjunktiv Imperfekt vor. Unterstreichen Sie alle Verben und schreiben Sie die Person daneben.***
2. ***Unterstreichen Sie das dazugehörige Subjekt.***
3. ***Schreiben Sie die unterstrichenen Verben ab und tragen Sie sie in die Tabelle ein:***

transitiv	intransitiv

4. ***Im Text von Emerîkê Serdar kommen mehrere Partizipien vor. Stellen Sie sie fest und übersetzen Sie die Sätze ins Deutsche.***
5. ***Erklären Sie die Phrase «Dîna xwe dideyê» in dem Text von Emerîkê Serdar. Welche grammatische Erscheinung findet sich in «dideyê»?***

Präpositionen in der Serhed-Varietät

Wie bereits erwähnt gibt es im Kurmancî-Kurdischen Präpositionen (z.B. *li*) und Zirkumpositionen (*di* ... *da*). Im Gedicht von FÊRÎKÊ ÛSIV wurde hier der vordere Bestandteil der Zirkumposition *di* ... *da* in eckigen Klammern [*di*] ergänzt. Nun, das Gedicht ist von einem großen Dichter, so dass man ihm keinen Fehler unterstellen kann und es ist eine Anmaßung, so etwas zu tun. Doch aus didaktischer Sicht musste die Präposition *di* hinzugefügt werden. Das Ganze hat folgenden Hintergrund: In der Serhed-Varietät wird bei den Zirkumpositionen in der Regel der erste Bestandteil weggelassen. Der Gebrauch der Postpositionen reicht aus, um einen grammatisch richtigen Satz zu bilden. Damit unterscheidet sie sich von der zurzeit propagierten Variante in der Schriftsprache bzw. von anderen Varietäten des Kurmancî-Kurdischen, in denen die Zirkumposition aus beiden Bestandteilen bestehen muss.

Partizip von *mayîn* – bleiben

Das Partizip von *mayîn – bleiben* wird neben der eigentlichen Form auch mit dem Infinitiv gebraucht. So kommt in dem Text von EMERÎKÊ SERDAR diese Form drei Mal als ***yê mayîn*** *– der andere* vor.

Wortbildung III: Verdopplungen

In Kurmancî werden einzelne Wörter über die sog. Verdopplungen (Reduplikationen) gebildet. Als Erstglied kommen sowohl Nomina als auch Adjektive vor, wobei sie in unterschiedlichen Formen auftauchen.

Bei den **Adjektiven** wird das zweite Wort in der Regel ergänzt; es bekommt den ***-î*** oder ***-kî*-Laut** hinzugefügt. Die **Nomen** bekommen ebenfalls eine Ergänzung, allerdings wird dem Erstwort in der Doppelung ein ***e*-Laut** hinzugefügt:

*hûr-hûr**î** kirin* (tr.) – zerstückeln
*reş-reş**(k)î** kirin* (tr.) – schwärzen
*nal**e**-nal kirin* (tr.) – stöhnen
*pist**e**-pist kirin* (tr.) – flüstern

Auf der semantischen Ebene lässt sich die Verdoppelung der Nomen in den Bereich der expressiven Morphologie zuordnen.

Im Gedicht von FÊRÎKÊ ÛSIV kommen die Verdopplungen *derge-dîwan*, *cî-star* sowie die mit *û* verbundenen *ziman û zar*, *qewm û milet* vor, die eine gewisse Intensität zum Ausdruck bringen sollen.

6. ***Diese Sätze sind aus Twitter entnommen. Setzen Sie die Verben im Konjunktiv Imperfekt ein.***

- Xwezila kalên min yên Almancî .... (hebûn).
- Xwezila hin heval .... (hebûn), ku gava min metnên kevn dixwendin, wan jî latînîzeya wan .... (kirin). Ev yeka han, him ji bo wan .... (bûn) tecrûbeyeke baş, him jî zemanê min zêdetir .... (bûn).
- Xwezila di şûna dînazoran da mirovên kîndar .... (qelîyan).
- Xwezî ez jî bi Mamoste Celîl ra li Xoresanê .... (bûn).
- Me yê li ser kanîya gund .... (çav berdan) hevdu û di dawetan da çavên me her li hevdu .... (bûn).
- Xwezî ez her li gund .... (man).
- Nivîskarên me pêşengên me ne. Ne ji wan .... (bûn), niha me ne dikarîbû bi Kurdî .... (xwendin), ne jî .... (nivîsîn).
- Di twitteke min da şaşitîyek .... (hebûn), min dixwest ez rast bikim, lê îdî min ew edet terikand.
- Ku haya me ji dîrokê .... (hebûn), me yê .... (dîtin) ku Tirk hezar sal in ti carî tehemula Kurdan nekirine.
- Ew .... (mirin – negiert) û .... (hatin) ser hişê xwe baş bû.
- Mesela em niha li Sîngapurê .... (bûn), dê xweştir .... (bûn – negiert)?
- Min hema carek tenê di hoperlora mizgeftê da strana Eyşana Elî .... (xwendin), bila Xwedê îdî rihê min .... (stendin).
- Xwezî mirov di hin tiştan da bi çavê dijminê xwe li xwe .... (nihêrîn).
- Xwezî min jî li ba we cixareyek .... (kişandin) û ji Mam Hêmin Mukrîyanî ra .... (gotin):

- Ji betalî min rabû ev paste çêkir. Xwezî wek dem û dewranên berê mêvan .... (hebûn) û me bi hev ra li ber qehweyekê .... (xwarin).
- Xwezî jinên Kurd, yên ku dinivîsin jî, tiştekî wisa .... (kirin).
- Di jîyanê da her tişt sebeba/sedema tiştekî din e. Heke filan tişt .... (bûn – negiert), bêvan tiştê bi awayekî din .... (bûn). Heke filan şer .... (bûn – negiert), dinya dê bi awayekî din .... (bûn).
- Xwezika min jî bi qasî Rojdayê ji mîzahê .... (fêm kirin).
- Nivîskar bi Tirkî .... (axifîn), min ê .... (guhdarî kirin – negiert).
- Xwezila ez di şikeftan da .... (man), ne di malên bi perde da.
- Ew bername bi sê rojan jî .... (dom kirin), min ê .... (ferq kirin –negiert). Ewqas xweş bû.
- Xwezî min Almanî .... (zanîn).
- Xwezî tu .... (hatin) firotin. Min ê tu .... (dan) û ji xwe ra kîsêk sêv .... (kirrîn).
- Xwezila herkesî karê xwe .... (kirin).
- Xwezî baskên min .... (hebûn) û ez .... (firîn) ser çîyayê gundê te.
- Xwezî baskên min .... (hebûn). .... (firîn) li deşt û çîya, li zozanê Şerefdînê li yara xwe .... (gerîn).
- Xwezî li Wanê li ber peravê Axtamarê pêleke behrê yan jî li Helebçeyê çiqileke dara hinarê .... (bûn), ne mirovekî li xerîbîstanê...
- Xwezî pepûkeke .... (bûn) li welatê rojê, ne mirovekî li bîyanîstanê ...
- Yan jî xwezî mirin .... (hebûn), kalbûn nebûya û porên min yên xelxelekî kêm û spî nebana.
- Xwezî min .... (karîn) bi kîtaban xwe .... (xapandin).
- Ev bûn 8 meh min, min dev ji cixareyê berdaye. Di xewna xwe da .... (dîtin), min dev jê berdaye, min ê .... (bawer kirin – negiert).

- Ku dêya min ev nûçe .... (dîtin), wê yê .... (gotin):
- Ji ber ku dêya min ji min ciwantir xuya dike, min nexwest ez fotoya wê parve bikim. Dilê hinekan biketayê, wê serê min dîsa .... (ketin) belayê.

Kelîmeyên Nû

Almancî *(f/m)* – (*türk.*) deutsche Migranten mit kurd./türk. Wurzeln / met(i)n *(f)* – Text *(m)* / latînîze kirin *(tr.)* – latinisieren / ev yeka han – diese Tatsache / tecrûbe *(f)* – Erfahrung *(f)* / zeman *(m)* – Zeit *(f)* / dînazor *(f)* – Dinosaurier *(m)* / kîndar – hasserfüllt, boshaft / qelîn (qelîyan), ez diqelim, ez qelîyam *(intr.)* – braten, ausrotten / Xoresan *(f)* – Chorasan / çav berdan ... *(tr.)* – ins Auge fassen, sich verlieben / her – stets / pêşeng *(f/m)* – Vorreiter *(m)* / ne ji ... bûn *(intr.)* – wenn ... nicht wäre / şaşitî *(f)* – Fehler *(m)* / rast kirin *(tr.)* – korrigieren / edet *(m)* – Gewohnheit *(f)*, Brauch *(m)* / terikandin, ez diterikînim, min terikand *(tr.)* – verlassen, aussetzen / tirk *(f/m)* – Türke/In *(f/m)* / tehemul *(f)* – Geduld *(f)*, Ausdauer *(f)* / hatin ser hişê xwe *(intr.)* – bei Verstand sein, vernünftig werden / mesela – z. B. / xweştir – *Komparativ von* xweş / hoperlor *(f)* – Lautsprecher *(m)* / mizgeft *(f)* – Moschee *(f)* / rih *(m)* – Seele *(f)* / betalî *(f)* – Arbeitslosigkeit *(f)* / dewran *(f)* – Epoche *(f)*, Zeitabschnitt *(m)* / qehwe *(f)* – Kaffee *(m)* / sebeb *(f)* – Ursache *(f)*, Grund *(m)* / filan û bêvan *(f/m)* – ein gewisser Mensch, dieser und jener / şer *(m)* – Kampf *(m)* / mîzah *(f)* – Humor *(m)* / axiftin, ez diaxifim/axaftim *(intr.)* – sprechen / şikeft *(f)* – Höhle *(f)* / perde *(f)* – Vorhang *(m)* / bername *(f)* – Programm *(n)* / deşt *(f)* – Ebene *(f)* / zozan *(f)* – Sommerweide *(f)* / Şerefdîn – Heiliger Ort jesidischer Kurden / yar *(f/m)* – Geliebte(r) *(f/m)* / perav *(f)* – Ufer *(n)* / Axtamar *(f)* – Insel auf dem See in Van / pêl *(f)* – Welle *(f)*, Woge *(f)* / behr *(f)* – Meer *(n)* / Helebçe – eine Stadt in Irakisch-Kurdistan / çiqil *(f)* – Ast *(m)*, Zweig *(m)* / hinar *(f)* – Granatapfel *(m)* / dar *(f)* – Baum *(m)* / xerîbîstan *(f)* – Fremde *(f)* / pepûk *(f)* – Kuckuck *(m)* / welatê rojê – Morgenland *(n)* / bîyanîstan *(f)* – Fremde *(f)* / por *(m)* – Haar *(n)* / xelxelek *(f)* – Locke *(f)* / xapandin, ez dixapînim, min xapand *(tr.)* – betrügen, täuschen / dev ji ... berdan *(tr.)* – verlassen, / bawer kirin *(tr.)* – glauben / xuya kirin *(tr.)* – ans Licht bringen / dilê .. ketin *(intr.)* – sich verlieben in / ser ... ketin belayê *(intr.)* – in Bedrängnis kommen

15

DENGÊ ARIF

Fêrîkê Ûsiv

Dengê Arif dengê min bûya,
Rengê Memê rengê min bûya,
Sazê Ehmed sazê min bûya.

Rûniştama ser textê şên,
Serbest, dilbar, bê mûr û kên,
Nava koma qewm û bira,
Dil û hinav min bistra.

Yarê tasa min dagirta,
Min vexwara eşqa merda.

Ji huba milet serxweş bûma,
Egîd, mêrxas û keleş bûma
Û biçûma bi rêzanî
nav leşkerê şêr Barzanî.

Teyarekê sîyar bûma
li ser best û beyar bûma
Bê tirs û xof, zor û qeşeng –
Min dijmin ra danîya qal-ceng,
Bo azadbûna Kurda
Serî danîya ax û erda

Kelîmeyên Nû

saz *(m)* – gitarrenähnliches Musikinstrument
text *(m)* – Trohn *(m)*
şên – fröhlich
serbest – frei
dilbar – charmant, fasziniert
mûr *(m)* – Langeweile *(f)*
kên *(f)* – Hass *(m)*, wahrscheinlich *kîn*
kom *(f)* – Gruppe *(f)*
hinav *(m)* – Eingeweide *(Pl)*, Inneres *(n)*
tas *(f)* – Schüssel *(f)*
dagirtin, ez dadigrim, min dagirt *(tr.)* – (an-)füllen

eşq *(f)* – Liebe *(f)*
merd – mutig, tapfer
hub *(f)* – Liebe *(f)*
serxweş bûn *(intr.)* – betrunken sein
egîd *(m)* – Held *(m)*, tapfer
mêrxas *(m)* – Held *(m)*, mutig
keleş – schön, hübsch
bi rêzanî – geehrt, höflich
Barzanî – kurdischer Führer aus Irakisch-Kurdistan
teyare *(f)* – Flugzeug *(n)*
sîyar bûn *(intr.)* – besteigen
best *(f)* – Damm *(m)*, Deich *(m)*
beyar – unbepflanzt, öd, unfruchtbares Land
zor – viel, kräftig
qeşeng – schön, elegant
danîn, ez datînim, min danî *(tr.)* – *hier:* sich mit jdm. anlegen
qal *(f)* – Disput *(m)*
ceng *(f)* – Krieg *(m)*, Schlacht *(f)*
azad bûn *(intr.)* – frei sein/werden
serî danîn (tr.) – sterben

Grammatikübungen:

1. ***In den Texten kommen Sätze im Konjunktiv Imperfekt vor. Unterstreichen Sie alle Verben und schreiben Sie die Person daneben.***
2. ***Unterstreichen Sie das dazugehörige Subjekt. Wo gibt es «versteckte» Subjekte?***
3. ***Schreiben Sie die unterstrichenen Verben ab und tragen Sie sie in die Tabelle in:***

transitiv	**intransitiv**

4. ***Wo «fehlen» die Präpositionen der Zirkumpositionen?***

16

XEWN Û XEYALA QÎZIKAN: DEWRÊŞÊ EVDÎ*

Navê Dewrêş hergî diçû di nav eşîran da bi pêş da diçû. Bejn û bala wî, sifet û rûyê wî, simbêlê wî, li ser karê pezxwedîkirinê, têkilîyên wî û hevalan, dengê mêrxasî û mêranîya wî, lez û beza wî, qeweta wî çavên mirovan tije dikir. Her kesî qala aqil û tevgera wî dikir, pesnê wî dida. Hinekan tew ecêb mezin dikirin. Wexta qal dikirin, te digot, belkî ne mirov e, dêw e, keleş e, hût e.

Di nav eşîrên Milan da qîzên berzewac dilê wan dibijîya Dewrêş û dixwestin dilê Dewrêş jî têkeve wan. Gelek qîzan bi pîrekên navsal ra yên ku bawerîya wan bi wan heye, neynik dişandin ji Dewrêş ra, Dewrêş bi ken bi şûn da vedigerand.

Qîzikan wer dixwest, ew û Dewrêş werin rûyên hev, çavên wan têkeve hev. Li rêya bêrîyê, li rêya kanîye dixwestin li hev biqelibin, pê ra bikenin û çavên xwe jê ra qurç bikin. Çavqurçkirin jî xisûsîyetekî ciwanan bû. Yên dixwestin evîndarê hev bin, ji dûr va neynik diavêtin hev; li nêzîkî hev çavên xwe qurç dikirin, ev îşareta evînê bû. Ku keçikê qebûl bikira, îmkan hebûya, wê jî çav qurç dikirin yan jî dikenîya. Ku qebûl nekira, awirê xwe tehl dikir.

Qîzikan li çolê Dewrêş bi tenê bidîtina şewqa neynikê davêtinê. Li nêzîk bidîtina, wan çavên xwe ji Dewrêş ra qurç dikirin. Dewrêş jî bi ser ketibû, îdî fersend nedida qîzikan ku çavên xwe jê ra qurç bikin.

Qîzikan li karê çolê Dewrêş ji xwe ra dikirin delal û li ser distran, digotin:

> Bila Dewrêş were mala me bi mêvanî
> Min ê bi destê rastê tasa avê bidayê
> Û bi destê çepê jê ra bikira stare
> Sing û berê xwe keçikê bidayê.
> Bila Xwedê bikira miradê miradxwaza
> Bikira miradê min û Dewrêşê Evdî jî

[...]

---

* Kıran, Eyüp: *Dewrêşê Evdî – Kulîlka Bilbizek û Rim*. Stenbol (2011): Nûbihar. Rûpel 150

Kelîmeyên Nû

Das Epos Dewrêşê Evdî ist sehr berühmt und sowohl unter dem Namen Derwêş als auch Dewrêş bekannt. Auch Evdî hat unterschiedliche Formen. Im Hörtext wird Dewrêş an einer Stelle als Derwêş gesprochen.

hergî (auch her ku) – je mehr
her ku çûn *(intr.)* – je mehr, weiter gehen
eşîr *(f)* – Stamm *(m)*
Milan – Bezeichung eines Stammes
bala (*nur zusammen mit* bejn: bejn û bala) – Statur *(f)*
bala *(Adj.)* – hoch, erhaben
sifet *(f)* – Eigenschaft *(f)*
simbêl *(m)*- Schnurbart *(m)*
xwedî kirin *(tr.)* – erziehen, züchten
mêrxasî *(f)* – Heldentum *(n)*, Tapferkeit *(f)*
mêranî *(f)* – Männlichkeit *(f)*, Tapferkeit *(f)*
lez *(f)* – Eile *(f)*
bez *(f)* – Rennen *(n)*
qewet *(f)* – Kraft *(f)*, Macht *(f)*
tije kirin (*a.* tijî kirin) *(tr.)* – füllen, anfüllen
aqil *(m)* – Verstand *(m)*
tevger *(f)* – Benehmen *(n)*, Gewohnheit *(f)*
pesn ... dan *(tr.)* – loben
tew – sogar
ecêb *(Adj.)* – seltsam, wunderlich
mezin kirin *(tr.)* – vergrößern, größer machen
belkî *(Adv.)* – vielleicht, wahrscheinlich
dêw *(m)* – Dämon *(m)*
hût *(m)* – Ungeheuer *(n)*, Dämon *(m)*
berzewac *(Adj.)* – heiratsreif
dil ... bijîn/bijîyan *(intr.)* – begehren, sich sehnen nach
dil ... ketin ... *(intr.)* – sich verlieben
navsal *(Adj.)* – mittleren Alters
bawerî bi ... hebûn *(intr.)* – glauben an
neynik *(f)* – Spiegel *(m)*
ken *(m)* – Lachen *(n)*
bi şûn da – zurück, Rück-
vegerandin, ez vedigerînim, min vegerand *(tr.)* – entgegnen
wer (*a.* were) – so
çûn rûyên hev *(intr.)* – küssen, sich umarmen
çav ketin hev *(intr.)* – Augenkontakt hegen, sich verlieben
bêrî *(f)* – Molkerei außerhalb des Dorfes auf dem Weideplatz
kanî *(f)* – Brunnen *(m)*
qelibîn, ez diqelibim/qelibîm *(intr.)* – auf jdn. treffen
kenîn, ez dikenim/kenîyam *(intr.)* – lachen

çav ... qurç kirin *(tr.)* – zwinkern
xisûsîyet *(f)* – Eigenschaft *(f)*
evîndar I. *(Adj.)* II. *(f/m)* – I. verliebt II. Geliebte(r) *(f/m)*
işaret *(f)* – Zeichen *(n)*
evîn *(f)* – Liebe *(f)*
awir *(m)* – Blick *(m)*
tehl kirin *(tr.)* – bitter machen
çol *(f)* – Wildnis *(f)*, Ebene *(f)*
şewq *(f)* – Licht *(n)*, Blinzeln *(n)*
nêzîk *(Adj.)* – nah
bi ser ketin *(intr.)* – verstehen, erkennen
fersend *(f)* – Möglichkeit *(f)*
fersend dan *(tr.)* – eine Möglichkeit geben
mêvan *(f/m)* – Gast *(m)*
rast – recht
sing (*m; a.* sîng) – Brust *(f)*
sing û ber – Brust *(f)*
mirad *(m)* – Wunsch *(m)*
miradxwaz *(Adj.)* – wünschend
mirad kirin *(tr.)* – wünschen

Grammatikübungen

1. ***Im Text kommen mehrere Sätze im Konjunktiv Imperfekt vor. Unterstreichen Sie diese Sätze.***
2. ***Unterstreichen Sie das dazugehörige Subjekt. Wo gibt es «versteckte» Subjekte?***
3. ***Schreiben Sie die unterstrichenen Verben ab und tragen Sie sie in die Tabelle in:***

transitiv	**intransitiv**

Wortbildung IV: Mithilfe von Suffixen

Im Text kommt das Wort *mêranî* vor, das mithilfe der Endung *-anî* (*mêr-anî*) aus einem Nomen gebildet worden ist. Neben den schon genannten folgen hier nun weitere Endungen, mit deren Hilfe Nomen gebildet werden. Diese Suffixe können nicht nur an eine einfache Basis, sondern auch an Komposita (zusammengesetzte Nomen) gehängt werden, um daraus weitere Wörter (sog. Derivate) zu bilden (A=Adjektiv, N=Substantiv, V=Verb).

a)

-ane	**N > A**
mêr 'Mann'	*mêrane* 'mannhaft, mutig'

b)

-în	**N > A/N**
şev 'Nacht'	*şevîn* 'Nachtweide'
zêr 'Gold'	*zêrîn* 'golden'
reng 'Farbe'	*rengîn* 'farbig'

c)

-van	**N > N**
ga 'Ochse'	*gavan* 'Rinderhirte'
berx 'Lamm'	*berxivan* 'Lammhirte'
şer 'Kampf'	*şervan* 'Kämpfer'
sîyaset 'Politik'	*sîyasetvan* 'Politiker'
aş 'Mühle'	*aşvan* 'Müller'
bilûr 'Flöte'	*bilûrvan* 'Flötenspieler'
dergeh 'Tür'	*dergevan* 'Türsteher'

Mit dem Suffix ***-van*** werden aus Nomen weitere Nomen gebildet, die i.d.R. eine berufliche Tätigkeit bezeichnen. Die Endung ist produktiv und wird auch in der Gegenwartssprache stark genutzt, um Neologismen zu bilden (wie z.B. *temaşe kirin* 'zuschauen' → *temaşevan* 'Zuschauer'). Bei einzelnen Wörtern ist diese Semantik nicht mehr transparent, wie z.B. bei dem Wort *arvan* 'Mehl, das man als Wintervorrat hat' aus *ar*(*d*) 'Mehl'.

d)

-xane	**N > N**
aş 'Eintopf, Essen'	*aşxane* 'Küche'
avdest 'Waschung'	*avdestxane* 'Toilette'
balyoz 'Konsul'	*balyozxane* 'Konsulat'
ders 'Unterricht'	*dersxane* 'Klasse'

Das Suffix ***-xane*** dient dazu, den Ort, wo etwas ist bzw. stattfindet, zum Ausdruck zu bringen. In der Gegenwartsprache wird es benutzt, um Neologismen zu bilden (*xane* hat in der abgeänderten Form *xanî* als eigenständiges Nomen die Bedeutung 'Haus').

Wortbildung V: Präfigierung

Im Text kommt das Wort *berzewac* vor, welches mit *heiratsreif* wiedergegeben werden kann. Dieses Wort leitet sich von ***ber*** – *an/bei* und *zewac* – *Heirat* ab. Wie man erkennen kann, befindet sich vor dem Nomen *zewac* eine Vorsilbe, die der Wortbildung dient. Diese Art der Wortbildung nennt man Präfigierung, weil sie mithilfe einer Vorsilbe (Präfix) gebildet wird. Die Präfigierung tritt im Vergleich zur Suffigierung (mit Endungen/Suffixen) seltener auf.

Im Falle der Präfigierung ist die Basis das am weitesten rechtsstehende Element. Es gibt einige wenige Präfixe, mit deren Hilfe Derivate gebildet werden können. Das sind die Präpositionen ***bê-*** *ohne*, ***bi-*** *mit*, das Negationselement ***ne-*** *nicht/kein* sowie das Reziprokelement ***hev-*** *einander*.

Basis	**Derivat**
xweş 'schön'	*nexweş* 'krank'
bext 'Schicksal, Ehre'	*bêbext* 'verräterisch, treulos'
heml 'schwanger'	*biheml* 'schwanger'
hev 'sich, einander'	*hevkar* 'Arbeitskollege'

Auch mithilfe der Partikel ***ber*** – *an*, ***bin*** – *unter*, ***paş*** – *hinter*, ***pêş*** – *vor* und ***ser*** – *über, Kopf, Haupt,* die als Präfixe dienen, werden Derivate gebildet. Während die Mehrheit von ihnen sehr produktiv ist, weisen die beiden Partikeln ***paş*** und ***pêş*** einen eher unproduktiven Aufbau auf.

Basis	**Derivat**
av 'Wasser'	*berav* 'Ufer'
bang 'Ruf, Schrei'	*berbang* 'Morgendämmerung'
dewam 'Dauer'	*berdewam* 'Fortsetzung'
endam 'Mitglied'	*berendam* 'Kandidat'
dest 'Hand'	*bindest* 'Untergebene(r), Unterdrückte(r)'
gotin 'Wort'	*paşgotin* 'Nachwort'
gotin 'Wort'	*pêşgotin* 'Vorwort'
çav 'Auge'	*serçav* 'Gesicht'
jêr 'unten'	*serbijêr* 'nach unten'
jor 'oben'	*serbijor* 'nach oben'

Der Konjunktiv Perfekt

Der Konjunktiv Perfekt wird bei den intransitiven Verben mithilfe des apokopierten Partizips und des Konjunktiv Präsens von *bûn* gebildet.

ez	*(bila) (ne)keti-bim*	dass ich (nicht) gefallen sei
tu	*(bila) (ne)keti-bî*	dass du (nicht) gefallen seist
ew	*(bila) (ne)keti-be*	dass er/sie/es (nicht) gefallen sei
em/hûn/ew	*(bila) (ne)keti-bin*	dass wir/ihr/sie (nicht) gefallen seien/seiet/seien

Bei den transitiven Verben hat man das apokopierte Partizip sowie eine Form des Konjunktivs Präsens von *bûn*, welche von der Person und Numerus des Objekts abhängt, da die Ergativität auch auf die zusammengesetzten Zeiten greift:

(bila) min tu dîti-bî – dass ich dich gesehen habe
(bila) min ew dîti-be – dass ich ihn/sie gesehen habe
(bila) min ew dîti-bin – dass ich sie gesehen habe

Der Konjunktiv Perfekt wird zwar gebraucht, ist jedoch nicht stark in Verwendung.

4. Konjugieren Sie die Verben im Konjunktiv Perfekt.

	hatin	çûn	gerîn
ez			
tu			
ew			
em/hûn/ew			

	rûniştin	sekinîn	tirsîn/tirsîyan
ez			
tu			
ew			
em/hûn/ew			

	ajotin	birin	dan	dîtin
3. P. Sg.				
Pl.				

	girtin	kirrîn	nivîsîn	nihêrîn
3. P. Sg.				
Pl.				

	danîn	kirin	karîn	gotin	xwarin
3. P. Sg.					
Pl.					

	pirsîn	şandin	xistin	xwendin	xwestin
3. P. Sg.					
Pl.					

Der Konjunktiv Plusquamperfekt

Der Konjunktiv Plusquamperfekt wird bei den intransitiven Verben mithilfe des apokopierten Partizips und des Konjunktiv Imperfekt von *bûn* gebildet.

	bûn	
ez	*keti-bûma/bama*	dass ich gefallen wäre
tu	*keti-bûyayî*	dass du gefallen wärest
ew	*keti-bûya/ba*	dass er/sie/es gefallen wäre
em/hûn/ew	*keti-bû(ya)na/bana*	dass wir gefallen wären / ihr wäret / sie wären

Bei den transitiven Verben hat man das apokopierte Partizip sowie eine Form des Konjunktiv Imperfekt von *bûn*, welche von der Person und dem Numerus des Objekts abhängt, da die Ergativität auch auf die zusammengesetzten Zeiten greift:

(bila) min tu dîti-bayî – dass ich dich gesehen hätte
(bila) min ew dîti-ba – dass ich ihn/sie gesehen hätte
(bila) min ew dîti-bana – dass ich sie gesehen hätte

5. Konjugieren Sie die Verben im Konjunktiv Plusquamperfekt.

	hatin	çûn	gerîn
ez			
tu			
ew			
em/hûn/ew			

	rûniştin	sekinîn	tirsîn/tirsîyan
ez			
tu			
ew			
em/hûn/ew			

	ajotin	birin	dan	dîtin
3. P. Sg.				
Pl.				

	girtin	kirrîn	nivîsîn	nihêrîn
3. P. Sg.				
Pl.				

	danîn	kirin	karîn	gotin	xwarin
3. P. Sg.					
Pl.					

	pirsîn	şandin	xistin	xwendin	xwestin
3. P. Sg.					
Pl.					

Konditional II

Das Konditional II wird «ausgehend von der vorangehenden Zeit, aber mithilfe des Adverbs ***dê*** bzw. ***ê*** konjugiert» (Bedir Khan & Lescot 1986:138):

Ezê ketibûma – ich würde gefallen sein

Tuyê ketibûyayî – du würdest gefallen sein

Ewê ketibûya – er/sie/es würde gefallen sein

Bei den transitiven Verben hat man das apokopierte Partizip sowie eine Form der vorangehenden Zeit von *bûn*. Diese ist von der Person und dem Numerus des Objekts abhängig, da die Ergativität auch auf die zusammengesetzten Zeiten greift:

(bila) min tu dîti-bayî – dass ich dich gesehen hätte

(bila) min ew dîti-ba – dass ich ihn/sie gesehen hätte

(bila) min ew dîti-bana – dass ich sie gesehen hätte

Futur II

Diese Zeit wird vom Konjunktiv Perfekt gebildet, «indem dem Subjekt dieser Zeit das Adverb ***dê*** folgt, das häufig mit dem Subjektpronomen in der Form ***ê*** zusammengezogen wird» (Bedir Khan & Lescot 1986:137):

ez ê	*(ne)keti-bim* – ich werde (nicht) gefallen sei
tu yê	*(ne)keti-bî* – du wirst (nicht) gefallen sein
ew ê	*(ne)keti-be* – er/sie/es wird (nicht) gefallen sein
em/hûn/ew ê	*(ne)keti-bin* – wir/ihr/sie werden (nicht) gefallen sein

Bei den transitiven Verben hat man das apokopierte Partizip sowie eine Form der vorangehenden Zeit von *bûn*. Diese ist von der Person und dem Numerus des Objekts abhängig, da die Ergativität auch auf die zusammengesetzten Zeiten greift:

(bila) min tu dîti-bî – dass ich dich gesehen habe

(bila) min ew dîti-be – dass ich ihn/sie gesehen habe

(bila) min ew dîti-bin – dass ich sie gesehen habe

LESETEXTE

Die ausgewählten Lesetexte stammen aus unterschiedlichen Regionen, um mehr Einblick in die Varietäten des Kurmancî-Kurdischen zu geben. Große Abweichungen von der Standardvarietät sind in eckigen Klammern hinzugefügt, um das Verständnis der Texte bzw. der grammatischen Strukturen zu erleichtern.

Der Text I ist die Übersetzung von Hecîyê Cindî, einem kurdischen Autor aus der ehemaligen Sowjetunion. Auch der kurze Text IV stammt aus dieser Region. Die Texte II und III stammen aus der Sêwaz-Region (heute Sivas), wo mittlerweile nur noch wenige Kurdischsprecher zu finden sind.

LESETEXT I

17

Anton Çêxov – Zêrê Qezenckirî

(Hikyata cimeata gurca)

Merivek, kurekî wî yî tembel î [bi] xweranedîtî hebû. Ewî keda bavê xwe dixwar. Wextekê şûnda bavê wî kal bû, kete nava cî-nivîna. Ewî gazî jina xwe kir, gotê:
– Ezê hebûn-tunebûna xwe bidime xelkê, kure xwe ra zilek çî ye, nahêlim, şuxul pê nabe, wê her tiştî pûç bike û here.
Jina wî kir ku alî gedê xwe bike. Zêrek anî dayê, gotê:
– Êvarê vî zêrî bibe bide bavê xwe, bêjê ez xebitîme, eva jî heqê xebata min e.
Berî êvarê gede ku hate malê, ew zêr girt, da bavê xwe. Bavê wî ew zêr hilda û avête nava agir. Kurê wî ber xwe neket, kenîya.
Bavê wî gotê:
– Ev zêra te bi xebata xwe qezenc nekirîye.
Dê gotê:
– Lawo, bavê te ne yê xapandinê ye. Tu bi xwe bixebite.
Gede gora dîya xwe kir. Lê da, çû, hefteke ser hev xebitî û zêrek anî.
Bavê wî ew zêr jî, girt avête nava pixêrîyê, gotê:
– Lawo, te eva zêra qezenc nekirîye.
Kurê wî hahanga dadayê, destê xwe kire nava agir, zêr derxist û bi dengekî bilind gotê:
– Bavo, tu çi dikî? Ne bona evî zêrî min hefteke pişta xwe rastnekirîye.
Bavê gotê:
– Aniha, ez bawer im, wekî eva zêra keda milê te ye, heta meriv bi xwe nexebite, dilê meriv ser naşewite.

Kelîmeyên Nû

zêr *(f)* – Gold *(n)*, Goldstück *(n)*
qezenckirî – *Part. von* qezenc kirin
qezenc kirin *(tr.)* – verdienen, gewinnen
hikyat *(f)* – Erzählung *(f)*, Geschichte *(f)*
cimeat *(f)* – Gemeinschaft *(f)*
gurc – GeorgierIn, georgisch
tembel – faul
xweranedîtî – faul
ked *(f)* – Anstrengung *(f)*, Arbeitsergebnis *(n)*
wextekê şûnda – eine Zeit danach, später
kal bûn *(intr.)* – alt werden
ketin nivînan – ins Bett gehen
ewî – *Variante von* wî
gazî kirin *(tr.)* – rufen
hebûn-tunebûn *(f)* – Vermögen *(n)*
xelk *(m)* – BewohnerIn *(f/m)*
zil *(f)* – Stroh *(n)*
şuxul pê bûn *(intr.)* – für/zu etwas taugen
pûç kirin *(tr.)* – versagen, misslingen
kirin ku *(tr.)* – machen, dass
gede *(m)* – Junge *(m)*, Sohn *(m)*
berî êvarê – gegen Abend
hildan – *hier:* entgegen nehmen
ber xwe ketin *(Redewendung, intr.)* – sich ärgern, betrübt sein
bi xwe – selber, mit/aus eigener Kraft, autodidaktisch
gor(a), li gorî – gemäß
lê dan çûn *(Redewendung, tr.)* – gehen, verlassen
ser hev – *hier:* hintereinander, ununterbrochen
pixêrî *(f)* – Kamin *(m)*
hahanga dan *(tr.)* – sich beeilen
ne – nicht (wahr)
bona, ji bona – für, um zu
pişta xwe rast kirin *(Redewendung, intr.)* – sich aufrichten
aniha – jetzt, nun
bawer bûn *(intr.)* – glauben
mil *(m)* – Schulter *(f)*, Nacken *(m)*
dil ... [li] ser şewitîn *(Redewendung, intr.)* – hinter etw./jdm. herweinen, jdm. leidtun

LESETEXT II

⊙ 18

Topal Osmanê xwînî û şerma mezin*

Topal Osman bi çeteyê Romî rabû ser Qoçgîrî. Gund rabûn ser hev.
Qîz û bûkan porên xe mûnandin û birrîn û dan dergîst û mêr û birayêd xe. Camêran zulufên mûnandin û dan ber dasa Ezreîl.
Teyr û tûr û çêlegurên Qoçgîrî carik ji caran sala ku File qir kiribûn, wek niha bi tirs û xof kiribûn zûrezûr. Xortên bêxof singêd, xe dan guleyên makînelîyan.
Topal Osmanê xwînî gêncêd me kuştin û avitin çahalan.
Kî ku revî, canê xe xelas kir.
Kî ku mir, navê xe xelas kir.
Kî ku ma, êşa dil û cîgera xe xelas kir.
[Ji] Me ra jî ji çahalan şermik giran ma.

Kelîmeyên Nû

xwînî *(Adj.)* – blutig
topal *(Adj.)* – gehbehindert, hinkend
çete *(f)* – Bande *(f)*
Romî – römisch
rabûn ser *(tr.)* – angreifen
Qoçgîrî – ein kurdischer Stamm
xe (*a.* xwe) – sich *(Reflexivpronomen)*
mûnandin, ez dimûnînim, min mûnand *(tr.)* – flechten
dergîst (*a.* dergîstî) *(f/m)* – Verlobte(r) *(f/m)*
camêr *(m)* – Herr *(m)*
zuluf *(Pl.)* – *Pl. von* zilf
zilf *(f)* – kurzes Löckchen, Seitenlocke *(f)*
das *(f)* – Sichel *(f)*
Ezreîl *(m)* – Todesengel *(m)*
teyr *(m)* – Vogel *(m)*
tûr – *wird zusammen mit* teyr (teyr û tûr) *benutzt; im Sinne von* «alles, was fliegt»
carik – *Standardvar.* carek (car)
File(h) *(f/m)* – ChristIn *(f/m)*
qir kirin *(tr.)* – ausrotten
xof *(f)* – Furcht *(f)*
zûrezûr kirin – heulen (bei Tieren)
gule *(f)* – Munition *(f)*
makînelî *(f)* – Maschinengewehr *(n)*

---

* Topuz, Alî Duran: *Rû û Kûr.* Stenbol (2018): Avesta. Rûpel 45.

genc (*m*; *Obl.* gênc) – Jugendliche(r) *(f/m)*
avitin – *Standardvar.* avêtin
çahal *(f)* (*a.* çal) – Grube *(f)*, Graben *(m)*
xilas kirin *(tr.)* – retten
canê xwe xilas kirin *(tr.)* – sein Leben retten
cîger (*m*; *a.* cerg, ceger) – Leber *(f)*
şermik *(f)* – *Standardvar.* şermek
giran *(Adj.)* – schwer
...

-ik ist in einigen Regionen die Unbestimmtheitsendung, die in der Standardvarietät *-ek* lautet. Allerdings ist in diesen Regionen auch eine Verschmelzung von *-ik* mit dem Grundwort zu beobachten, so dass die grammatische Funktion verloren gegangen ist.

LESETEXT III

19

Lawikê du dê*

Bûka Nesrî kelegîrî bû. Got: «Dîya Nayle êz çi bikim, şîrê min nayê ku bidim lawikê xe. Nogina me jî îsal istewr e. Lîwik ku dev da gîrî, nizam şev çi ye, ro çi ye, ji xwe da diatirim, dimînim.
Naylê got: «Qîza min ew çi qezî ye tu dibê [dibêjî]? Zar yên dê û bavan ninin. Xwedîyê zaran Xadê bi xe ye.»
Pîr Naylê ji wê rojê şûndatir hero berbanga sibê da rabû, mangeya sîs dwît û kulengik şîr bi destên xe girt, bir mala torinê tîyê xe.
Lawik ku mezin bû, Naylê wî ra her tim yaranî dikirin: «Layê min, du dîyê te hene. Yek Nesrî ye ya din jî mangeya sîs e.»

Kelîmeyên Nû

kelegirî *(f)* – Schluchzen *(n)*
nogin *(f)* – dreijähriges weibliches Kalb
stewr – unfruchtbar, unproduktiv, steril
îsal *(f)* – dieses Jahr
dev dan girîn *(tr.)* – weinerlich werden
lîwik *(m)* – *Obl. von* lawik
lawik *(m)* – Junge, Sohn *(m)*, *Standardvar.* law
atirîn, ez diatirim/atirîm *(intr.)* – verzweifelt sein
qezî *(f)* – Wort *(n)*, Aussage *(f)*
zar *(m)* – Kind *(n)*; *Standardvar.* zarok
Xadê *(m)* – Gott *(m)*, Allah *(m)*, *Standardvar.* Xwedê
hero – jeden Tag, *Standardvar.* herroj
mange *(f)* – Kuh *(f)*
sîs – weiß
dwîtin, ez didoşim, min dwît – melken, *Standardvar.* dotin
kulengik *(f)* – (Holz-)Kessel *(m)*
torin *(f/m)* – EnkelIn *(f/m)*
tî *(m)* – Schwager *(m)*, der Bruder des Ehemannes
yaranî kirin *(tr.)* – Spaß machen

* Topuz, Alî Duran: *Rû û Kûr.* Stenbol (2018): Avesta. Rûpel 45.

LESETEXT IV

Ji zargotina Kurmancî

20

Kurê Bêxîret

Merivek kal bûbû, îdî xebat pê nedibû. Ne sax bû, ne jî mirî. Rojekê jî kur jê aciz bû, girt ew kir sepetekê û bir danî ser çîyayekî, ku gur bixwin. Wexta kur ew danî erdê û zivirî here mal, kalê gotê:
«Lawo, te ez anîme, ew şuxulê te ye, lê sepeta xwe hilde bibe malê.
Wê lazimî te be.»
Kur got: «Bavo, sepetê çi lazimî min be?»
Kalê got: «Kurê te jî wê te pê bîne vira, wexta tu kal bî.»

Kelîmeyên Nû

zargotin *(f)* – Folklore *(f)*
xebat pê bûn *(intr.)* – arbeitsfähig sein
sepet *(f)* – Korb *(m)*
zivirîn, ez dizivirim/zivirîm *(intr.)* – zurückkehren
şuxul *(m)* – Angelenheit *(f)*, Arbeit *(f)*
lazim bûn *(intr.)* – gebrauchen, benötigen

LESETEXT V

21

Lêxistina li derîyê serayê*

Franz Kafka
Ji Almanî: Abdullah Incekan

Havîn bû, rojeke germ bû. Ez bi xwenga xwe ra li ser rêya hatina malê di ber derê serayekê ra derbas bûm. Ez nizanim, wê ji ber cesareta xwe li derî xist yan jî ji ber gêjbûna xwe yan jî wê sirf bi kulma xwe tehdît dikir û qet lê nedixist. Sed gav şûnda bi sûka li alîyê çepê ra gund dest pê dikir. Me ew nasnedikirin, lê hema ji dû xanîyê ewil meriv derdiketin û îşaretî me dikirin, bi hevaltî yan jî bi îxtarî; ew bizdîyabûn, ji ber tirsê xwe xwar kiribûn. Wan, seraya, ku em di ber ra derbasbûn ray me didan û lêxistina li derî bi me bibîrdianîn. Xwedîyên serayê wê me mehkeme kin, wê bîstekê şûnda tehqîqat dest pê bike. Ez pir sakîn bûm û min li ber dilê xwenga xwe jî dida. Muhtemel bû ku wê qet li derî nexistibû û eger wê lêxistiba jî wê kesî nikarîbûya îsbat bikira. Min ceriband, ku ez vî tiştî bi merivên li dora me jî bidim fêm kirin, wan ez guhdarî kirim, lê xwe ji dayîna qerarekê jî şûnda dan. Dû ra wan gotin ku wê sirf xwenga min na, ez jî wek bira bêm mehkeme kirin. Min bi devkenî serê xwe hejand. Me tevan li serayê mêze dikir, weke ku meriv li ewrên ji dumanê mêze dike û li hêvîya alavê disekine. Û bi rastî jî, piştî demeke pir kin me siwarên, ku di derîyê serayê yê heta dawî vekirî ra diçûn, dîtin. Toz û xibar rabû û her tişt nixaft, sirf serên rimên dirêj dibiriqîn. Û hê yekitîya leşkeran di hewşê da wenda nebûbû, xuya dibû ku wan berî hespên xwe guhertine û ew ber bi me tên. Min xwenga xwe wêda tem da; ez ê her tiştî bi tenê paqij bikim. Wê qebûl nedikir ku min bi tenê bihêle. Min digot, bira ew kêmî kêm cilên xwe biguhere ji bona ku bi cilên baş derkeve pêşîya began. Di dawîya dawîn da wê xebera min kir û ket rêya malê ya dirêj. Û hema siwar jî hatin cem me, li ser hespan pirsa xwenga min kirin. «Ew ji bo çend sanîyan li vir nine», bi tirsonekî bersiv hat dayîn, «ew ê dû ra werê». Bersiv hema hema bê eleqe hate girtin; mûhîm ew bû ku wan ez dîtime. Bi taybetî du beg bûn, hakim, merivekî xort î hişyar, û alîkarê wî yê bêdeng, yê ku bi Aßmann dihat bi nav kirin. Li min emir hat kirin ku ez têkevim odeya gundîyan. Hêdî, bi sereke hejandî û bi şalê xwe girtî, di binê nêrînên tûj yên began da ez li hewşê rûniştim. Min hê bawer dikir, ku wê ji bona ez wek bajarvanekî ji nava vî xelkê gundî xwe xelas kim, gotinekê têr bike. Lê gava ez di ser şêmûga odeyê ra derbas bûm, hakim, yê ku xwe avête pêşîyê û li hêvîya min bû, got: «Gunehê min bi vî merivî tê.» Bê şik û şuphe bû, ku wî bi van gotinan ne qala rewşa min a niha dikir; lêbelê wî qala tişta kû wê were serê min dikir. Ode ji odeya gundîyan zêdetir dişibîya hucreya

---

* NÛBIHAR, hejmar 95 (2005), rûpel 13

girtîgehê: Fayansên gir yên kevirî, tarî, dîwarên valatirîn, li cîhekî xelekek hesin sûrkirî, di ortê da jî tiştek wekû nîvî sedye nîvî jî maseya emelîyatê bû.
Gelo min ê hê bikarîbûya hewayeke xêncî hewa girtîgehê tenefûs bikira? Pirsa mezin ev e yan jî ji wê zêdetir, ew bûya, gava hê hêvîya derketinê bi min ra heba.

Kelîmeyên Nû

sera *(f)* – Schloss *(n)*
cesaret *(f)* – Mut *(m)*
gêjbûn *(intr.)* – betäubt/verblüfft werden/sein
kulm *(f)* – Faust *(f)*
tehdît kirin *(tr.)* – drohen
sûk *(f)* – Straße *(f)*
çep *(m)* – links
îşaret kirin *(tr.)* – zeigen
hevaltî *(f)* – Freundschaft *(f)*
îxtarî *(f)* – Mahnung *(f)*, Warnung *(f)*
bizdîn /bizdîyan, ez dibizdim/bizdîyam *(tr.)* – sich fürchten, vor Angst zittern
xwar kirin *(tr.)* – biegen, verbiegen
bibîr anîn *(tr.)* – erinnern
xwedî *(f/m)* – BesitzerIn *(f/m)*
mehkeme *(f)* – Gericht *(n)*
mehkeme kirin *(tr.)* – anklagen
bîstekê *(Adv.)* – eine Weile
tehqîqat *(f)* – Durchsuchung *(f)*
sakîn *(Adv.)* – ruhig
li ber dilê ... dan – jdn. trösten
muhtemel – wahrscheinlich
ceribandin, ez diceribînim, min ceriband *(tr.)* – ausprobieren
qerar *(f)* – Entscheidung *(f)*
bi devkenî – lächelnd
hejandin, ez dihejînim, min hejand *(tr.)* – wackeln, schwindeln, schütteln
tev – alle
ewr *(m)* – Himmel *(m)*
duman *(f)* – Rauch *(m)*
hêvî *(f)* – Hoffnung *(f)*
alav *(f)* – Flamme *(f)*
sekinîn, ez disekinim/sekinîm *(intr.)* – bleiben, stehen
siwar *(f/m)* – ReiterIn *(f/m)*
toz û xibar – Staub *(m)*
nixaftin, ez dinixêfim, min nixaft *(tr.)* – überdecken
rim *(m)* – Lanze *(f)*
biriqîn, ew dibiriqe/biriqî *(intr.)* – scheinen, glänzen
hewş *(f)* – Garten *(m)*, Flur *(f)*

tem dan *(tr.)* – schieben
tenê hiştin *(tr.)* – allein lassen
kêmî kêm – wenigstens
cil *(Pl.)* – Kleider *(Pl.)*
guhertin, ez diguherim, min guhert *(tr.)* – tauschen, wechseln
bi xebera ... kirin *(tr.)* – auf jdn. hören
sanîye *(f)* – Sekunde *(f)*
bi tirsonekî – ängstlich
hema hema – fast
eleqe *(f)* – Interesse *(n)*, Beziehung *(f)*
hakim *(f/m)* – RichterIn *(f/m)*
hişyar – wach
alîkar *(f/m)* – HelferIn *(f/m)*
bêdeng – leise, stimmlos
emir kirin *(tr.)* – befehlen
nêrîn *(f)* – Sicht *(f)*
tûj – scharf
bajarvan *(f/m)* – StädterIn *(f/m)*
şêmûg *(f)* – Schwelle *(f)*
guneh *(m)* – Sünde *(f)*
bê şik û şuphe – ohne Zweifel
hatin serê ... – jdm. passiert etwas
şibîn, ez dişibim/şibîyam *(intr.)* – ähneln
hucre *(f)* – Zelle *(f)*
girtîgeh *(f)* – Gefängnis *(n)*
fayans *(f)* – Fliese *(f)*
kevirî – steinig
tarî – dunkel
vala – leer
hesin *(m)* – Stahl *(m)*
sûrkirî – umzäunt, befriedet
orte *(f)* – Mitte *(f)*
nîvî *(m)* – Hälfte *(f)*
sedye *(f)* – Liege *(f)*
emelîyat *(f)* – Operation *(f)*
xêncî – außer
tenefûs kirin *(tr.)* – atmen

LÖSUNGEN

Seite 19 Nr. 1, 2 und 3

Di rojeke germ da **ez** li malê **hazirîya xwe dikim (tr.)**, ku **herim (intr.)** Weqfa Çandê ya Şivan Perwer. Li ser înternetê di Google Mapsê da **ez** navnîşana Weqfê **didim (tr.)**, da ku **bizanibim (tr.)** rê çiqas **dikudîne (intr.)**: Ez sed û donzdeh kîlometreyan ji wir dûr im û **[ez]** xwe di seetek û deh deqîqeyan da **dighînim (tr.)** wê derê. Herçiqas ez pê **şadibim (intr.)**, ku ez nêzîkî Weqfê me jî, **hîseke** xemgînîyê pêşîya min **bernade (tr.)**: Çima sirgûnî, xerîbî, bêxwedîtî perçeyek ji jîyana rewşenbîr, hunermend û siyasetvanên min e? Bi van hestan ra gelek nav di serê min ra **derbas dibin (intr.)**: Mîqdat Elî Bedirxan, Celadet, Kamûran, zarokên mala Cemîlpaşa ... Qahîre, Cenevre, Paris, Stenbol ... (...)
Cardin **dixwazim (tr.) ez konsantre bibim (intr.)**. Belê, ez ê îroj **biçim (intr.)** Weqfê, lê dîsa jî **ez meraq dikim (tr.)**: Vê tofana han Şivan çiqas ji kokên wî **dûr xistiye (intr.)**? **Ez dixwazim (tr.)** jimaran **bibînim (tr.)**. Û ... Û **[ez]** van navnîşanan **didim (tr.)** Google Mapsê: Bonn – Wêranşar, Urfa. (...)
Xeteke dirêj î hêşîn, ku serî **heye (intr.)**, binî **tuneye (intr.)** ji welatê min **tê (intr.)** ta navenda Ewrûpayê, paytexta Almanyayê ya kevin: Bonnê. Di xerîteyê da gelek nav **derbas dibin (intr.)**, hin ji wan welatan xwedî kokên kûr in û yên din jî di van salên dawîn da **hatine avakirin (intr.). Ez li** wan welatan **mêze dikim (tr.)** û xebata Şivan **tê bîra (intr.)** min: Belê, **ew** jî **dixwaze (tr.)** Kurd wek Boşnak, Arnawût û Makedonan xwedî welat bin, li ser axa xwe azad bin. Lê ...

Seite 19 Nr. 4

hazirîya xwe dikim *(tr.)* – hazirî kirin
herim *(intr.)* – çûn
didim *(tr.)* – dan
bizanibim *(tr.)* – zanîn
dikudîne *(intr.)* – kudandin
dighînim *(tr.)* – gihandin
şadibim *(intr.)* – şabûn
bernade *(tr.)* – berdan
derbas dibin *(intr.)* – derbas bûn
dixwazim *(tr.)* – xwestin
konsantre bibim *(intr.)* – konsantre bûn
biçim *(intr.)* – çûn
meraq dikim *(tr.)* – meraq kirin
xistiye *(intr.)* – xistin
dixwazim *(tr.)* – xwestin
bibînim *(tr.)* – dîtin
didim *(tr.)* – dan
heye *(intr.)* – hebûn
tê *(intr.)* – hatin
derbas dibin *(intr.)* – derbas bûn
hatine *(intr.)* – hatin
li mêze dikim *(tr.)* – li mêze kirin
tê bîra *(intr.)* – hatin bîra
dixwaze *(tr.)* – xwestin

Seite 19 Nr. 5

Präsensstamm	**Perfektstamm**
didim	dan
dikudîne	kudandin
dighînim	gihandin
şadibim	şabûn
bernade	berdan
derbas dibin	derbas bûn

meraq dikim	meraq kirin
dixwazim	xwestin
dibînim	dîtin
li ... mêze dikim	li ... mêze kirin

Seite 19 Nr. 6

Präsensstamm	Perfektstamm	Infinitiv
-k-	-kir-	kirin
-xwîn-	-xwend-	xwendin
-x-	-xist-	xistin
-b-	-bir-	birin
-gr-	-girt-	girtin
-bîn-	-dît-	dîtin
-lîz-	-lîst-	lîstin
-xwaz-	-xwest-	xwestin
-ajo-	-ajot-	ajotin
-kev-	-ket-	ketin
-mîn-	-ma-	man
-şîn-	-şand-	şandin
-bêj-	-got-	gotin

Seite 18 Nr. 7

çelqandin *(tr.)* – schütteln → -çelqîn-
revandin *(tr.)* – entführen → -revîn-
şewitandin *(tr.)* – in Brand setzen → -şewitîn-
birrîn *(tr.)* – schneiden → -birr-
çinîn *(tr.)* – mähen → -çin-
dexisîn *(intr.)* – eifersüchtig sein → -dexis-
dizîn *(tr.)* – klauen → -diz-
karîn *(tr.)* – können → -kar-
kirrîn *(tr.)* – kaufen → -kirr-
nihêrîn *(tr.)* – gucken → -nihêr-
wêrîn *(intr.)* – sich trauen → -wêr-
zanîn *(tr.)* – wissen → -zan-

Seite 27 Nr. 1

Ez **pê** dizanim.
Ez **lê** siwar dibim.
Ez **pê** ra rûdinim.

Çi **pê** bûye?
Keçik **pê** razî dibe.
Berfîn nameyê **jê** ra dişîne.

Seite 28 Nr. 2

- Aqildar bala xwe dayê [daye wî/wê] ku gotinên wî rast in.
- Yekî rezek da yekî, ê din guşîyek tirî jê nedayê [nedaye wî/wê].
- Bi min ra dirav tunebûn, min di dêlevê da dîkê me yê sor dayê [daye wî/wê].
- Şêr ewqas lava kirine jî rûvî guhê xwe nedayê [nedaye wî/wê].
- Lê min gotê [gote wî/wê]
- Mirîşk pir aciz bû û bi hêrs gotê [gote wî/wê]:

Seite 29 Nr. 3

	1	2	3	4	5	6	7	8	9	10
A	A	R	S	A	R	A	S	A	R	A
B	B	Q	T	B	Û	H	T	B	Û	T
C	K	P	N	A	V	E	N	D	S	E
Ç	C	I	Ş	C	Î	S	A	Û	Ş	S
D	G	N	Ç	Ç	Ê	P	V	P	U	P
E	U	M	V	E	F	B	N	I	Û	B
Ê	Ş	L	D	Î	K	V	Î	Ş	Ê	R
F	Î	K	E	D	M	X	Ş	K	A	R
G	Ç	J	V	D	I	R	A	V	Q	L
H	D	Î	W	E	R	Y	N	L	M	N
I	E	I	Î	Ç	Î	B	E	Q	Q	O
Î	Ê	H	L	E	Ş	K	E	R	R	P
J	F	G	X	M	K	Z	X	W	S	Ş

Seite 31 Nr. 1

Kitêba pêşîn a zarokan a Ehmedê Xanî ye. **Wî** *Nûbihara Piçûkan* di sala 1683yan da nivîsî. / Radyoya Erîvanê radyoya pêşîn a bi Kurdî ye. Spîkera wê Eznîva Reşîd bû. **Wê** ji 1955an hetanî 1982yan spîkeriya radyoyê kir. / Televîzyona pêşîn a Kurdî MEDTV bû. **Wê** di sala 1995an da dest bi weşanê kir. / Celadet Alî Bedirxan kovara pêşîn a bi Kurdî derxist. **Wî** *Hawar* di sala 1932yan da weşand. / Erebê Şemo romana pêşîn a bi Kurdî nivîsî. **Wî** *Şivanê Kurmanca* di sala 1935an da çap kir. / Mîqdat Mîthat Bedirxan rojnameya pêşîn a Kurdan weşand. **Wî** di sala 1898an da dest bi weşana *Kurdistanê* kir.

Seite 34 Nr. 1–2

Bêrîvan û Rojen par bi herdu zarokên xwe Zozan û Baran ra li gund bûn. Jîyana bajêr ew westandibûn. Loma jî hemû tiştên gund xweşî wan diçûn.
Tirsa trafîkê bi wan ra nemabû. **Rojen û Bêrîvanê** bi dilekî rihet ew **dişandin** derva. **Bêrîvanê digot** 'ez di tetîlê da me' û loma jî xwarin **çênedikir**. **Wê** *li* kêfa xwe **mêze dikir**, (wan) pirtûk **dixwendin** û çîrok **werdigerandin** Kurdî. **Wê** carna ji nav daristanê giyayên şifadar **diçinî** û ew **tovî** serhev **dikir**.

Zarokan li ber derî **dilîstin**. Gava **dilê_wan dixwest**, **wan** hesp **diajotin**. Piştî nîvro **wan** di çem da **sobarî dikirin**.
Di çem da gelek masî hebûn. Carna Rojen jî bi wan ra dibû yek û **wan** bi hev ra masî **digirtin**. Dû ra, berbi esrê, **wan** bi hev ra ew **paqij dikirin**. Baran ê piçûk aşvanekî baş bû. **Wî** hemû masî **diqijilandin**. **Zozanê** selete **çêdikir** û **bavê wan** jî mase **amade dikir**. Bêî ku **ew** *li* seetê **mêze bikin**, **wan** xwarina xwe **dixwar**.
Zarokan carna bi şivan ra pez **diçêrandin**. **Zozanê** mîh **didotin** û **Baran** carna xwe **ne-digirt**, diçû ser mêrgê û giya **diçinî**. **Wî dida** pey paleyan û **alî** wan **dikir**.
Rojen şa dibû, ku li dû ewqas salan ew cardin li gundê xwe bû. **Bîranînên piçûktiyê** dev ji wî **bernedidan**.

Seite 34 Nr. 3
Der Text ist im Imperfekt geschrieben. Das kann man daraus erkennen, dass den Präteritumformen die Vorsilbe di- vorgeschoben ist.

Seite 34 Nr. 4

Imperfekt	Perfektstamm	Präsensstamm	1. P. Sg. Imp.	1. P. Sg
dişandin	-şand-	-şîn-	min dişand	ez dişînim
digot	-got-	-bêj-	min got	ez dibêjim
çênedikir	çê-kir-	-k-	min çêkir	ez çêdikim
li ... mêze dikir	li ... mêze -kir-	li ... mêze -k-	min li ... mêze kir	ez li ... mêze dikim
dixwendin	-xwend-	-xwîn-	min xwend	ez dixwînim
werdigerandin	wer-gerand-	wer-gerîn-	min werge-rand	ez werdigerî-nim
diçinî	-çin-	-çin-	min çinî	ez diçınim
tovî serhev dikir	tovî serhev -kir-	tovî serhev -k-	min tovî serhev kir	ez tovî ser-hev dikim
dilîstin	-lîst-	-lîz-	min lîst	ez dilîzim
dixwest	-xwest-	-xwaz-	min xwest	ez dixwazim
diajotin	-ajot-	-ajo-	min ajot	ez diajom
sobarî dikir	sobarî -kir-	sobarî -k-	min sobarî kir	ez sobarî dikim
digirtin	-girt-	-gr-	min girt	ez digrim
paqij dikirin	paqij -kir-	paqij -k-	min paqij kir	ez paqij di-kim
diqijilandin	-qijiland-	-qijilîn-	min qijiland	ez diqijilînim
amade dikir	amade -kir-	amade -k-	min amade kir	ez amade dikim
dixwar	-xwar-	-xw-	min xwar	ez dixwim
diçêrandin	-çêrand-	-çêrîn-	min çêrand	ez diçêrinim

didotin	-dot-	-doş-	min dot	ez didoşim
dida pey	-da- pey	-d- pey	min da pey	ez didim pey
alî dikir	alîkarî -kir-	alîkari -k-	min alî kir	ez alî dikim
dev ji ... berne-didan	dev ji ... ber-da-	dev ji ... ber-d-	min dev ji... berda	ez dev ji ... berdidim

Seite 39 Nr. 5

Rojen û Bêrîvanê bi dilekî rihet ew dişandin derva.
Bêrîvanê digot 'ez di tetîlê da me' û loma jî xwarin çênedikir.
Wê li kêfa xwe mêze dikir, kitêb dixwendin û çîrok werdigerandin Kurdî.
Wê carna ji nav daristanê giyayên şifadar diçinî û ew tovî serhev dikir.
Zarokan li ber derî dilîstin.
Gava dilê wan dixwest, **wan** hesp diajotin.
Piştî nîvro **wan** di çem da sobarî dikir.
Carna Rojen jî bi wan ra dibû yek û **wan** bi hev ra masî digirtin.
Dû ra, berbi esrê, **wan** bi hev ra ew paqij dikirin.
Baran ê piçûk aşvanekî baş bû. **Wî** hemû masî diqijilandin.
Zozanê selete çêdikir û bavê wan jî mase amade dikir. Bêî ku ew li seetê mêze bikin, **wan** xwarina xwe dixwar.
Zarokan carna bi şivan ra pez diçêrandin. **Zozanê** mîh didotin û **Baran / Baranî** carna xwe nedigirt, diçû ser mêrgê û giya diçinî. **Wî** dida pey paleyan û alîkarî dikir.
Rojen / Rojenî şa dibû, ku li dû ewqas salan ew cardin li gundê xwe bû.

Seite 40 Nr. 6–7

Infinitiv-Übersetzung	**Präsens (1. P. Sg.)**	**Imperfekt 1. P. Sg.**
xwarin- essen	ez dixwim – ich esse	min dixwar – ich aß
kirin – machen, tun	ez dikim – ich mache	min dikir – ich machte
vexwarin – trinken	ez vedixwim – ich trinke	min vedixwar – ich trank
stran – singen	ez distrêm – ich singe	min distra – ich sang
raxistin – auflegen	ez radixim – ich lege auf	min radixist – ich legte auf
çelqandin – schütteln	ez diçelqînim – ich schüttele	min diçelqand – ich schüttelte
anîn – bringen	ez tînim – ich bringe	min dianî – ich brachte
avêtin – werfen	ez diavêjim – ich werfe	min diavêt – ich warf
cûtin – kauen	ez dicûm – ich kaue	min dicût – ich kaute
birrîn – schneiden	ez dibirrim – ich schneide	min dibirrî – ich schnitt
êşandin – schmerzen	ez diêşînim – ich tue jm. weh	min diêşand – ich tat jm. weh

Seite 46 Nr. 1

Siyasetmedarê kurd Şerafettin Elçi îro wefat kir. **Wî** dibistana seretayî û navîn li Cizîrê, lîse li Mêrdînê xwend û derbasî beşa Hiqûqê ya Zanîngeha Enqereyê bû. Piştî xilaskirina zanîngehê **wî** li Amedê staja xwe ya parêzerîyê kir.
Di sala 1992yan da **wî** û hin rewşenbîran Weqfa Azadî û Mafên Kurdan vekirin.

Elçi di sala 1994an da digel hin hevalên xwe Platforma Demokratîk a Kurd ava kir û **wî** jî berdevkîya platformê kir. **Wan** di 1997an da Demokratik Kitle Partisi vekirin û ew bû serokê partîyê. (Diyarname, 25.12.2012)
Nûbiharê hejmara xwe ya nû derxist: **Nûbiharê** li ser «Jina Kurd» dosye amade kir! (Diyarname, 28.02.2013)
Amedê dengê Qamişloyê bihîst: Şaredarê Bajarê Mezin ê Amedê Osman Baydemîr çû deriyê sînor ê li navbera Nisêbîn û Qamişloyê û alîkarî gihand rayedarên wê derê. (Diyarname, 28.02.2013)
Newrozê tirs xist nav dilê dîktatoran. (Agirî, hejmar 203, 04.2013)
Kurdistanê dest bi firotina petrolê kir (avestakurd.net, 07.04.2013)

Seite 47 Nr. 2
Antoine de Saint-Exupéry bavê xwe wenda kir. **Wî** piçûktîyeke xweş dît.
Di sala 1912an da çavên wî bi balafirekê ketin, **wî** dît çawa ew bi asîmanan dikeve. **Wî** hîsên xweşî û azadiyê nas kir. Di sala 1921ê da **wî** leşkerîya xwe kir. **Wî** pere ji diya xwe xwest û ew hînî ajotina balafirên medenî bû û **wî** dîploma xwe ya balafirvanîyê girt. Li bajarê Toulousê **wî** di kargeha balafiran da kar kir. Bi balafirê **wî** name ji Toulousê dibir Kazablankayê û ji wê derê jî **wî** ew digihandin bajarê Dakarê.

Seite 47 Nr. 3
Sînemxan Bedirxan xwendina xwe ya taybetî li dibistana rahibeyên Fransî qedand. Piştî bekaloria (bachelor) **wê** dû salan li zanîngeha Şamê beşa yasayê xwend. **Wê** xwendina xwe ya li wir neqedand, ji ber ku sala 1960an ew bi endezyar Selah Sadallah ra zewicî û hat Iraqê.
Piştî beyana adarê **wê** li Yekitîya Afretên Kurdistanê heta 1974an kar kir.
Li Bexdayê **wê** xwendina xwe qedand û **wê** bawernameya zimanê Fransî wergirt.
Sala 1980ê **wê** li Baghdad International School wekî mamosteya zimanê Fransî dest bi kar kir.

Seite 48 Nr. 4
Siyasetmedarê kurd Şerafettin Elçi îro wefat kir. **Ew** dibistana seretayî û navîn li Cizîrê, lîse li Mêrdinê dixwîne û derbasî beşa Hiqûqê ya Zanîngeha Enqereyê dibe. Piştî xilaskirina zanîngehê **ew** li Amedê staja xwe ya parêzerîyê dike.
Di sala 1992yan da **ew** û hin rewşenbîr Weqfa Azadî û Mafên Kurdan vedikin.
Elçi di sala 1994an da digel hin hevalên xwe Platforma Demokratîk a Kurd ava dike û **ew** jî berdevkîya platformê dike. **Ew** di 1997an da Demokratik Kitle Partisi vedikin û ew dibe serokê partîyê. (Diyarname, 25.12.2012)
Nûbihar (Nûbihar) hejmara xwe ya nû derdixe: **Nûbihar** (Nûbihar) li ser «Jina Kurd» dosye amade dike! (Diyarname, 28.02.2013)
Amed (Amed) dengê Qamişlo dibihîse: Şaredarê Bajarê Mezin ê Amedê Osman Baydemîr çû derîyê sînor ê li navbera Nisêbîn û Qamişloyê û alîkarî gihand rayedarên wê derê. (Diyarname, 28.02.2013)
Newroz (Newroz) tirs dixe nav dilê dîktatoran. (Agirî, hejmar 203, 04.2013)
Kurdistan (Kurdistan) dest bi firotina petrolê dike (avestakurd.net, 07.04.2013)
Antoine de Saint-Exupéry piçûktîyeke xweş dibîne. Di sala 1912an da çavên wî bi balafirekê dikevin, **ew** dibîne çawa ew bi asîmanan dikeve. **Ew** hîsên xweşî û azadiyê nas

dike. Di sala 1921ê da **ew** leşkerîya xwe dike. **Ew** pere ji diya xwe dixwaze û ew hînî ajotina balafirên medenî dibe û **ew** dîploma xwe ya balafirvanîyê digre. Li bajarê Toulousê **ew** di kargeha balafiran da kar dike. Bi balafirê **ew** name ji Toulousê dibe Kazablankayê û ji wê derê jî **ew** wan digihîne bajarê Dakarê.
Sînemxan Bedirxan xwendina xwe ya taybetî li dibistana rahibeyên Fransî diqedîne. Piştî bekaloria (bachelor) **ew** dû salan li zanîngeha Şamê beşa yasayê dixwîne. **Ew** xwendina xwe ya li wir naqedîne, ji ber ku sala 1960an ew bi endezyar Selah Sadallah ra dizewice û tê Iraqê.
Piştî beyana adarê **ew** li Yekitîya Afretên Kurdistanê heta 1974an kar dike.
Li Bexdayê **ew** xwendina xwe diqedîne û **ew** bawernameya zimanê Fransî werdigre.
Sala 1980ê **ew** li Baghdad International School wekî mamosteya zimanê Fransî dest bi kar dike.

Seite 49 Nr. 5

	1	2	3	4	5	6	7	8	9	10
A	A	Î	Y	P	Ş	Y	Ê	Ş	L	U
B	B	D	E	R	Î	Z	F	I	M	Û
C	Y	E	K	S	T	A	G	V	N	A
Ç	C	N	I	R	U	B	H	A	P	L
D	Ç	G	T	A	Û	C	I	N	R	Î
E	D	M	Î	H	V	Ç	Î	J	S	K
Ê	E	J	N	I	W	D	Y	K	Ş	A
F	Ê	K	P	B	A	L	A	F	I	R
G	F	L	Q	E	X	E	S	Î	T	Î
H	B	A	W	E	R	N	A	M	E	X
I	G	Z	A	N	Î	N	G	E	H	Y
Î	H	M	D	I	B	I	S	T	A	N

Seite 52 Nr. 1
Kelecanekê (Subj.) ez (Obj.) girtibûm (1. P. Sg.).
Wê (Subj.) ez (Obj.) hemêz kirim (1. P. Sg.).
Min (Subj.) çavên xwe (Obj.) li hundurê odeyê gerandin (Pl.).
Min (Subj.) bîranînên (Obj.) wê yên ciwaniyê teze kirin (Pl).
Wê (Subj.) du albûmên mezin (Obj.) anîn (Pl.) û li ser masê danîn.

Seite 57 Nr. 2–3
Nesrînê – Diljen Roni
Te ez kuştim
(1. P. Sg.) → Ez te dikujim
Te ez kuştim (1. P. Sg.), Nesrînê. → Ez te dikujim
Dilê'm dixwaze te bibîne

Kulîlka sor û şînê
Te ez pîr kirim (1. P. Sg.) lê dînê. → Tu min pîr dikî, lê dînê.

Çavên Te – Ciwan Haco
Çavên te reş in lê gidiyê
Reşekî tarî
Bejna te zirav e, dirêj e
Bejna çinarê
Te ez helandim (1. P. Sg.) şêrînê → Tu min dihelînî.
Te ez helandim (1. P. Sg.) delalê → Tu min dihelînî.
Were kubarê

Te ez kal kirim – Aram Tigran
Te ez kal kirim (1. P. Sg.) bi ciwanî → Tu min kal dikî bi ciwanî
Lê ez xort bûm, tu baş (di)zanî
Pelê dara min (3. P. Sg.) **te** weşand (3. P. Sg.), → Pelê dara min tu diweşîni.
Bihar çû, te payîz anî.

Seite 57 Nr. 4

- Ez	*zebeşê*	dixwim.	- Em	*hevîr*	çêdikin.
- Tu	*stranê*	dibêjî.	- Hûn	*mast*	diçelqînin.
- Tu	*avê*	vedixwî.	- Tu	*zevîyê*	diçinî.
- Ew	*xalîçeyê*	radixe.	- Ez	*kaxizê*	dibirrim.
- Ez	*trimbêlê*	diajom.			

Seite 58 Nr. 5

- Tu stranê dibêjî.	–	*Min stran got.*
- Tu avê vedixwî.	–	*Min av vexwar.*
- Ew xalîçeyê radixe.	–	*Min xalîçe raxist.*
- Ez trimbêlê diajom.	–	*Min trimbêl ajot.*
- Em hevîr çêdikin.	–	*Min hêvîr* çêkir.
- Hûn mast diçelqînin.	–	*Min mast çelqand.*
- Tu zevîyê diçinî.	–	*Min zevî çinî.*
- Ez kaxizê dibirrim.	–	*Min kaxiz birrî.*

Seite 58 Nr. 6–7
transitive Verben, **Subjekt**, ***Objekt***

Reva ji xewê
Şevekê xewa Xoce nayê. **Ew** ji nav nivînan radibe, ***fanosê*** vêdixe, derdikeve derva û li kûçeyê digere. Di wê gavê da **nobedar** ***Xoce*** dibîne û tê cem wî, jê ra dibêje:
- Xoce, tu vê şeva tarî li çi digerî?
Xoce bersiva nobedar dide û dibêje:
- Xewa min wenda bû, ez lê digerim.

Seite 58 Nr. 8
- Tu *agir (m)* dadidî.
- Tu *gulê (f)* didî min.
- Ez *mifteyê (f)* datînim ser maseyê.
- Ew *kovarê (f)* derdixe.
- Em *torbe (m)* didewsînin.
- Hûn *pere (m)* deyn dikin.
- Zozan *îşlig (m)* didirû.
- Rojen *zêr (m)* didize.
- Berfîn *Baran (m)* dibîne.
- Bêrîvan *çêlekê (m)* didoşe.

Seite 59 Nr. 9
- Tu *agir (m)* dadidî. → *Te agir dada.*
- Tu *gulê (f)* didî min. → Te gul da min.
- Ez *mifteyê (f)* datînim ser maseyê. → Min mifte danî ser maseyê.
- Ew *kovarê (f)* derdixe. → Wî/Wê kovar derxist.
- Em *torbe (m)* didewsînin. → Me torbe dewisand.
- Hûn *pere (m)* deyn dikin. → We pere deyn kir.
- Zozan îş*lig (m)* didirû. → Zozanê îşlig dirût.
- Rojen *zêr (m)* didize. → Rojen zêr dizî.
- Berfîn *Baran (m)* dibîne. → Berfînê Baran dît.
- Bêrîvan çêlekê *(m)* didoşe. → Bêrîvanê çêlek dot.

Seite 62 Nr. 1
Der Text ist im Imperfekt geschrieben.

Seite 62 Nr. 2
Me ne Elvis Presley, ne jî Marilyn Monroe *nas dikir*. Bi navê huner û hunermendîyê tiştê ku **me** *dizanîbû*, ew jî dengbêj û kilam û stranên wan bun. (...)
Hemû êvarên me bi teyîbê ra derbas dibûn. **Bavê min** teyîb *dida* kêleka xwe, kasêtek ji bêrîka xwe *derdixist* û di teyîbê da bi *cih dikir*, **me** jî bi malbatî dengê xwe *dibirrî* û *guh dida* kilam û stranên dengbêjan. **Bavê min** kengê biçûya çarşîyê ji dost û hevalên xwe bi emanetî kasêtek *digirt* û *dianî* malê. Heger îmkan heba, **me** ew berê *kopî dikir*; tuneba, çend roj *guhdarî dikir*. Pişt ra jî **bavê min** ew *dibir* û yeke din *dianî*. Bi vî awayî carcaran kasêtek di navbera hezar kesî da diçû û dihat. (...)
Bavê min xwe Kurd *dihesiband* û her tim muzîka Kurdî *guhdarî dikir*, **min** jî xwe wek Kurd *dihesiband*, lê **muzîka** ku min *guhdarî dikir*, muzîka şoreşgerî bû. Ew hunermendên ku **me** şoreşger *bi nav dikir* û *guhdarî dikirin*; pirraniya wan jî wek Şivan, Kurd bûn. Lê mixabin ji Kurdîtiyê zêdetir, **min** jî wek herkesên şoreşger, bi taybetî Şivan ji bo xatirê kilamên ku li ser Marx, Engels, Lenîn û Stalin û Apê Ho *digot*, *guhdarî dikir*.
Bavê min wê demê Şivan *guhdarî nedikir*, ji ber ku **wî** gotinên wî *fêm nedikirin* û bi hêrs ji min ra *digot* «Kuro, ew Kurdî bibêje jî, ez tu tiştek jê fêm nakim».
Min jî *bersiva* wî wisa *dida*: «Dengbêjên te jî Kurdî dibêjin, lêbelê ew di bin baskên axa û began da dijîn û bi kilam û stranên xwe, di nav Kurdan da dubendîtîyê dikin.»

Seite 62 Nr. 3

Textbeleg	Präsensst.	Perfektst.	Infinitiv
nas dikir	nas –k-	nas -kir-	nas kirin
dizanîbû	-zan-	-zanî-	zanîn

dida	-d-	-da-	dan
derdixist	der-x-	der-xist-	derxistin
bi cih dikir	bi cih -k-	bi cih –kir-	bi cih kirin
dibirrî	-birr-	-birr-	birrîn
guh dida	s.o.		
digirt	-gr-	-girt-	girtin
dianî	-tîn-	-anî	anîn
kopî dikir	s.o.		
dibir	-b-	-bir-	birin
dianî	s.o.		
dihesiband	-hesibîn-	-hesiband-	hesibandin
guhdarî dikir	s.o.		
dihesiband	s.o.		
guhdarî dikir	s.o.		
digot	-bêj-	-got-	gotin
guhdarî dikir	s.o.		
guhdarî nedikir	s.o.		
fêm nedikirin	s.o.		
digot	s.o.		
fêm nakim	s.o.		
bersiva ... dida	s.o.		
dibêjin	s.o.		
dubendîtîye dikin	s.o		

Seite 63 Nr. 4

In den Sätzen steht das jeweilige Subjekt im Plural, deshalb muss auch das Verb im Plural stehen.

- Ew hunermendên ku me şoreşger **bi nav dikirin** û **guhdarî dikirin**; pirranîya wan jî wek Şivan, Kurd bûn.
- Lê mixabin ji Kurdîtîyê zêdetir, min jî wek herkesên şoreşger, bi taybetî Şivan ji bo xatirê kilamên ku li ser Marx û Engels, Lenîn û Stalin û Apê Ho **digotin**, guhdarî dikir.
- Bavê min wê demê Şivan guhdarî nedikir, ji ber ku wî gotinên wî fêm **nedikirin** û bi hêrs ji min ra digot «Kuro, ew Kurdî bibêje jî, ez tu tiştek jê fêm nakim».

Seite 67 Nr. 5

Grundform	Komparativ	Grundform	Komparativ	Grundform	Komparativ
baş	baştir	germ	germtir	piçûk	piçûktir
bedew	bedewtir	har	hartir	rast	rasttir

delal	delaltir	kal	kaltir	tarî	tarîtir
dereng	derengtir	kerr	kerrtir	zêde	zêdetir
erzan	erzantir	kin	kintir	biha	bihatir

Seite 67 Nr. 6

a) Çîyayê Reşko ji Araratê piçûktir e.
b) Paltokan ji Nurhaqê mezintir e.
c) Sîpanê Xelatê ji Çîxî Derê mezintir e.
d) Çîyayê herî piçûk Nurhaq
e) Çîyayê herî bilind Ararat e.
f) Mezintirîn gola Kurdistanê Gola Urmîyê ye.
g) Gola herî piçûk Nemrûd e.
h) Nifûsa Hewlêrê herî zêde ye.
i) Nifûsa Mehabadê herî kêm e.
j) Hejmara Kirmaşan ji ya Qamişlo zêdetir e.

Seite 71 Nr. 1

Der Text ist in zwei verschiedenen Tempora geschrieben. Der Erzählertext und die Redebegleitsätze sind im Präteritum, die wörtliche Rede (außer dem ersten Satz) ist im Präsens geschrieben.

Seite 71 Nr. 2

Sofîk (Subj.) hebû: sewîlê (Obj.) xwe bir û çû serê kanîyê, da ko destmêj bigire. Vêca [wî] (Subj.) sewîlê (Obj.) danî bin latekê (indir. Obj.) û çû ko destê xwe bişo. Vegerîha cem sewîlê xwe, [wî] (Subj.) dî lat bi ser sewîlê wî da ketiye, sewîl şikestiye. Sofî (Subj.) gote latê (Obj.): Çima te (Subj.) sewîlê min (Obj.) şikand?

Latê (Subj.) go
Sofî (Subj.) gote gîyê (Obj.)
Giyê (Subj.) go
Sofî (Subj.) gote peza (Obj.)
Peza (Subj.) go
Sofî (Subj.) gote gura (Obj.)
Gura (Subj.) go
Sofî (Subj.) gote sa (Obj.)
Seya (Subj.) go
Kebanîya (Subj.) go
Sofî (Subj.) gote mişka (Obj.)
Mişka (Subj.) go
Sofî (Subj.) gote kitika (Obj.)
Kitik (Subj.) go
Sofî (Subj.) dev ji van berda û perçeyê sewîlê xwe (Obj.) dane hev.

Seite 71 Nr. 3
Das Wort «sofîk» ist das Subjekt in dem Satz. Der Satz könnte auch so lauten: Sofîk hebû: **wî** sewîlê xwe bir û **ew** çû serê kanîyê, da ko destmêj bigire.

Seite 71 Nr. 4
Sofîk hebû: sewîlê xwe bir û çû serê kanîyê, da ko destmêj bigire.
→ Sofîk hebû: sewîlê xwe dibe û diçe serê kanîyê, da ko destmêj bigire.
Vêca sewîlê danî bin latekê û çû ko destê xwe bişo.
→ Vêca sewîl datîne bin latekê û diçe ko destê xwe bişo.
Vegerîha cem sewîlê xwe, dî lat bi ser sewîlê wî da ketiye, sewîl şikestiye.
→ Vedigerihe cem sewîlê xwe, dibîne lat bi ser sewîlê wî da ketiye, sewil şikestiye.
Sofî gote latê: Çima te sewîlê min şikand?
→ Sofî dibêje lat: Çima tu sewîlê min dişkênî?

Latê go	→ Lat dibêje
Sofî gote gîyê	→ Sofî dibêje gîyê
Giyê go	→ Giya dibêje
Sofî gote peza	→ Sofî dibêje peza
Peza go	→ Pez dibêjin
Sofî gote gura (Obj.)	→ Sofî dibêje
Gura go	→ Gur dibêjin
Sofî gote sa (Obj.)	→ Sofî dibêje
Seya go	→ Se dibêjin
Kebanîya go	→ Kebanî dibêjin
Sofî gote mişka	→ Sofî dibêje
Mişka go	→ Mişk dibêjin
Sofî gote kitika	→ Sofî dibêje
Kitik go	→ Kitik dibêjin

Sofî dev ji van berda û perçeyê sewîlê xwe dane hev.
→ Sofî dev ji van berdide û perçeyê sewîle xwe dide hev.

Seite 74 Nr. 5–6
Gava dilê wan dixwest (NS), wan hesp diajotin (HS). / Wenn sie wollten, ritten sie.

Gava min xwest ez pêlavên xwe ji pê bikim (NS), wê nehişt (HS). / Als ich meine Schuhe ausziehen wollte, ließ sie es nicht zu.

Gava çaya me hat (NS), min çavên xwe li hundirê odeyê gerandin (HS). / Als unser Tee kam, guckte ich mich im Zimmer um.

Bêî ku ew li seetê mêze bikin (NS), wan xwarina xwe dixwar (HS). / Ohne auf die Uhr zu gucken, aßen sie ihr Essen.

Wî dît çawa ew bi asîmanan dikeve. / Er sah, wie er in den Himmel hochstieg.

Wê xwendina xwe ya li wir neqedand (HS), ji ber ku sala 1960an ew bi S. Sadallah ra zewicî (NS). / Sie brachte ihr dortiges Studium nicht zu Ende, weil sie im Jahre 1960 S. Sadallah heiratete.

Bavê min wê demê Şivan guhdarî nedikir (HS), ji ber ku wî gotinên wî fêm nedikirin (NS). / Mein Vater hörte Şivan zu dieser Zeit nicht, weil er seine Worte nicht verstand.

Tewra wê dikir ku (NS) ez jî xwe mîna endamekî malê bihesibînim (HS). / Ihr Umgang ließ es zu, dass ich mich wie ein Familienmitglied fühlte.

Min dît ku Rewşen Xanim di xeyalan da kûr diçe. / Ich sah, dass sich Rewşen Xanim in den Träumen verliert.

Tiştê ku me dizanîbû, ew jî dengbêj û kilam û stranên wan bûn. / Das, was wir kannten, waren die *dengbêjs* und ihre Balladen und Bänkellieder.

Lê muzîka ku min guhdarî dikir (NS), muzîka şoreşgerî bû (HS). / Aber die Musik, die ich hörte, war die Revolutionsmusik.

Ew hunermendên ku me şoreşger bi nav dikir û guhdarî dikirin (NS), Kurd bûn (HS). / Jene Musiker, die wir als Revolutionäre bezeichneten und hörten, waren Kurden.

Seite 76 Nr. 1
Min navê xwe kola li bircên Dîyarbekir (HS),
(NS) Gava ku stêrk
Li ezmana stûxar
(NS) Gava ku
ney, bilûr û tembûr
û dahol û zirne
sar bûn, sar bûn.
Bi gîyanek pola
Min navê xwe kola, (HS)
Min navê xwe kola li bircen Dîyarbekir (HS)

Seite 76 Nr. 2
Min navêxwe kola li bircên Dîyarbekir (HS)
→ Ich ritzte meinen Namen in die Türme von Diyarbekir ein,
(NS) Gava ku stêrk → wenn die Sterne am Himmel einnicken
Li ezmana stûxar
(NS) Gava ku ney, bilûr û tembûrû dahol û zirne sar bûn, sar bûn.
→ wenn die Flöte und die Mandoline und die Trommel und die Oboe verstummen.

Seite 76 Nr. 3
Der Text ist im Präteritum geschrieben.

Seite 83 Nr. 1
- Dibe hin peyv hebin ku min bi kar anînê û li Bakur neyên fêmkirin.
- Têkilîyên min bi Bakurî ra vedigerin sala 1984an ku kovara *Medya Güneşî* li Amedê dihat weşandin.
- Ew kovar bi zimanê Tirkî bû, lê helbestên min bi Kurdî tê da hatine weşandin.

Seite 83 Nr. 2

- *Ev pirtûka min a helbestan a duwemîn e ku li Tirkîyê çap dibe.* Das ist mein 2. Gedichtband, der in der Türkei veröffentlicht wird.
- *Ez helbestan bi Kurmancî, devoka Behdînî ku devoka min e, dinivîsim, lê di heman demê da min bizav kiriye ku zimanê min nêzî wê Kurmancîyê bibe ya ku îro li Bakur bi kar tê.* Ich schreibe Gedichte in Kurmancî, im Behdînî-Dialekt, welcher mein Dialekt ist, habe mir aber gleichzeitig vorgenommen, dass meine Sprache dem Kurmancî näher kommt, welches heutzutage im Norden benutzt wird.
- *Dibe hin peyv hebin ku min bi kar anînê û li Bakur neyên fêmkirin.* Es kann sein, dass einige Wörter vorhanden sind, die ich gebraucht habe, aber im Norden nicht zu verstehen sind.
- *Têkilîyên min bi Bakurî ra vedigerin sala 1984an ku kovara* Medya Güneşî *li Amedê dihat weşandin.* Meine Verbindung mit dem Norden geht auf das Jahr 1984 zurück, als die Zeitschrift *Medya Güneşi* in Amed veröffentlicht wurde.
- *Xewna her nivîskarekî li cîhanê ew e ku sînorên ziman û welatên xwe derbaz bike, lê mixabin hîn xewna nivîskarên Kurd ew e ku sînorên welatê wan parçê kirine derbaz bikin.* Der Traum eines jeden Schriftstellers auf der Welt ist es, die Grenzen seiner Sprache und seines Landes zu überqueren, aber leider ist der Traum der kurdischen Schriftsteller immer noch der, dass sie die Grenzen, die ihr Land zerteilen, überqueren möchten.

Seite 94 Nr. 1–3

- Destpêka sala 1699an bû (Prät.). Roja duşemê bîst û çarê meha Recebê ku beramber bîst û şeşê meha çileyê paşîn bû (Prät.). Saet nehê sibeheke sar, yanzdeh kes, sê ji wan Osmanî bûn (Prät.) di saloneke rût da ku di pencereyên wê ra çemê Tunayê û yanzdeh kevokên ku li ezmanekî ewravî difiriyan (Imperf.), xuya dikirin (Imperf.), li hev civiyabûn.
- Ew bûbû heftê rojên wan giregiran ku gotubêja peymanê û merc û bendên wê dikirin (Imperf.). Geh li hev dikirin (Imperf.), geh na. Geh li hev aşt dibûn (Imperf.), geh zîz dibûn (Imperf.). Xalên di peymanê da radikirin (Imperf.) û datanîn (Imperf.) û li ser wan li hev nedikirin (Imperf.) heta ku heftê roj bi dawî bûn û ew duşema sar hat (Prät.). Duşema ku dê berê dîrokê biguhere (Fut.), hat (Prät.) û yanzdeh kesan qedera bi dehan millet mîna cawekî hevrişîm bi cawbira berjewendîyên împarator û padîşahan dibirrîn (Imperf.). Ramî Mehmet Paşa ku nûnerê sultan Mustefa bû (Prät.) ji tercumanê herî mezin ê Osmanîyan Aleksander Mavrokodortos ra gotibû (Plusq.) ku ew naxwaze (Präs./Subj.) mîna Ewropîyan li ser kursîyekî rûne û nigên wî bi erda salonê bibin. Kesekî ku nûnerê padişahê Osmanî be (Konj.), divê (Präs./Subj.) bi hemî bedena xwe ji erdê qut be û di ser hemîyan ra be. Loma jî mazûvanan ji wan ra bi lez û bez qoltixek li cem necarê bajêr Branko Moravac dabûne sazkirin (Kausativ) û anîbûn (Plusq.) li wê salona sar û rût danîbûn (Plusq.) û rûyek ji mexmerekî sor avêtibûn ser (Plusq.).

Seite 94 Nr. 4

	1	2	3	4	5	6	7	8	9	10
A	A	H	K	R	Û	W	A	B	G	J
B	B	M	E	X	M	E	R	E	H	K
C	X	A	L	S	S	X	B	X	H	L
Ç	C	Z	L	Ş	A	Y	C	T	E	M
D	N	Û	N	E	R	Z	G	E	V	N
E	Ç	V	M	Z	Û	Û	O	W	R	P
Ê	C	A	W	M	V	P	T	A	Î	E
F	D	N	N	A	D	E	Û	R	Ş	N
G	E	I	O	N	Î	Y	B	D	I	C
H	Ê	Î	P	T	R	M	Ê	E	M	E
I	H	E	M	Î	O	A	J	Ê	I	R
Î	G	J	Q	U	K	N	Ç	F	Î	E

Seite 99 Nr. 4

Ew çayê çêdike. → Ew çayê *dide çêkirin.*
Ew sêvê dixwe. → Ew sêvê *dide xwarin.*
Ew xanî ava dike. → Ew xanî *dide ava kirin.*
Ew erebeyê diajo. → Ew erebeyê *dide ajotin.*
Polês wî digre. → Polês wî *dide girtin.*
Ew paketê dişîne. → Ew paketê *dide şandin.*
Ew derî vedike. → Ew derî *dide vekirin.*
Ew kitêbê diweşîne. → Ew kitêbê *dide weşandin.*
Ew dixwîne. → Dê wî/wê *dide xwendin.*

Seite 100 Nr. 5

a) Ew çayê çêdike.
Ew dixwaze çayê çêbike.
Gerek ew çayê çêbike.
Divê ew çayê çêbike.
Bira ew çayê çêbike.

b) Ew sêvê dixwe.
Ew dixwaze sêvê bixwe.
Gerek ew sêve bixwe.
Divê ew sêve bixwe.
Bira ew sêve bixwe.

c) Ew xanî ava dike.
Ew dixwaze xanî ava bike.
Gerek ew xanî ava bike.
Divê ew xanî ava bike.
Bira ew xanî ava bike.

d) Ew erebeyê diajo.
Ew dixwaze erebeyê biajo.
Gerek ew erebeyê biajo.
Divê ew erebeyê biajo.
Bira ew erebeyê biajo.

e) Polês wî digre.
Polês dixwaze wî bigre.
Gerek polês wî bigre.
Divê polês wî bigre.
Bira polês wî bigre.

f) Ew paketê dişîne.
Ew dixwaze paketê bişîne.
Gerek ew paketê bişîne.
Divê ew paketê bişîne.
Bira ew paketê bişîne.

g) Ew derî vedike.
Ew dixwaze derî vebike.
Gerek ew derî vebike.
Divê ew derî vebike.
Bira ew derî vebike.

h) Ew kitêbê diweşîne.
Ew dixwaze kitêbê biweşîne.
Gerek ew kitêbê biweşîne.
Divê ew kitêbê biweşîne.
Bira ew kitêbê biweşîne.

i) Ew dixwîne.
Ew dixwaze bixwîne.
Gerek ew bixwîne.
Divê ew bixwîne.
Bira ew bixwîne.

Seite 104 Nr. 1

- [Ew] ketibû dudilîyê ku gelo wî bibîne baş e yan nebîne?
- [Wî] Di dilê xwe da hem xwest, hem jî nexwest wî bibîne û xwe sist kir.
- [Wî] Derew jî bikira, rûyê wî sor nebaya jî Selîm dê li cihê wî fedî bikira.
- Jixwe ne mumkîn bû ku jî di navbera ewçend zarokan de, [ew] navê min hîn bibûya û wî ez nas bikirama.

Seite 104 Nr. 2

- **Tu** (Subj.) **bi-hat-ayî** mala min bi mêvanî, **min** (Subj.) ê **danîya** ber te baqê wan nameyêd nivîsî.
- **Ev dudilî** (Subj.) **ne-b-ana**, **wî** (Subj.) **yê deng** lê **bi-kir-a**, **wî** (Subj.) **yê** Bedir zeft **bi-kir-a**.
- Dibû ku **Bedir** (Subj.) li hember Selîm mehcûb **bi-b-a**, û **ni-karî-ba** li rûyê wî **mêze bi-kir-a** û **derew bi-kir-a**.
- Derew jî **bi-kir-a**, **rûyê wî** (Subj.) sor **ne-b-aya** jî Selîm **dê** li cihê wî **fedî bi-kir-a**.
- Jixwe ne mumkîn bû ku jî di navbera ewçend zarokan de, **ew** (Subj.) navê min **hîn bi-bû-ya** û **wî** (Subj.) ez **nas bi-kir-ama**.
- Bi rastî ku **me** (Subj.) jê ra «Kalê Qado» gotibaya (diese Form wird später behandelt), wê hê di cih da baya (diese Form wird später behandelt).
- Ku **meriv** (Subj.) dikarîbû sond **bi-xwar-a** û **bi-got-a** ku ev deng, dengê zarokekî hê kamilnebûyî ye.

Seite 105 Nr. 3

	Bestandteile	tr./intr.	Infinitiv
bihatayî	bi-hat-ayî	intr.	hatin
danîya	d-anî-ya	tr.	anîn
nebana	ne-b-ana	intr.	nebûn

bikira	bi-kir-a	tr.	kirin
biba	bi-b-a	intr.	bûn
nikarîba	ni-karî-ba	tr.	karîn
mêze bikira	mêze bi-kir-a	tr.	mêze kirin
derew bikira	derew bi-kir-a	tr.	derew kirin
nebaya	ne-b-aya	intr.	nebûn
fedî bikira	fedî bi-kir-a	tr.	fedî kirin
hîn bibûya	hîn bi-bû-ya	intr.	hîn bûn
nas bikirama	nas bi-kir-ama	tr.	nas kirin
bixwara	bi-xwar-a	tr.	xwarin
bigota	bi-got-a	tr.	gotin

Seite 109 Nr. 4

	hatin	çûn	gerîn
ez	bihatama	biçûma	bigerîyama
tu	bihatayî	biçûyayî	bigerîyayî
ew	bihata	biçûya	bigerîya
em/hûn/ew	bihatana	biçûyana	bigerîyana

	rûniştin	sekinîn	tirsîn/tirsîyan
ez	rûniştama	bisekinîyama	bitirsîyama
tu	rûniştayî	bisekinîyayî	bitirsîyayî
ew	rûniştayî	bisekinîya	bitirsîya
em/hûn/ew	rûniştana	bisekinîyana	bitirsîyana

Obj.	ajotin	birin	dan	dîtin
3. P. Sg.	biajota	bibira	danîya	bidîta
Pl.	biajotana	bibirana	danîna	bidîtana

Obj.	girtin	kirrîn	nivîsîn	nihêrîn
3. P. Sg.	bigirta	bikirrîya	binivîsîya	binihêrîya
Pl.	bigirtana	bikirrîyana	binivîsîyana	binihêrîyana

Obj.	danîn	kirin	karîn	gotin	xwarin
3. P. Sg.	danîya	bikira	bikarîya	bigota	bixwara
Pl.	danîna	bikirana	bikarîna	bigotana	bixwarana

Obj.	pirsîn	şandin	xistin	xwendin	xwestin
3. P. Sg.	bipirsîya	bişanda	bixista	bixwenda	bixwesta
Pl.	bipirsîna	bişandana	bixistana	bixwendana	bixwestana

Seite 110 Nr. 5

- Tenê tv **qise bikira** (qise kirin) baş bû, yên me jî bi tv yê ra qise dikin.
- Mêvanekî xwe li me **bigirta** (girtin), min ê jê ra çi **bigota** (gotin).
- Ez **nebûma** (bûn – negiert), tu nikarîbû **bihatayî** (hatin).
- Tu **biçûyayî** (çûn) jî, tu yê nexweş **biketa** (ketin).
- Min tu nas **nekiribayî** (nas kirin), min alî te dikir.
- Min kitêb **bixwenda** (xwendin), min mijar fêm kirin.
- Min erebe **biajota** (ajotin), ez niha hatibûm.
- Tu gavekê bi pêş da **bihatayî** (hatin), ez nediketim vê rewşê.
- Xwezila çend heb ez **hebûna** (hebûn); yekê kitêb **bixwenda** (xwendin), yekê tv **temaşe bikira** (temaşe kirin), yekê li wan berhemên niha online in **mêze bikira** (mêze kirin), yekê bi xwîşk û brayan ra **ketiba** (ketin), yekê jî tenê **rihet bikira** (rihet kirin).
- Em niha li gund **bûna** (bûn), qulika xanîyê xwe da. Ne ji ba-barana, ne jî ji gur û deba **bitirsîyana** (tirsîyan).
- Xwezila Japonîya min jî **hebûya** (hebûn).
- Wan di şûna **bigotana** (gotin) Zelal ji bo zimanê xwe dixebite û alî min **bikirana** (kirin), ez rexne dikirim.
- Xwezila we **bîzanîbaya** (zanîn) gava hûn Kurmancî deforme dikin, hûn çiqas tehl in.
- Em li Almanyayê **bûna** (bûn), me yê hinekî zêdetir **bixwenda** (xwendin).
- Xwezila hinek Theodor Herzl ji nav me jî **derketana** (derketin).
- Ez nivîskar **bûma** (bûn), min ê navekî xweş ji zaroka xwe ra **bidîta** (dîtin).
- Ku îmkan **hebûya** (hebûn), min dixwest alî te bikim.
- Min jî pirr dixwest niha li mala xwe **bûma** (bûn) û wekî we **aciz bûma** (aciz bûn) û min bela xwe di nivîs û pirtûk û fîlman **bida** (dan).
- Ger ji bo nivîsînê pere **bidana** (dan), meaşê te çiqas **bûya** (bûn).
- Derfeta min **hebûya** (hebûn), ez ê gund bi gund, dawet bi dawet **bigerîyama** (gerîyan) û govend **qeyd bikira** (qeyd kirin).
- Dibe ez li gund **bimama** (man), ez ê bextewartir **bama** (bûn).
- Min ê ev **bipirsîya** (pirsîn): «Gelo hunermend dixwazin polîtîk bin?»
- Ez ne yê reklaman im. Heger wisa **bûma** (bûn), min ê xwe **eşkere bikira** (eşkere kirin).

Seite 114 Nr. 1–2

Subjekte, Verben

Bira xwezil **Kurdistana min** şên bûya,
Miletê min aza, xwendî û zên bûya,
Derge-dîwan bi ziman û zarê min bûya,
Qewm û milet li her çar hewarê min bûya,
Bira hingê **ayê şevê** li min çar[e] bûya,
Kelefekî wêran [ji] min ra cî-star bûya,
Qerpalekî reş li stûyê min da xarbûya,
[Di] Destê min da ne **ev qelem** nivîsar bûya,
Bira **gêzik** dergevana [di] destê min [da] bûya,
Soqaqeke El-Cizîrê «posta» min bûya.

Dibêjin, du Kurd dijminê hev bûne, li pê hev gerîyane, yekî xwestiye yê mayîn bikuje.

Rojekê jî yek dikeve konê yê mayîn. Dîna xwe dideyê, wa ye dijminê wî razaye. Li ber serê wî rûdinê, cixareyekê dikişîne. Wexta derketinê du fîşekan dike bin balgîya wî û dertê, diçe.
Gava yê razayî hişiyar dibe, wan her du fîşekan dibîne, dibêje:
«**Wî** karîbû ez razayî bikuştama. Lê wisa nekir. Ez şa me, wekî mêrekî wisa dijminê min e. Dijmin jî gotî alçax nîn be ...»

Ger **sêhr** ji devê kûp derketa û bigota: «Fermo, deqqeyek ji te ra misaade ji nav perçeyên zimrûd û yaqûtan. Te çi divê hilbijêre!»
Bê tereddud min ê herdu çavên te **hilbijartana**.

Seite 114 Nr. 3

transitiv	**intransitiv**
kuştin	azad bûn
gotin	xwendî bûn
hilbijartin	bûn
	cî-star bûn
	xarbûn
	derketin

Seite 114 Nr. 4
– Mala Mêran **Neketî** das Haus der Männer ist nicht gefallen: (im metaphorischen Sinne, in etwa:) «die Menschlichkeit lebt noch»
– yekî xwestiye yê mayîn bikuje: der eine wollte den anderen töten
– Rojekê jî yek dikeve konê yê mayîn: eines Tages geht der eine in das Zelt des anderen
– Gava yê razayî hişiyar dibe, wan her du fîşekan dibîne: als der Schlafende wach wird, sieht er die beiden Munitionen
– Dijmin jî **gotî** alçax nîn be: Auch der Feind sollte nicht niederträchtig sein.

Seite 114 Nr. 5
Im Satz kommt das Verb *dan* vor, welches das indirekte Objekt enthält. Der Satz lautet ausgeschrieben: *Ew dîna xwe dide wî*. Das Pronomen *wî* fusioniert mit dem Verb, so dass daraus *dideyê* entsteht.

Seite 116 Nr. 6
- Xwezila kalên min yên Almancî **hebûna** (hebûn).
- Xwezila hin heval **hebûna** (hebûn), ku gava min metnên kevn dixwendin, wan jî latînîzeya wan **bikira** (kirin). Ev yeka han, him ji bo wan **bûba** (bûn) tecrûbeyeke baş, him jî zemanê min zêdetir **bûya** (bûn).
- Xwezila di şûna dînazoran da mirovên kîndar **biqelîyana** (qelîyan).
- Xwezî ez jî bi Mamoste Celîl ra li Xoresanê **bûma** (bûn).
- Me yê li ser kanîya gund **çav berdana** (çav berdan) hevdu û di dawetan da çavên me her li hevdu **bana** (bûn).
- Xwezî ez her li gund **bimama** (man).
- Nivîskarên me pêşengên me ne. Ne ji wan **bûya** (bûn), niha me ne dikarîbû bi Kurdî

bixwenda (xwendin), ne jî **binivîsîya** (nivîsîn).
- Di twitteke min da şaşitîyek **hebûya** (hebûn), min dixwest ez rast bikim, lê îdî min ew edet terikand.
- Ku haya me ji dîrokê **hebûya** (hebûn), me yê **bidîta** (dîtin) ku Tirk hezar sal in ti carî tehemula Kurdan nekirine.
- Ew **nemira** (mirin – negiert) û **bihata** (hatin) ser hişê xwe baş bû.
- Mesela em niha li Sîngapurê **bûna** (bûn), dê xweştir **nebûya** (bûn – negiert)?
- Min hema carek tenê di hoperlora mizgeftê da strana Eyşana Elî **bixwenda** (xwendin), bila Xwedê îdî rihê min **bistenda** (stendin).
- Xwezî mirov di hin tiştan da bi çavê dijminê xwe li xwe **binihêrîya** (nihêrîn).
- Xwezî min jî li ba we cixareyek **bikişanda** (kişandin) û ji Mam Hêmin Mukrîyanî ra **bigota** (gotin):
- Ji betalî min rabû ev paste çêkir. Xwezî wek dem û dewranên berê mêvan **hebûna** (hebûn) û me bi hev ra li ber qehweyekê **bixwara** (xwarin).
- Xwezî jinên Kurd, yên ku dinivîsin jî, tiştekî wisa **bikirana** (kirin).
- Di jîyanê da her tişt sebeba/sedema tiştekî din e. Heke filan tişt **nebûya** (bûn – negiert), bêvan tiştê bi awayekî **din bibûya** (bûn). Heke filan şer **nebûya** (bûn – negiert), dinya dê bi awayekî **din bûya** (bûn).
- Xwezika min jî bi qasî Rojdayê ji mîzahê **fêm bikira** (fêm kirin).
- Nivîskar bi Tirkî **biaxifîya** (axifîn), min ê **guhdarî nekira** (guhdarî kirin – negiert).
- Xwezila ez di şikeftan da **bimama** (man), ne di malên bi perde da.
- Ew bername bi sê rojan jî **dom bikira** (dom kirin), min ê **ferq nekira** (ferq kirin – negiert). Ewqas xweş bû.
- Xwezî min Almanî **bizanîya** (zanîn).
- Xwezî tu **bihatayî** (hatin) firotin. Min ê tu **bidaya** (dan) û ji xwe ra kîsêk sêv **bikirrîya** (kirrîn).
- Xwezila herkesî karê xwe bikira (kirin).
- Xwezî baskên min **hebûna** (hebûn) û ez **bifiryama** (firîn) ser çîyayê gundê te.
- Xwezî baskên min **hebûna** (hebûn). **Bifiryama** (firîn) li deşt û çiya, li zozanê Şerefdînê li yara xwe **bigerîyama** (gerîn).
- Xwezî li Wanê li ber peravê Axtamarê pêleke behrê yan jî li Helebçeyê çiqileke dara hinarê **bama** (bûn), ne mirovekî li xerîbîstanê ...
- Xwezî pepûkeke **bama** (bûn) li welatê rojê, ne mirovekî li bîyanîstanê ...
- Yan jî xwezî mirin **hebûya** (hebûn), kalbûn nebûya û porên min yên xelxelekî kêm û spî nebana.
- Xwezî min **bikarîbaya** (karîn) bi kîtaban xwe **bixapanda** (xapandin).
- Ev bûn 8 meh min, min dev ji cixareyê berdaye. Di xewna xwe da **bidîta** (dîtin), min dev jê berdaye, min ê **bawer nekira** (bawer kirin – negiert).
- Ku dêya min ev nûçe **bidîta** (dîtin), wê yê **bigota** (gotin):
- Ji ber ku dêya min ji min ciwantir xuya dike, min nexwest ez fotoya wê parve bikim. Dilê hinekan biketayê, wê serê min dîsa **biketa** (ketin) belayê.

Seite 120 Nr. 1–2, 4
Verben, **Subjekte**, [Nr. 4]
Dengê Arif – Fêrîkê Ûsiv
Dengê Arif dengê min bûya,

Rengê Memê rengê min bûya,
Sazê Ehmed sazê min bûya.

[Ez] Rûniştama [li] ser textê şên,
Serbest, dilbar, bê mûr û kên,
[Di] Nava koma qewm û bira,
Dil û hinav **min** bistra.

Yarê tasa min dagirta,
min vexwara eşqa merda.

[Ez] Ji huba milet serxweş bûma,
Egîd, mêrxas û keleş bûma
Û [ez] biçûma bi rêzanî
nav leşkerê şêr Barzanî.

[Ez] Teyarekê sîyar bûma
li ser best û beyar bûma
Bê tirs û xof, zor û qeşeng –
Min [ji] dijmin ra danîya qal-ceng,
Bo azadbûna Kurda
Serî danîya ax û erda

Seite 120 Nr. 3

transitiv	**intransitiv**
bistra (stirîn)	bûya/bûma (bûn)
dagirta (dagirtin)	rûniştama (rûniştin)
vexwara (vexwarin)	biçûma (çûn)
danîya (danîn)	

Seite 123 Nr. 1–2
Verben**, Subjekt**, [verstecke Subjekte]
Ku **keçikê** qebûl bikira, îmkan hebûya, wê jî çav qurç dikirin yan jî dikenîya. Ku [wî] qebûl nekira, awirê xwe tehl dikir.
Qîzikan li çolê Dewrêş bi tenê bidîtina şewqa neynikê davêtinê. Li [wan] nêzîk bidîtina, wan çavên xwe ji Dewrêş ra qurç dikirin. Dewrêş jî bi ser ketibû, îdî fersend nedida qîzikan ku çavên xwe jê ra qurç bikin.
Qîzikan li karê çolê Dewrêş ji xwe ra dikirin delal û li ser distran, digotin:

Bila Dewrêş were mala me mêvanî
Min ê bi destê rastê tasa avê bidayê (Konditional)
Û bi destê çepê jê ra bikira stare
Sing û berê xwe keçikê bidayê.
Bila **Xwedê** bikira miradê miradxwaza
Bikira miradê min û Dewrêşê Evdî jî

Seite 123 Nr. 3

transitiv	intransitiv
qebûl bikira	hebûya
bidîtana	
bidayê	
bikira	

Seite 127 Nr. 4

	hatin	çûn	gerîn
ez	hatibim	çûbim	gerîyabim
tu	hatibî	çûbî	gerîyabî
ew	hatibe	çûbe	gerîyabe
em/hûn/ew	hatibin	çûbin	gerîyabin

	rûniştin	sekinîn	tirsîn/tirsîyan
ez	rûniştibim	sekinîbim	tirsîyabim
tu	rûniştibî	sekinîbî	tirsîyabî
ew	rûniştibe	sekinîbe	tirsîyabe
em/hûn/ew	rûniştibin	sekinîbin	tirsîyabin

	ajotin	birin	dan	dîtin
Sg./3. P.	ajotibe	biribe	dabe	dîtibe
Pl.	ajotibin	biribin	dabin	dîtibin

	girtin	kirrîn	nivîsîn	nihêrîn
Sg./3. P.	girtibe	kirrîbe	nivîsîbe	nihêrîbe
Pl.	girtibin	kirrîbin	nivîsîbin	nihêrîbin

	danîn	kirin	karîn	gotin	xwarin
Sg./3. P.	danîbe	kiribe	karîbe	gotibe	xwaribe
Pl.	danîbin	kiribin	karîbin	gotibin	xwaribin

	pirsîn	şandin	xistin	xwendin	xwestin
Sg./3. P.	pirsîbe	şandibe	xistibe	xwendibe	xwestibe
Pl.	pirsîbin	şandibin	xistibin	xwendibin	xwestibin

Seite 129 Nr. 5

	hatin	çûn	gerîn
ez	hatibûma	çûbûma	gerîyabûma
tu	hatibûyî	çûbûyayî	gerîyabûyayî
ew	hatibûya	çûbûya	gerîyabûya
em/hûn/ew	hatibûna	çûbûna	gerîyabûna

	rûniştin	sekinîn	tirsîn/tirsîyan
ez	rûniştibûma	sekinîbûma	tirsîbûma
tu	rûniştibûyayî	sekinîbûyayî	tirsîbûyayî
ew	rûniştibûya	sekinîbûya	tirsîbûya
em/hûn/ew	rûniştibûna	sekinîbûna	tirsîbûna

	ajotin	birin	dan	dîtin
Sg./3. P.	ajotibûya	biribûya	danîbûya	dîtibûya
Pl.	ajotibûna	biribûna	danîbûna	dîtibûna

	girtin	kirrîn	nivîsîn	nihêrîn
Sg./3. P.	girtibûya	kirrîbûya	nivîsîbûya	nihêrîbûya
Pl.	girtibûna	kirrîbûna	nivîsîbûna	nihêrîbûna

	danîn	kirin	karîn	gotin	xwarin
Sg./3. P.	danîbûya	kiribûya	karîbûya	gotibûya	xwaribûya
Pl.	danîbûna	kiribûna	karîbûna	gotibûna	xwaribûna

	pirsîn	şandin	xistin	xwendin	xwestin
Sg./3. P.	pirsîbûya	şandîbûya	xistibûya	xwendîbûya	xwestibûya
Pl.	pirsîbûna	şandîbûna	xistibûna	xwendîbûna	xwestibûna

VOKABELVERZEICHNIS

KURDISCH – DEUTSCH

A

aciz bûn *(intr.)*	sich ärgern, langweilen
aciz kirin *(tr.)*	bedrücken, stören
afret *(f)*	Frau *(f)*, Weib *(n)*
agahî *(f)*	Information *(f)*
agir *(m)*	Feuer *(n)*
alav *(f)*	Flamme *(f)*
album *(f)*	Album *(n)*
alçax *(aus dem Türkischen)*	niederträchtig
alî *(m)*	Seite *(f)*
alîkar *(f/m)*	HelferIn *(f/m)*
alîkarî *(f)*	Hilfe *(f)*
alî ... kirin *(tr.)*	helfen
Almancî *(f/m)* – (*türk.*)	deutsche Migranten mit kurd./türk. Wurzeln
Almanya *(f)*	Deutschland
amade bûn *(intr.)*	fertig/bereit sein
amade kirin *(tr.)*	vorbereiten, bereitstellen
Amed	kurdische Stadt, *türk.* Diyarbakir
aniha	jetzt, nun
anîn bîra ... *(tr.)*	erinnern an
aqil *(m)*	Verstand *(m)*
aqildar *(f/m)*	BeraterIn *(f/m)*

aqilsivik *(Adj.)*	dumm, unklug
ard *(m)*	Mehl *(n)*
arîkarî	→ alîkarî
Arnawût *(f/m)*	AlbanerIn *(f/m)*
asîman *(m)*	Himmel *(m)*
aş *(m)*	Eintopf *(m)*, Essen *(n)*, Mühle *(f)*
aşt bûn *(intr.) reg.*	sich aussöhnen/versöhnen
aştî *(f)*	Frieden *(m)*
aştîxwaz	friedlich
aşvan *(f/m)*	MüllerIn *(f/m)*, Koch *(m)* / Köchin *(f)*
aşxane *(f)*	Küche *(f)*
atirîn, ez di-atir-im/atirî-m *(intr.) reg.*	verzweifelt sein
av *(m)*	Wasser *(n)*
ava	erbaut, bewohnt, reich
mala bavê te ava	Danke! (*wörtl.* möge das Haus deines Vaters reich ist)
ava kirin *(tr.)*	erbauen, bebauen, gründen
av dan *(tr.)*	bewässern, tränken
avdest *(f)*	Waschung *(f)*
avdestxane *(f)*	Toilette *(f)*
avêtin, ez di-avêj-im, min avêt *(tr.)*	werfen
avitin	*Standardvar.* avêtin
avî *(Adj.)*	wässerig
awa *(m)*	Art *(f)*, Weise *(f)*, Stil *(m)*
awir *(m)*	Blick *(m)*
ax *(f)*	Erde *(f)*, Erdboden *(m)*
axifîn, ez di-axif-im/axaft-im *(intr.)*	sprechen
axîn *(f)*	Stöhnen *(n)*
Axtamar *(f)*	Insel auf dem See in Van
ayê şevê	Fluch der Nacht
aza(d) bûn *(intr.)*	frei sein/werden, befreit sein
azad	frei
azadî *(f)*	Freiheit *(f)*

B

ba *(m)*	Wind *(m)*
badan, ez ba-di-d-im, min ba-da *(tr.)*	drehen
bajar (*m; Obl.* bajêr)	Stadt *(f)*
bajarvan *(f/m)*	StädterIn *(f/m)*
bakur *(m)*	Norden *(m)*
bal *(f)*	Aufmerksamkeit *(f)*
bala *(Adj.)*	hoch, erhaben
bala (*nur zusammen mit* bejn.: bejn û bala)	Statur *(f)*
bala xwe dan *(tr.)*	sehen, angucken
balafir *(f)*	Flugzeug *(n)*
balafirvanî *(f)*	Fliegerei *(f)*
balgî *(f)*	Kissen *(m)*
balkêş *(Adj.)*	interessant
balyoz *(f/m)*	KonsulIn *(f/m)*
balyozxane *(f)*	Konsulat *(n)*
bang *(f)*	Ruf *(m)*, Schrei *(m)*
Banîyas *(f)*	eine Stadt in Syrien
bapîr *(m)*	Großvater *(m)*, Opa *(m)*
baq *(f)*	Stapel *(m)*
bar kirin *(tr.)*	beladen, fortfahren
baran *(f)*	Regen *(m)*, *Jungenname*
Barzanî	kurdischer Führer aus Irakisch-Kurdistan
bask *(m)*	Arm *(m)*, Flügel *(m)*
başûr *(m)*	Süden *(m)*
bawer bûn *(intr.)*	glauben
bawer kirin *(tr.)*	glauben
bawerî bi ... hebûn *(intr.)*	glauben an
bawername *(f) Neol.*	Zeugnis *(n)*
Bazîd *(f)*	Bazîd (*türk.* Doğubeyazıt)
Bazîdî	aus Bazîd stammend
beden *(f)*	Körper *(m)*, Leib *(m)*

beg *(m)*	Herr *(m)*, Titel für das Mitglied einer aristokratischen Familie
Behdînî *(f)*	Region; Kurmancî-Dialekt in Irakisch-Kurdistan
behr *(f)*	Meer *(n)*
behs kirin *(tr.)*	erzählen, berichten
bejin *(f)*, *bejna min*	Figur *(f)*, Körpergröße *(f)*, Statur *(f)*
bejinzirav	schlank, wohlgeformt
bela xwe di ... dan *(tr.)*	anpöbeln, auf die Nerven gehen
belav kirin *(tr.)*	vertreiben, verbreiten, veröffentlichen
belkî *(Adv.)*	vielleicht, wahrscheinlich
bend *(f)*	Zeitungsartikel *(m)*, Klausel *(f)*
beq *(f)*	Frosch *(m)*
Beqlîsa (*a. Belqîs*)	Königin von Saba (Malkat Shebah)
ber *(m)*	Gesicht *(n)*, Vorderseite *(f)*
ber *(Präp.)*	bei, an
ber bi *(Präp.)*	gegen
beramber	gegenüberliegend
berav *(m)*	Ufer *(n)*
berbang *(f)*	Morgendämmerung *(f)*
berdan, ez ber-di-d-im, min ber-da *(tr.)*	(los)lassen, aufhören, trennen
berdevkî *(f)*	Sprecher(-tum) *(m)*
berdewam *(f)*	Fortsetzung *(f)*
berendam *(f/m)*	KandidatIn *(f/m)*
berê xwe dan *(tr.)*	sich begeben in/nach
berhem *(f)*	Werk *(n)*
berhev kirin *(tr.)*	einsammeln, anhäufen
berî berî êvarê	vor, davor, gegen (zeitlich) gegen Abend
berjewendî *(f)*	Vorteil *(m)*
bername *(f)*	Programm *(n)*
bersiv dan *(tr.)*	antworten
berx *(m)*	Lamm *(n)*

berxivan *(f/m)*	Lammhirte *(m)*
ber xwe ketin, li *(Redewendung)* Zozan pirr li ber xwe dikeve.	sich ärgern, betrübt sein Zozan ärgert sich sehr.
berzewac *(Adj.)*	heiratsreif
bes	doch, jedoch
best *(f)*	Damm *(m)*, Deich *(m)*
beş *(f)*	(Fach-)Bereich *(m)*
betal kirin *(tr.)*	abschaffen, absagen
betalî *(f)*	Arbeitslosigkeit *(f)*
Bexda *(f)*	Bagdad
bext *(m)*	Schicksal *(n)*, Ehre *(f)*
bextewar *(Adj.)*	glücklich
bextewartir	glücklicher (*Komp. von* bextewar)
beyan *(f)*	Erklärung *(f)*
beyar	unbepflanzt, öd, unfruchtbares Land
bez *(f)*	Rennen *(n)*
bêbext	verräterisch, treulos
bêdeng	leise, stimmlos
bêhn (*a.* bîhn) kirin *(tr.)*	riechen
bê navûnîşan	anonym
bêrî (*a. bîrî*) kirin *(tr.)*	vermissen
bêrî *(f)*	Molkerei außerhalb des Dorfes auf dem Weideplatz
bêrîk *(f)*	Hosen-/Brusttasche *(f)*
Bêrîvan *(f)*	*Mädchenname*
bê şik û şuphe	ohne Zweifel
bêxwedîtî *(f)*	Schutzlosigkeit *(f)*, ohne Schutz
bibîr anîn *(tr.)*	erinnern
bi devkenî	lächelnd
bi emanetî girtin *(tr.)*	ausleihen, borgen
bi heml	schwanger
bi her awayî	auf jeden Fall, in jedem Fall
biha	teuer

bihîstin, ez di-bihîz-im, min bihîst *(tr.)*	hören
bijîşk *(f/m)*	Arzt *(m)*/ Ärztin *(f)*
bikar anîn *(tr.)*	benutzen, gebrauchen
bikar hatin *(intr.)*	im Gebrauch sein, benutzt werden
bila	→ bira
bi lez û bez	eilig
bilind *(Adj.)*	hoch
bilind kirin *(tr.)*	heben, erheben
bilindahî *(f)*	Höhe *(f)*, Anhöhe *(f)*
bilindayî *(f)*	Höhe *(f)*, Anhöhe *(f)*
bilindî *(f)*	Höhe *(f)*, Anhöhe *(f)*
bilûr *(f)*	Flöte *(f)*
bilûrvan *(f/m)*	FlötenspielerIn *(f/m)*
bi malbatî	mit der Familie
bi mêvanî	zu Gast
bin *(Präp.)*	unter
bi navê	in dem Namen, mit/unter dem Titel
bi nav kirin *(tr.) Neol.*	nennen, benennen
bindest *(f/m)*	Untergebene(r), Unterdrückte(r)
bi pêş da *(Präp.)*	nach vorne
bi qasî	so viel wie
bira	soll
bi rastî	wirklich, in der Tat
birc *(f)*	Turm *(m)*
bi rêzanî	geehrt, höflich
birin û çûn *(tr. – Redewendung)*	hinbringen
biriqîn, ew di-biriq-e/biriqî- *(intr.)*	scheinen, glänzen
birîndar kirin *(tr.)*	verletzen, verwunden
birrîn, ez di-birr-im, min birrî *(tr.)*	schneiden, still sein
bi ser da	hinzu, dazu, darauf
bi ser ketin *(intr.)*	erkennen, verstehen
bi şûn da	zurück, Rück-

bi taybetî	insbesondere
bi tenê	nur, allein
bi tirsonekî	ängstlich
bi vî awayî	auf diese Art und Weise
bizdîn/bizdîyan, ez di-bizd-im/bizdîya-m *(intr.)*	sich fürchten, vor Angst zittern
bîhn kirin *(tr.)*	riechen
bîranîn *(f)*	Erinnerung *(f)*
bîstekê *(Adv.)*	eine Weile
bîyanîstan *(f) Neol.*	Fremde *(f)*
bona	für, um zu
bûn yek *(intr.)*	sich zusammensetzen, vereinen

C

camêr *(m)*	Herr *(m)*
caminî *(Adj.)*	gläsern
canê xwe xilas kirin *(tr.)*	sein Leben retten
carcaran	manchmal
carik	(ein)mal, *Standardvar.* carek (car)
caw *(m)*	Baumwollgewebe *(n)*
cawbir *(f)*	große Schere zur Schafschur
cem *(Präp.)*	bei, zu
Cenevre *(f)*	Genf
ceng *(f)*	Krieg *(m)*, Schlacht *(f)*
ceribandin, ez di-ceribîn-im, min ceri-band *(tr.)*	ausprobieren
cesaret *(f)*	Mut *(m)*
cigare *(f)*	→ cixare
cil *(Pl.)*	Kleider *(Pl.)*
cimeat *(f)*	Gemeinschaft *(f)*
civiyan (li hev), ez di-civ-im/civîya-m *(intr.)*	zusammen kommen, sich versammeln
ciwanî	jung, in jungen Jahren
ciwantir	jünger, *Komp. von* ciwan

cixare *(f)*	Zigarette *(f)*
Cizîr *(f)*	kurdische Stadt, *türk.* Cizre
cî *(m)*	Ort *(m)*
cîger (*m; a.* cerg, ceger)	Leber *(f)*
cîhan *(f)*	Welt *(f)*
cî-star bûn *(intr.)*	Wohnort sein, bewohnen
cot *(m)*	Pflug *(m)*
cotkar *(f/m)*	Ackerbauer *(m)*, Ackerbäuerin *(f)*
cot kirin *(tr.)*	pflügen

Ç

çahal *(f)* (*a. çal*)	Grube *(f)*, Graben *(m)*
çalak *(Adj.)*	aktiv
çand *(f)*	Kultur *(f)*
çap bûn *(intr.)*	veröffentlicht werden
çap kirin *(tr.)*	veröffentlichen, herausbringen
çar(e) bûn *(intr.)*	Lösung sein
çarçove *(f)*	Rahmen *(m)*
çarçovekirî	eingerahmt
çarem/ya-yê çaran	vierte(r,s)
çarşî *(f)*	Markt *(m)*, Einkaufsstraße *(f)*
çav (*m; Obl.* çêv)	Auge *(n)*
çav berdan *(tr.)*	ins Auge fassen, sich verlieben
çav ketin hev *(intr.)*	Augenkontakt hegen, sich verlieben
çav li ketin *(intr.)*	sehen, erblicken
çav qurç kirin *(tr.)*	starren
çavreş	schwarzäugig, neidisch *meta.*
çavsor	rotäugig, wütend *meta.*
çawa	wie
çaxtê	→ çi wext
çay *(f)*	Tee *(m)*
çek *(m)*	Waffe *(f)*
çekdar	bewaffnet

çelqandin, ez di-çelqîn-im, min çelqand *(tr.)*	schütteln
çem (*m; Obl.* çêm)	Fluss *(m)*
çend	wie viele
çente *(m)*	Tasche *(f)*
çep *(m)*	links
çete *(f)*	Bande *(f)*
çêlek *(f)*	Kuh *(f)*
çêrandin, ez di-çêrîn-im, min çerand *(tr.)*	weiden
çi	was
çi wext (*a.* çaxtê)	wann
çima	warum
çinar *(f)*	Ahorn *(m)*
çinîn, ez di-çin-im, min çinî *(tr.)*	mähen
çiqil *(f)*	Ast *(m)*, Zweig *(m)*
çîya *(m)*	Berg *(m)*
çol *(f)*	Wildnis *(f)*, Ebene *(f)*
çûn rûyên hev *(intr.)*	sich küssen

D

da ku *(Präp.)*	um zu
daçikandin, ez da-di-çikîn-im, min da-çikand *(tr.)*	pflanzen
dadan, ez da-di-d-im, min da-da *(tr.)*	anzünden, anmachen
dagirtin, ez da-di-gr-im, min da-girt *(tr.)*	(be)füllen, (an-)füllen
dahol *(f)*	Trommel *(f)*
dan, ez di-d-im, min da *(tr.)*	geben
dan dû(v) *(tr.)*	folgen, verfolgen
dan hev *(tr.)*	zusammen tun, einsammeln, sammeln
dan pey, ez di-d-im pey, min da pey *(tr.)*	verfolgen, auf den Fersen sein
danîn, ez da-t-în-im, min danî *(tr.)*	legen, (sich mit) anlegen
dapîr *(f)*	Großmutter *(f)*
dar *(f)*	Baum *(m)*, Holz *(n)*
darda kirin *(tr.)*	aufhängen

das *(f)*	Sichel *(f)*
daweşandin, ez da-di-weşîn-im, min da-weşand *(tr.)*	abschütteln
dawî *(f)*	Ende *(n)*
dawîn *(Adj.)*	letzte(r,s)
daxistin, ez da-di-x-im, min da-xist *(tr.)*	schließen, aufheben
deb *(m)*	→ dehbe
deforme kirin *(tr.)*	deformieren, ändern
dehbe *(m)*	Raubtier *(n)*, wildes Tier
dehem/ya-yê dehan	zehnte(r,s)
dehf dan *(tr.)*	schieben
delal	schön, verehrt
deng *(m)*	Stimme *(f)*
dengbêj *(f/m)*	kurdische(r) «BalladensängerIn»
deng li ... kirin *(tr.)*	jdn. rufen
deqîqe *(f)*	Minute *(f)*
deqqe *(f)*	*Abk. v.* deqîqe
der	Draußen
deranîn, ez der-tîn-im, min der-anî *(tr.)*	herausnehmen, herausbringen
derbas ... bûn *(intr.)*	betreten, überqueren, durchgehen, eintreten, vergehen, einreisen
derbas kirin *(tr.)*	überqueren, überqueren lassen
derbaz kirin *(tr.)*	→ derbas kirin
derew *(f)*	Lüge *(f)*
derewker *(f/m)*	LügnerIn *(f/m)*
derfet *(f)*	Möglichkeit *(f)*
derge *(m)*	→ dergeh
dergeh *(m)*	Tor *(n)*
dergevan *(f/m)*	TürsteherIn *(f/m)*
dergîst	→ dergîstî
dergîstî *(f/m)*	Verlobte(r) *(f/m)*
derî *(m)*	Tür *(f)*
derîyê sînor	Grenztür *(f)*

derketin, ez der-di-kev-im/der-ket-im *(intr.)*	herauskommen, erscheinen
ders *(f)*	Unterricht *(m)*
ders dan *(tr.)*	unterrichten
dersxane *(f)*	Klasse *(f)*
derxistin (ji), ez der-di-x-im, min der-xist *(tr.)*	herausbringen, veröffentlichen, herausnehmen (aus), herausgeben
dest *(m)*	Hand *(f)*
dest û pê *(Pl.)*	Glieder *(Pl.)*
destmêj *(f)*	religiös-rituelle Waschung
destmêj girtin *(tr.)*	die Gebetswaschung vornehmen
destpêk *(f)*	Anfang *(m)*, Beginn *(m)*
destpê kirin/dest bi ... kirin *(tr.)*	beginnen, anfangen
deşt *(f)*	Ebene *(f)*, Feld *(n)*
dev *(m)*	Mund *(m)*
dev dan girîn *(tr.)*	weinerlich werden
dev ji ... berdan, ez dev ji ... berdidim, min dev ji ... berda *(tr.)*	in Ruhe lassen, aufhören mit, verlassen
devok *(f)*	Dialekt *(m)*
dewam *(f)*	Dauer *(f)*
dewam kirin *(tr.)*	fortsetzen
dewisandin, ez di-dewisîn-im, min dewisand *(tr.)*	eindrücken
dewran *(f)*	Epoche *(f)*, Zeitabschnitt *(m)*
dexisîn, ez di-dexis-im/dexisî-m *(intr.)*	eifersüchtig sein
deyn *(m)*	Schuld *(f)*
deyn kirin *(tr.)*	ausleihen, borgen
deyndar *(f/m)*	SchuldnerIn *(f/m)*
dê	*Partikel für Futur, auch* ê
dêw *(m)*	Dämon *(m)*
di bin de *(Präp.)*	unter
dibistan *(f)*	Schule *(f)*
dibistana navîn	Mittelschule *(f)*
dibistana seretayî	Grundschule *(f)*

di cih da bûn *(intr.)*	angemessen sein
di dêlevê da *(Präp.)*	anstelle
digel *(Präp.)*	zusammen, mit
dijmin *(f/m) / (Adj.)*	FeindIn *(f/m),* feind, feindlich
dijminahî *(f)*, dijminatî *(f)*, dijminayî *(f)*, dijminî *(f)*	Feindschaft *(f)*
dil *(m)*	Herz *(n)*
dil ketin ... *(intr.)* Dilê Zozanê ket Baran.	sich verlieben Zozan verliebte sich in Baran.
dilbar *(Adj.)*	charmant, fasziniert
dil bi xwe bûn *(intr.)* Ma te dil bi xwe va jî nîne?	Mitleid mit sich haben Hast du kein Mitleid mit dir selbst?
dil bijîn/bijîyan *(intr.)* Dilê min dibije goşt.	begehren, sich sehnen nach Ich sehne mich nach Fleisch.
dil [li] ser şewitîn *(Redewendung)* Dilê Zozanê li ser Baran dişewite.	hinter jdm. herweinen, jdm. leidtun Zozan weint Baran hinterher.
dilşahî *(f)*	Freude *(f)*, Fröhlichkeit *(f)*
din	andere
di nav da	in, in der Mitte
dirav *(m)*	Geld *(m)*
dirêj	lang
dirêj kirin *(tr.)*	verlängern, überreichen
dirêjahî *(f),* dirêjayî *(f),* dirêjî *(f)*	Länge *(f)*
dirêjtir	länger, *Komp. von* dirêj
dirûtin, ez di-dirû-m, min dirût *(tr.)*	nähen
di ser ... bûn *(intr.)* Ew di ser hemûyan ra ye.	stehen über Er steht über allen.
di şûn ... da	anstelle von
di vê navê da	in diesem Moment
di wê gavê de	in jenem Moment
dizîn, ez di-diz-im, min dizî *(tr.)*	stehlen
dîk *(m)*	Hahn *(m)*
dîn *(f/m)*	doof
dîna xwe dan *(intr.)*	sehen, sich etwas angucken, bemerken

dînazor *(f)*	Dinosaurier *(m)*
dîploma *(f)*	(Abschluss-)Zeugnis *(n)*
dîwan *(f)*	Divan *(m)*, Saal *(m)*
dîwar *(m)*	Wand *(f)*
dîyar kirin *(tr.)*	bekannt machen
Dîyarbekir *(f)*	kurdische Stadt; *türk.* Diyarbakır
do	gestern
domam *(f)*	Cousine *(f)* (väterlicherseits)
dom kirin *(tr.)*	fortsetzen, fortführen
dor *(f)*	Reihe *(f)*, um ... herum
dost *(f/m)*	FreundIn *(f/m)*, KameradIn *(f/m)*
dostahî *(f)*, dostanî *(f)*, dostayetî *(f)*, dostayî *(f)*	Freundschaft *(f)*
dostî *(f)*	Freundschaft *(f)*
dosye *(f)*	Dossier *(n)*
dotin, ez di-doş-im, min dot *(tr.)*	melken
dotmam *(f)*	Cousine *(f)* (väterlicherseits)
dubare kirin *(tr.)*	wiederholen
dubendîtî *(f)*	Spaltung *(f)*, Trennung *(f)*
dubendîtî kirin *(tr.)*	spalten
dudilî *(f)*	Skepsis *(f)*
duh (*a.* do)	gestern
duman *(f)*	Rauch *(m)*
duwemîn	zweite(r,s)
duyem/ya-yê du(diy)an	zweite(r,s)
dûpişk *(m)*	Skorpion *(m)*
dûr	fern, weit
dûr xistin *(tr.)*	bannen, fortschaffen
dûrtir	ferner, weiter; *Komp. v.* dûr
dwîtin, ez di-doş-im, min dwît *reg.*	*Standardvar.* dotin

E

ecêb *(Adj.)*	seltsam, wunderlich

edet *(m)*	Gewohnheit *(f)*, Brauch *(m)*
efû kirin *(tr.)*	begnadigen
egîd *(m)*	Held *(m)*, tapfer
El-Cizîr	kurdische Stadt; *türk.* Cizre
eleqe *(f)*	Interesse *(n)*, Beziehung *(f)*
emelîyat *(f)*	Operation *(f)*
emir kirin *(tr.)*	befehlen
endam *(f/m)*	Mitglied *(n)*
endezyar *(f/m)*	IngenieurIn *(f/m)*
Enqere *(f)*	Ankara
erzan kirin *(tr.)*	verbilligen
ezman (*m; Obl.* ezmên)	→ ezman
eşîr *(f)*	Stamm *(m)*
eşkere kirin *(tr.)*	enthüllen, offenbaren
eşq *(f)*	Liebe *(f)*
ev yeka han	diese Tatsache
evîn *(f)*	Liebe *(f)*
evîndar I. *(Adj.)*, II. *(f/m)*	I. verliebt, II. Geliebte(r) *(f/m)*
ewçend	soviel
ewî	*Variante von* wî
ewr *(m)*	Himmel *(m)*
ewravî *(Adj.)*	wolkig
Ewrûpa *(f)*	Europa *(n)*
ezman (*m; Obl.* ezmên)	Himmel *(m)*
Ezreîl *(m)*	Todesengel *(m)*

Ê

êriş kirin *(tr.)*	angreifen, attackieren
Êrîvan *(f)*	Yerevan, Hauptstadt Armeniens
êş *(f)*	Schmerz *(m)*

F

fayans *(f)*	Fliese *(f)*

fehm (*a.* fêm) kirin *(tr.)*	verstehen
fermo	bitte schön
ferq kirin *(tr.)*	unterscheiden, bemerken
fersend *(f)*	→ firsend
fersend dan *(tr.)*	→ fersend dan
fêm (*a.* fehm) kirin *(tr.)*	verstehen
fêr kirin *(tr.)*	lehren, unterrichten
fikir *(m)*, fikra min	Gedanke *(m)*
filan û bêvan *(f/m)*	ein gewisser Mensch, dieser und jener
File(h) *(f/m)*	ChristIn *(f/m)*
firîn, ez di-fir-im/firîya-m *(intr.)*	fliegen
firsend *(f)*	Möglichkeit *(f)*
firsend dan *(tr.)*	eine Möglichkeit geben
fîşek *(f)*	Munition *(f)*

G

ga *(m)*	Ochse *(m)*
gav *(f)*	Schritt *(m)*
gavan *(f/m)*	Rinderhirte *(m)*
gazî kirin *(tr.)*	rufen
gede *(m)*	Junge *(m)*, Sohn *(m)*
geh ... geh	ab und zu, mal
gelo	*Partikel zur Betonung einer Frage*
genc (*m; Obl.* gênc)	Jugendliche(r) *(f/m)*
ger	wenn
gerandin, ez di-gerîn-im, min gerand *(tr.)*	drehen
gerek	muss; nötig, notwendig
germ *(Adj.)*	warm
germahî *(f)*, germayî *(f)*	Wärme *(f)*
germî *(f)*	Wärme *(f)*
gez kirin *(tr.)*	beißen
gêjbûn *(intr.)*	betäubt/verblüfft werden/sein
gêj kirin *(tr.)*	ermüden, betäuben

gêzik *(f)*	Besen *(m)*
gidî	Ausdruck für Tadel oder stärkeres Gefühl
gihandin, ez di-g(i)hên-im, min gihand *(tr.)*	erreichen, bringen, überbringen
giran *(Adj.)*	schwer
giregir *(m)*	angesehene Persönlichkeit
girê dan *(tr.)*	binden, verbinden
girtin, ez di-gr-im, min girt *(tr.)*	fangen, nehmen, bekommen
girtin, xwe *(tr.)*	sich beherrschen
girtin kar *(tr.)*	beschäftigen
girtîgeh *(f)*	Gefängnis *(n)*
giya *(m)*	Gras *(n)*
gîyan *(m)*	Seele *(f)*
gol *(f)*	See *(m)*
gor(a)	gemäß
gotin *(f)*	Wort *(n)*
gotûbêj *(f)*	Diskussion *(f)*
guh dan *(tr.)*	zuhören
guhdarî kirin *(tr.)*	(zu)hören, folgen
guhertin, ez di-guher-im, min guhert *(tr.)*	tauschen, wechseln
gul *(f)*	Rose *(f)*
gulbijêr *(f)*	Auswahl *(f)*
gule *(f)*	Munition *(f)*
gundî *(f/m)*	DorfbewohnerIn *(f/m)*
guneh *(m)*	Sünde *(f)*
gur *(m)*	Wolf *(m)*
gurc	Georgier, georgisch
guşî *(f)*	Büschel *(n)*, Traube *(f)*

H

hahanga dan *(tr.) reg.*	sich beeilen
hakim *(f/m)*	RichterIn *(f/m)*
hatin ... *(intr.)* Gur tên min.	angreifen Wölfe greifen mich an.

hatin bîra ... *(intr.)*	sich erinnern an
hatin ser hişê xwe *(intr.)*	vernünftig werden
hatin serê *(intr.)*	jdm. passiert etwas
hazirî kirin *(tr.)*	Vorbereitungen treffen, vorbereiten
heb *(f)*	Stückchen *(n)*
heban *(f/m)*	Sack *(m)*
hebin	*Subj. von* hebûn
hebûn-tunebûn *(f)*	Vermögen *(n)*
heftem/ya-yê heftan	siebte(r,s)
heger	wenn
hejandin, ez di-hejîn-im, min hejand *(tr.)*	wackeln, schwindeln, schütteln
hejmar *(f)*	Anzahl *(f)*
helal kirin *(tr.)*	vergeben
helandin, ez di-helîn-im, min heland *(tr.)*	schmelzen
helbest *(f)*	Gedicht *(n)*
Helebçe *(f)*	eine Stadt in Irakisch-Kurdistan
hem ... hem ...	sowohl als auch
hema hema	fast
heman	gleich
hemêz *(f)*	Schoß *(m)*
hemêz kirin *(tr.)*	umarmen
hemî	alle
heml	schwanger
hemû	alle
heq kirin *(tr.)*	verdienen
her	jede(r,s), alle, stets
her ku	je mehr
herçiqas	wenn auch, obschon
herdu	beide
herêm *(f)*	Gebiet *(n)*
hergî	→ her ku
herim	*Subjunktiv von* çûn

herkes	jeder, alle
hero	*Standardvar.* herroj – jeden Tag
hesibandin, ez di-hesibîn-im, min hesiband *(tr.)*	zählen zu
hesin *(m)*	Stahl *(m)*
hesîyan (bi/pê), ez di-hesim/hesîya-m *(intr.)*	erfahren, wahrnehmen, bemerken, fühlen
hesp *(m)*	Pferd *(n)*
hesret *(f)*	Sehnsucht *(f)*
hest *(f)*	Gefühl *(n)*
heştem/ya-yê heştan	achte(r,s)
heta *(Präp.)*	bis
hev	sich/einander
hevaltî *(f)*	Freundschaft *(f)*
hevdu	sich gegenseitig
hevîr *(m)*	Teig *(m)*
hevîrtirş *(m)*	Hefe *(f)*
hevkar *(f/m)*	Arbeitskolleg(e)In *(f/m)*
hevpeyvîn *(f)*	Interview *(n)*
hevrîşim *(m)*	Seide *(f)*
hewar/hawar *(f)*	Hilferuf *(m)*, Hilfeschrei *(m)*
hewş *(f)*	Garten *(m)*, Flur *(f)*
heyecan *(f)*	Aufregung *(f)*
hez ji ... kirin *(tr.)*	lieben, mögen
hêrs *(f)*	Wut *(f)*
hêvî *(f)*	Hoffnung *(f)*
hicûm kirin *(tr.)*	attackieren
hikyat *(f)*	Erzählung *(f)*, Geschichte *(f)*
hilanîn, ez hil-tîn-im, min hil-anî *(tr.)*	(auf)räumen, heben
hilbijartin, ez hil-di-bijêr-im, min hilbijart *(tr.)*	auswählen
hilçinîn, ez hil-di-çin-im, min hil-çinî *(tr.)*	aufräumen

hildan, ez hil-di-d-im, min hil-da *(tr.)*	hochheben, emporheben, entgegen nehmen
hilgirtin, ez hil-di-gr-im, min hil-girt *(tr.)*	tragen, nehmen, heben
hilşandin, ez hil-di-şîn-im, min hil-şand *(tr.)*	abreißen, stürzen
hinar *(f)*	Granatapfel *(m)*
hinav *(m)*	Eingeweide *(Pl)*, Inneres *(n)*
hingê	damals, dann, darauf
hiquq *(f)*	Jura *(m)*
hiş *(m)*	Verstand *(m)*, Vernunft *(f)*
hişk *(Adj.)*	hart
hiştin, ez di-hêl-im, min hişt *(tr.)*	lassen, zulassen
hişyar	wach
hişyar bûn *(intr.)*	aufwachen
hîn	noch
hîn kirin *(tr.)*	lehren, unterrichten
hîs *(f)*	Gefühl *(n)*
hoperlor *(f)*	Lautsprecher *(m)*
hub *(f)*	Liebe *(f)*
hucre *(f)*	Zelle *(f)*
hundir *(m)*	Innere *(n)*
huner *(f)*	Kunst *(f)*
hunermend *(f/m)*	KünstlerIn *(f/m)*
hunermendî *(f)*	Künstlertum *(n)*
hurmet girtin *(tr.)*	respektvoll sein
hûr-hûrî kirin *(tr.)*	zerstückeln
hût *(m)*	Ungeheuer *(n)*, Dämon *(m)*

I

işaret *(f)*	Zeichen *(n)*

Î

îkram kirin *(tr.)*	anbieten
îmkan *(f)*	Möglichkeit *(f)*, Gelegenheit *(f)*

împarator *(m)*	Reich *(n)*
înkar kirin *(tr.)*	leugnen
Îraq *(f)*	Irak *(m)*
îro	heute
îsal *(f)*	dieses Jahr
îşaret kirin *(tr.)*	zeigen
îşlig *(m)*	Hemd *(n)*
îxtarî *(f)*	Mahnung *(f)*, Warnung *(f)*

J

Japonî *(f)*	Japanisch
jêgirtin/ji ... girtin *(tr.)*	anstecken, verletzen
jêkirin, ez jê-di-k-im, min jê-kir *(tr.)*	schneiden
jêr *(Präp)*	unten
ji ber *(Präp)*	wegen
ji ber çavan wenda bûn *(intr.)*	aus den Augen verlieren
ji ber kirin *(tr.)*	auswendig lernen
ji ber ku	weil
ji bîr kirin *(tr.)*	vergessen
ji bona	für, um zu
ji bo wê	deshalb
ji bo xatirê	wegen, zuliebe
ji hez kirin/hez ji ... kirin *(tr.)*	lieben, mögen
ji kerema xwe	bitte
ji nav *(Präp.)*	aus
ji pê kirin *(tr.)*	ausziehen
ji rica kirin *(tr.)*	bitten
jixwe	ohnehin
jîyan, ez di-jî-m/jîya-m *(intr.)*	leben
jor	oben

K

ka	*Partikel zur Betonung einer Frage*
kal bûn *(intr.)*	alt werden

kal kirin *(tr.)*	jdn. «alt machen», krank machen, altern lassen
kamilbûyî, *Part. v.* kamilbûn	in der Pubertät sein, reif
kanî *(f)*	Brunnen *(m)*
kanîn, ez di-kan-im, min kanî *(tr.)*	können
kar *(f)*	Arbeit *(f)*
kargeh *(f)*	Unternehmen *(n)*
kar kirin *(tr.)*	arbeiten
karîn, ez di-kar-im, min karî *(tr.)*	können
kaset *(f)*	Kassette *(f)*
kaxiz *(f)*	Papier *(n)*
kebanî *(f)* (*a.* kevanî)	Haushälterin *(f)*, Hausfrau *(f)*
keçik *(f)*	Mädchen *(n)*, Tochter *(f)*
ked *(f)*	Anstrengung *(f)*, Arbeitsergebnis *(n)*
kelecan *(f)*	Aufregung *(f)*
kelef *(m)*	Trümmer *(Pl.)*
kelegirî *(f)*	Schluchzen *(n)*
keleş	schön, hübsch
ken *(m)*	Lachen *(n)*
kengê *(Fragewort)*	wann
kenîn, ez di-ken-im/kenîya-m *(intr.)*	lachen
kerem kirin *(tr.)*	bitten
kes *(f/m)*	Person *(f)*
kesayetî *(f)*	Persönlichkeit *(f)*
ketin, ez di-kev-im/ket-im *(intr.)*	fallen
ketin dudilîyê *(intr.)*	unschlüssig sein
ketin nivînan *(intr.)*	ins Bett gehen
kevanî *(f)*	Hausfrau *(f)*, Haushälterin *(f)*
kevirî	steinig
kevok *(f)*	Taube *(f)*
kê (*Obl. von* kî)	wer
kêlek *(f)*	Seite *(f)*

kêmî kêm	wenigstens
kên *(f)*	→ kîn
kifş kirin *(tr.)*	erfinden, aufdecken
kilam *(f)*	Lied *(n)*
kin *(Adj.)*	kurz
kirin, ez di-k-im, min kir *(tr.)*	machen, tun
kirin der *(tr.)*	hinaus-/herausschmeißen
kişandin, ez di-k(i)şîn-im, min kişand *(tr.)*	rauchen, ziehen, aushalten
kitêbxane *(f)*	Bücherei *(f)*, Bibliothek *(f)*
kitik *(m) reg.*	Katze *(f)*
kî *(C. Rec.)*	wer
kîjan	welche(r,s)
kîn *(f)*	Hass *(m)*
kîs *(m)*	Tüte *(f)*, Sack *(m)*, Beutel *(m)*
kîndar *(Adj.)*	hasserfüllt, boshaft
kolan, ez di-kol-im, min kola *(tr.)*	ausgraben, graben, einritzen
kom *(f)*	Gruppe *(f)*
kon *(m)*	Zelt *(n)*
konsantre bûn *(intr.)*	konzentrieren
kopî kirin *(tr.)*	kopieren, nachmachen
kubar	höflich, fein, nett
kudandin, di-kudîn-e, kudand *(intr.)*	(an)dauern
kulengik *(f) reg.*	(Holz-)Kessel *(m)*
kulîlk *(f)*	Blume *(f)*
kulm *(f)*	Faust *(f)*
Kurdîtî *(f)*	Kurdischsein
kurik *(m)*	Junge *(m)*, Sohn *(m)*, *Standardvar.* kur
kuro	Junge! (*Vokativ von* kur)
kurr kirin *(tr.)*	rasieren, kürzen (Haare)
kursî *(m)*	Stuhl *(m)*
kuştin, ez di-kuj-im, min kuşt *(tr.)*	töten
kûçe *(f)*	Gasse *(f)*

kûp *(m)*	Krug *(m)*
kûr *(Adj.)*	tief

L

lat *(f)*	Fels *(m)*
latînîze kirin *(tr.)*	latinisieren
lava kirin *(tr.)*	bitten, anflehen
lavahî kirin *(tr.)*	anflehen
lawik (*m, Obl.* lêwik)	Junge *(m)*, Sohn *(m)*, *Standardvar.* law
lazim	muss; nötig, notwendig
lazim bûn *(intr.)*	gebrauchen, benötigen
leşker *(f/m)*	SoldatIn *(f/m)*
leşkerî *(f)*	Militär *(n)*
leşkerî kirin *(tr.)*	den Militärdienst leisten
lewra	weil, deshalb
lez *(f)*	Eile *(f)*
lê *(Vokativ)*	*Ansprache für weibliche Personen*, Oh!
lêbelê	aber
lêdan/li ... dan *(tr.)*	schlagen, besiegen
lê dan çûn *(tr.) (Redewendung)*	gehen, verlassen
lêkirin/li ... kirin *(tr.)*	aufeinanderlegen, stellen, satteln, anziehen
lêxistin/li ... xistin *(tr.)*	schlagen, prügeln
lêzim *(f) reg.*	Verwandte *(f/m)*
li gorî	gemäß
li ber *(Präp.)*	an
li ber derî *(Präp.)*	draußen, an der Tür
li ber dilê ... dan *(tr.)*	jdn. trösten
li dû *(Präp.)*	nach
li hemberî *(Präp.)*	angesichts, gegen
li hev anîn *(tr.)*	versöhnen
li hev kirin *(tr.)*	sich übereinkommen
li kêfa xwe mêze kirin *(tr.)*	es sich wohl ergehen lassen
li kûderê	wo

li pê hev gerîyan *(intr.)*	folgen
li wir	dort
lîse *(f)*	gymnasiale Oberstufe
lîwik *(m)*	*Obl. von* lawik
lo (*Vokativ*)	*Ansprache für männl. Personen;* Oh! Hey!

M

ma	*Partikel zur Betonung einer Frage*
maç kirin *(tr.)*	küssen
maf *(m)*	Recht *(n)*
Makedon *(f/m)*	MazedonierIn *(f/m)*
makîneli *(f)*	Maschinengewehr *(n)*
malbat *(f)*	Familie *(f)*
man, ez di-mîn-im/ma-m *(intr.)*	bleiben
mange *(f)*	Kuh *(f)*
maqûl	vernünftig
mast (*m, Obl.* mêst)	Joghurt *(m)*
mayîn (*a.* man), ez di-mîn-im/ma-m *(intr.)*	bleiben
mazûvan *(f/m)*	GastgeberIn *(f/m)*
mecbûr	muss; nötig, notwendig
medenî *(Adj.)*	zivil
mehkeme *(f)*	Gericht *(n)*
mehkeme kirin *(tr.)*	anklagen
mehr kirin *(tr.)*	trauen, verheiraten, ehelichen
mela *(m)*	Mullah *(m)*
melevanî *(f) reg.*	Schwimmen *(n)*
meraq kirin *(tr.)*	sich Sorgen machen, sich interessieren, sich fragen
merc *(f)*	Bedingung *(f)*
merd	mutig, tapfer, großzügig
mesela	z. B., zum Beispiel
meşîn/meşîyan, ez di-meş-im/meşîya-m *(intr.)*	laufen
metin *(f)*, metna min	Text *(m)*

mexmer *(f)*	Samt *(m)*
meyil *(f)*, meyla min	Zuneigung *(f)*, Neigung *(f)*
mezin kirin *(tr.)*	vergrößern, größer machen
mezinahî *(f)*	Größe *(m)*
mêl *(f)* (*a.* meyil)	Zuneigung *(f)* , Neigung *(f)*
mêldar *(Adj.)*	(zu)geneigt
mêr *(m)*	Mann *(m)*
mêrane *(Adj.)*	mannhaft, mutig
mêranî *(f)*	Männlichkeit *(f)*, Tapferkeit *(f)*
Mêrdîn *(f)*	kurdische Stadt, *türk.* Mardin
mêrkuj *(f/m)*/ *(Adj.)*	MörderIn *(f/m)*
mêrxas *(m)*/ *(Adj.)*	Held *(m)*, mutig
mêrxasî *(f)*	Heldentum *(n)*, Tapferkeit *(f)*
mêvan *(f/m)*	Gast *(m)*
mêze kirin *(tr.)*, li	gucken, sehen, fernsehen
mifte *(f)*	Schlüssel *(m)*
mijar *(f)*	Thema *(n)*
mil *(m)*	Schulter *(f)*, Nacken *(m)*
Milan	Bezeichung eines Stammes
milet *(m)*	Volk *(n)*, Nation *(f)*
minet kirin *(tr.)*	Dankbarkeit verlangen
mirad *(m)*	Wunsch *(m)*
mirad kirin *(tr.)*	wünschen
miradxwaz *(Adj.)*	Wünschender *(m)* / wünschend
mirin, ez di-mir-im/mir-im *(intr.)*	sterben
mirîşk *(f)*	Huhn *(n)*
mirovperwer	human, menschenliebend
misaade *(f)*	Erlaubnis *(f)*
mixabin	leider
mizdan *(tr.)*	reiben, scheuern
mizgeft *(f)*	Moschee *(f)*
mîh *(m)*	Schaf *(n)*

mîna	wie
mîr *(m)*	Emir *(m)*, Prinz *(m)*, Fürst *(m)*
mîzah *(f)*	Humor *(m)*
muhtemel	wahrscheinlich
mumkîn	möglich
mûnandin, ez di-mûnîn-im, min mûnand *(tr.)*	flechten
mûr *(m) reg.*	Langeweile *(f)*

N

nale-nal kirin *(tr.)*	stöhnen
nan (*m; Obl.* nên)	Brot *(n)*
nandar *(f/m) (Adj.)*	großzügig, gastlich
nas kirin *(tr.)*	kennen
navber *(f)*	Mitte *(f)*, zwischen *(Präp.)*
navend *(f)*	Zentrum *(n)*
navnîşan *(f)*	Adresse *(f)*
navsal *(Adj.)*	mittleren Alters
nexwe	dann
ne	nicht (wahr)
ne ji ... bûn *(intr.)*	wenn ... nicht wäre
ne ... ne ...	weder noch
necar *(f/m)*	SchreinerIn *(f/m)*
nehem/ya-yê nehan	neunte(r,s)
neketî	*Part. (Negation) von* ketin
neşandî	*Part. von* şandin
Newroz *(f)*	kurdisches Neujahrsfest
nexweş	krank
nexweş ketin *(tr.)*	krank werden
ney *(f)*	Flöte *(f)*
neynik *(f)*	Spiegel *(m)*
nêrîn *(f)*	Sicht *(f)*
nêzî	nah

nêzî bûn *(intr.)*	nah sein
nêzîk *(Adj.)*	nah
nêzîkî *(f)*	Nähe *(f)*
nig *(m)*	Fuß *(m)*
nijad *(f)*	Nation *(f)*
nijadperest *(f/m)*	RassistIn *(f/m)*
Nisêbîn *(f)*	kurdische Stadt, *türk.* Nusaybin
nivîn *(m)*	Bett *(n)*
nivîs *(f)*	Schrift *(f)*, Artikel *(m)*, Aufsatz *(m)*
nivîskar *(f/m)*	SchriftstellerIn *(f/m)*
nixaftin, ez di-nixêf-im, min nixaft *(tr.)*	überdecken
nîn	nicht
nîşan dan *(tr.)*	zeigen
nîv *(m)*	Mitte *(f)*
nîvî *(m)*	Hälfte *(f)*
nîvro *(f)*	Mittag
nîvsaet *(f)*	halbe Stunde
nobedar *(f/m)*	WächterIn *(f/m)*
nobet *(f)*	Wache *(f)*
nogin *(f)*	dreijähriges weibliches Kalb
nola	wie
nû	neu
Nûbihar *(f)*	Name einer kurdischen Zeitschrift
Nûbihara Piçûkan	Titel des Kinderwörterbuches von EHMEDÊ XANÎ
nûner *(f/m)*	VertreterIn *(f/m)*

O

ode *(f)*	Zimmer *(n)*
orte *(f)*	Mitte *(f)*
osmanî	osmanisch

P

padişah *(f/m)*	KönigIn *(f/m)*, KaiserIn *(f/m)*
pale *(f/m)*	FeldarbeiterIn *(f/m)*
paqij kirin *(tr.)*	sauber machen, säubern
par	letztes Jahr
parêzerî *(f)*	Anwaltschaft *(f)*
parve kirin *(tr.)*	teilen
paşde dan *(tr.)*	zurückschieben, verschieben
paşgotin *(f)*	Nachwort *(n)*
payîz *(f)*	Herbst *(m)*
paytext *(f)*	Hauptstadt
pel *(m)*	Blatt *(n)*
pencere *(f)*	Fenster *(n)*
pepûk *(f)*	Kuckuck *(m)*
perav *(f)*	Ufer *(n)*
perçe *(m)*	Teil *(n)*
perçe kirin *(tr.)*	teilen, trennen, zerlegen
perde *(f)*	Vorhang *(m)*
pesn dan *(tr.)*	loben
petrol *(f)*	Petroleum *(n)*
peya kirin *(tr.)*	herabsteigen, aussteigen lassen
peyda bûn *(intr.)*	erscheinen, existieren, vorhanden sein
peyda kirin *(tr.)*	finden, herstellen, entdecken, auffinden
peyman *(f)*	Vertrag *(m)*
pez (*m; Obl.* pêz)	Kleinvieh *(n)*
pê *(m)*	Fuß *(m)*
pê ... hesîyan, ez bi/pê ... di-hes-im/bi/ pê ... hesîya-m *(intr.)*	bemerken, fühlen, erfahren
pêl *(f)*	Welle *(f)*, Woge *(f)*
pêlav *(f)*	Schuh *(m)*
pêl dan *(tr.)*	wogen, wallen
pêncem/ya-yê pêncan	fünfte(r,s)
pêrgî hatin *(intr.)*	entgegen kommen

pêşeng *(f/m)*	Vorreiter *(m)*
pêşgotin *(f)*	Vorwort *(n)*
pêşî ... berdan *(tr.)*	in Ruhe lassen
pêşîn	Erste(r)
pêşkeş kirin *(tr.)*	vorstellen, anbieten
pêşmerge *(f/m)*	Peschmerga, kurdischer Freiheitskämpfer
pêxistin, ez pê di-x-im, min pê-xist *(tr.)*	anzünden
pêxwas kirin *(tr.)*	jdm. die Schuhe ausziehen
piçekî	etwas, ein bisschen
pirs kirin *(tr.)*	fragen
pirsîn *(tr.)*, li	fragen nach
li hal û wextê ... pirsîn *(tr.)*	jdn. nach dem Befinden fragen
pirtûk *(f)*	Buch *(n)*
pismam *(m)*	Cousin *(m)* (väterlicherseits)
piste-pist kirin *(tr.)*	flüstern
pişkdarî kirin *(tr.) reg.*	teilnehmen an
pişt *(f)*	Rücken *(m)*
pişta xwe rast kirin *(Redewendung)*	sich aufrichten
pişt ra	danach
piştî hingê	dann, darauf
pixêrî *(f)*	Kamin *(m)*
pîr	alt
pîr kirin *(tr.)*	jdn. «alt machen», ermüden, krank machen, ärgern
pîroz kirin *(tr.)*	gratulieren, feiern
pola *(Adj.)*	eisern
por *(m)*	Haar *(n)*
post *(f/m)*	Haut *(f)*, Leder *(n)*
pûç kirin *(tr.)*	versagen, misslingen

Q

Qahîre *(f)*	Kairo
qal *(f)*	Disput *(m)*, Rede *(f)*
qal kirin *(tr.)*	erzählen von

Qamişlo *(f)*	kurdische Stadt in Rojava
qebûl kirin *(tr.)*	akzeptieren, annehmen
qedandin, ez di-qedîn-im, min qedand *(tr.)*	beenden
qedir girtin *(tr.)*; qedrê min	würdigen, ehren
qehwe *(f)*	Kaffee *(m)*
qelibîn, ez di-qelib-im/qelibî-m *(intr.)*	auf jdn. treffen
qelîn/qelîyan, ez di-qel-im/qelîya-m *(intr.)*	braten, ausrotten
qerar *(f)*	Entscheidung *(f)*
qerpal *(f)*	Lumpen *(m)*, Fetzen *(m)*
qeşeng *(Adj.)*	schön, elegant
qewet *(f)*	Kraft *(f)*, Macht *(f)*
qewm *(m)*	Volk *(n)*, Nation *(f)*
qeyd kirin *(tr.)*	anmelden, aufnehmen
qezenc kirin *(tr.)*	verdienen, gewinnen
qezenckirî	*Part. von* qezenc kirin
qezî *(f)*	Wort *(n)*, Aussage *(f)*
qijilandin, ez di-qijilîn-im, min qijiland *(tr.)*	braten
qir kirin *(tr.)*	ausrotten
Qoçgîrî	ein kurdischer Stamm
qoltix *(f)*	Sessel *(m)*
qul kirin *(tr.)*	lochen
qulik *(f)*	Loch *(n)*
qut bûn *(intr.)*	getrennt sein

R

rabûn (pê), ez ra-di-b-im/rabû-m *(intr.)*	aufstehen
rabûn ser *(tr.)*	angreifen
rahîbe *(f)*	Nonne *(f)*
rakirin, ez ra-di-k-im, min ra-kir *(tr.)*	beseitigen, aufheben
raman *(m)*	Gedanke *(m)*, Meinung *(f)*
rast	recht
rast hatin *(intr.)*	begegnen
rast kirin *(tr.)*	korrigieren

raxistin, ez ra-di-x-im, min ra-xist *(tr.)*	auslegen
ray dan *(tr.)*	zeigen
rayedar *(f/m)*	Verantwortliche(r) *(f/m)*
razî bûn *(intr.)*	zufrieden sein
receb *(f)*	der 7. Monat des islamischen Kalenders
reklam *(f)*	Reklame *(f)*
reng *(m)*	Farbe *(f)*
rengîn *(Adj.)*	farbig
reş	schwarz
reş-reş(k)î kirin *(tr.)*	schwärzen
rev *(f)*	Flucht *(f)*, Fliehen *(n)*
revandin, ez di-revîn-im, min revand *(tr.)*	entführen
revîn, ez di-rev-im/revîya-m *(intr.)*	fliehen, flüchten, laufen, joggen
rewş *(f)*	Situation *(f)*, Zustand *(m)*
rewşenbîr *(f/m)*	Intellektuelle(r) *(f/m)*
rexne kirin *(tr.)*	kritisieren
rez *(m)*	Weintraubengarten *(m)*
rih *(m)*	Seele *(f)*
rihet kirin *(tr.)*	ausruhen
rim *(m)*	Lanze *(f)*
ro(j) *(f)*	Tag *(m)*
rojava *(m)*	Westen *(m)*
Rojen	*Jungenname*
rojhilat *(m)*	Osten *(m)*
rojname *(f)*	Zeitung *(f)*
roman *(f)*	Roman *(m)*
Romî	römisch
rû *(m)*	Gesicht *(n)*
rûn *(m)*	Butter *(m)*
rûniştin, ez rû-di-n-im/rû-nişt-im *(intr.)*	sitzen
rûreş	grob, schändlich
rûspî *(f/m)*	Weise *(f)*

rût *(Adj.)*	nackt
rûvî *(m)*	Fuchs *(m)*

S

sabûn kirin *(tr.)*	einseifen
saet *(f)*	Uhr *(f)*, Stunde *(f)*
sakîn *(Adv.)*	ruhig
sal *(f)*	Jahr *(n)*
salewext	jährlich
salon *(f)*	Salon *(m)*
sanîye *(f)*	Sekunde *(f)*
sar *(Adj.)*	kalt
sar bûn *(intr.)*	kalt werden
saz *(m)*	gitarrenähnliches Musikinstrument
saz kirin *(tr.)*	regeln, ordnen
se *(m)*	→ seg
sebeb *(f)*	Ursache *(f)*, Grund *(m)*
sebîl *(m)*	Krug *(m)*
sedem *(f)*	Ursache *(f)*, Grund *(m)*
sedye *(f)*	Liege *(f)*
seg *(m)*	Hund *(m)*
seh *(m)*	→ seg
seh kirin *(tr.)*	hören
selat *(f)*	Gebet *(n)*
selete *(f)*	Salat *(m)*
sekinîn, ez di-sekin-im/sekinî-m *(intr.)*	bleiben, stehen
senet *(m)*	Kunst *(f)*
senetkar *(f/m)*	KünstlerIn *(f/m)*
sepet *(f)*	Korb *(m)*
ser *(m)*	Kopf *(m)*
ser hev	hintereinander, ununterbrochen
ser ... ketin belayê *(intr.)* Serê Zozanê ket belayê.	in Bedrängnis kommen Zozan ist in Bedrängnis gekommen.

sera *(f)*	Schloss *(n)*
serbest	frei
serbijêr	nach unten
serbijor	nach oben
serçav *(m)*	Gesicht *(n)*
serêş *(m)*	Kopfschmerzen *(m)*
serhatî *(f)*	Ereignis *(n)*
serhişk	dickköpfig, Dickkopf *(m)*
serî danîn *(tr.)*	sterben
serî heye, binî tuneye	unendlich
serkar *(f/m)*	VorarbeiterIn *(f/m)*
serkêş *(f/m)*	FührerIn *(f/m)*
serok *(f/m)*	Vorsitzende(r) *(f/m)*
serxweş bûn *(intr.)*	betrunken sein
sewîl *(m)*	→ sebîl
sêhr *(f)* (*a.* sihr)	Zauberei *(f)*, Magie *(f)*
sêyem/ya-yê sisê(yan)	dritte(r,s)
sifet *(f)*	Eigenschaft *(f)*
sihr (f)	→ sêhr
simbêl *(m)*	Schnurbart *(m)*
sing *(m)*	→ sîng
sing û ber	Brust *(f)*
sirgûn kirin *(tr.)*	ins Exil schicken
sirgûnî *(f)*	Exil *(n)*
sist kirin *(tr.)*	(ab)schwächen
sivik *(Adj.)*	leicht
siwar *(f/m)*	ReiterIn *(f/m)*
siwar kirin *(tr.)*	hinaufsteigen lassen
sîng *(m)*	Brust *(f)*
sînor *(m)*	Grenze *(f)*
sîs	weiß
sîyar bûn *(intr.)*	besteigen

sîyaset *(f)*	Politik *(f)*
sîyasetmedar *(f/m)*	PolitikerIn *(f/m)*
sîyasetvan *(f/m)*	PolitikerIn *(f/m)*
sofî *(f/m)*	Sufî *(f/m)*, AsketIn *(m/f)*, tiefgläubiger Mensch
sofîk *(f/m)*	*Verkleinerungsform von* sofî
sond xwarin *(tr.)*	schwören
soqaq *(f)*	Straße *(f)*
sor	rot
soz dan *(tr.)*	versprechen
spî	weiß
spîker *(f/m)*	NachrichtensprecherIn *(f/m)*
spîkerî *(f)*	«Nachrichtensprechertum»
staj *(f)*	Praktikum *(n)*
star *(f)*	Bleibe *(f)*
Stembol *(f)*	*türk.* Istanbul
stewr	unfruchtbar, unproduktiv, steril
stêrk *(f)*	Stern *(m)*
stran *(f)*	Lied *(n)*
stû *(m)*	Nacken *(m)*, Hals *(m)*
stûxwar	traurig, eingeknickt
sultan *(f/m)*	Sultan *(m)*
sûk *(f)*	Straße *(f)*
sûrkirî	umzäunt, befriedet
Sûrîye *(f)*	Syrien
Swêd *(f)*	Schweden

Ş

şabûn (bi/pê), ez şa-di-b-im/şabû-m *(intr.)*	froh sein, sich freuen (über)
şahî *(f)*	Freude *(f)*, Feier *(f)*
şahî girtin *(tr.)*	Freude ergreifen
şal *(m)*	Hose *(f)*
Şam *(f)*	Damaskus
şaredar *(f/m)*	OberbürgermeisterIn *(f/m)*

şaş kirin *(tr.)*	in die Irre führen, sich irren
şaşitî *(f)*	Fehler *(m)*
şehîd bûn *(intr.)*	Märtyrer sein
şekir *(f)*	Zucker *(m)*
şer *(m)*	Kampf *(m)*
Şerefdîn	Heiliger Ort jesidischer Kurden
şerm *(f)*	Scheu *(f)*, Scham *(f)*
şermik *(f)*	*Standardvar.* şermek
şervan *(f/m)*	KämpferIn *(f/m)*
şeşem/ya-yê şeşan	sechste(r,s)
şeveder *(f)*	die Person, die keine nächtliche Bleibe hat *(f)*
şevîn *(f)*	Nachtweide *(f)*
şewitandin, ez di-şewitîn-im, min şewitand *(tr.)*	in Brand setzen
şewitîn, ez di-şewit-im/şewitî-m *(intr.)*	brennen, verbrennen
şewq *(f)*	Licht *(n)*, Blinzeln *(n)*
şêmûg *(f)*	Schwelle *(f)*
şên	fröhlich
şên bûn *(intr.)*	blühen
şêr *(m)*	Löwe *(m)*
şêrîn	süß
şibîn, ez di-şib-im/şibîya-m *(intr.)*	ähneln
şidiyayî	fest, gepresst
şifadar *(Adj.)*	gesund
şik kirin *(tr.)*	verdächtigen, bezweifeln
şikandin, ez di-ş(i)kên-im, min şikand *(tr.)*	kaputt machen, zerbrechen
şikeft *(f)*	Höhle *(f)*
şikestin, ez di-şkê-m/şikîya-m *(intr.)*	kaputt gehen, zerbrechen
şiv *(f)*	Stock *(m)*
şivan *(m; Obl.* şivên)	Hirt *(m)*, Schäfer *(m)*
şivdar *(f)*	Stab *(m)*
şiverê *(f)*	Pfad *(m)*

şîn	blau
şîn bûn *(intr.)*	wachsen, grün werden *(etymolog. von* hêşîn bûn – wachsen*)*
şîr *(m)*	Milch *(f)*
şîret *(f)*	Rat *(m)*
şîretkar *(f/m)*	RatgeberIn *(f/m)*
şîrmij *(f/m)*	Milchtrinker *(f/m)*
şîyan, ez di-şê-m, min şa *(tr.)*	können
şoreş *(f)*	Revolution *(f)*
şoreşger *(f/m)*	RevolutionärIn *(f/m)*
şoreşgerî *(f)*	revolutionär
şuxul *(m)*	Angelenheit *(f)*, Arbeit *(f)*
şuxul pê bûn *(intr.)*	für/zu etwas taugen
şûn *(f)*	Platz *(m)*, Stelle *(f)*
şûr *(m)*	Schwert *(n)*
şûrkêş *(f/m)*	«Schwertzieher»
şûştin, ez di-şo-m, min şûşt *(tr.)*	waschen

T

ta *(m)*	Härchen *(n)*
tam kirin *(tr.)*	schmecken
tarî *(Adj.)*	dunkel
tas *(f)*	Schüssel *(f)*
taştê *(f)*	Frühstück *(m)*
taybetî *(f)*	privat, Eigenschaft *(f)*
tebîet *(m)*	Eigenschaft *(f)*, Wesen *(n)*
tecrûbe *(f)*	Erfahrung *(f)*
tehdît kirin *(tr.)*	drohen
tehemul *(f)*	Geduld *(f)*, Ausdauer *(f)*
tehl *(Adj.)*	bitter
tehl kirin *(tr.)*	bitter machen
tehqîqat *(f)*	Durchsuchung *(f)*
telefon kirin *(tr.)*	anrufen
temaşe kirin *(tr.)*, li	sich etwas anschauen

tembel	faul
tembûr *(f)*	Mandoline *(f)*
tem dan *(tr.)*	schieben
tenefûs kirin *(tr.)*	atmen
tenê hiştin *(tr.)*	allein lassen
teqînî kirin *(tr.)*	Krach machen, an der Tür klopfen
tercuman *(f/m)*	ÜbersetzerIn *(f/m)*
tereddud *(f)*	Zweifel *(m)*
terikandin, ez di-terikîn-im, min terikand *(tr.)*	verlassen, aussetzen
terk *(f)*	Verlassen *(n)*, Aufgeben *(n)*
terkeselat *(f/m)*	die Person, die mit dem Beten aufhört
tev	alle
tevger *(f)*	Benehmen *(n)*, Gewohnheit *(f)*
tew *(Adv.)*	sogar
tewr *(f)*	Haltung *(f)*, Umgang *(m)*
text *(m)*	Trohn *(m)*
teyare *(f)*	Flugzeug *(n)*
teyib *(f)*, *teyba min*	Kassettenrekorder *(m)*
teyr *(m)*	Vogel *(m)*
teze kirin *(tr.)*	entfachen, erneuern
têdan/di ... dan *(tr.)*	glätten, streichen
têkilî *(f)*	Beziehung *(f)*
têr	satt
têr bûn *(intr.)*	satt sein/werden
têr kirin *(tr.)*	satt machen
tije kirin	→ tijî kirin
tijî kirin *(tr.)*	füllen, anfüllen
tirî *(m)*	Traube *(m)*
tirk *(f/m)*	Türke/In *(f/m)*
Tirkîye *(f)*	Türkei *(f)*
tirs *(f)*	Angst *(f)*
tirş	sauer

tişt *(f/m)*	Sache *(f)*
tî *(m)*	Schwager *(m)* (Bruder des Ehemannes)
tobe *(f)*	Reue *(f)*
tobekar *(f/m)*	BüßerIn *(f/m)*
tofan *(f)*	Sintflut *(f)*, Taifun *(m)*
topal	gehbehindert, hinkend
torin *(f/m)*	EnkelIn *(f/m)*
tovî serhev kirin *(tr.)*	zusammen tun
toz û xibar *(f)*	Staub *(m)*
trafîk *(f)*	Verkehr *(m)*
trimbêl *(f)*	Auto *(n)*
tu	überhaupt nicht; *nur zusammen mit Negation*
tûj	scharf
tûr	*zusammen mit* teyr (teyr û tûr)*; im Sinne von* «alles, was fliegt»

U

Urfa *(f)*	kurdische Stadt (*kurd.* Riha); *türk. amtlich* Şanlıurfa

V

vala	leer
vedan (bi), ez ve-di-d-im, min ve-da *(tr.)*	beißen, stechen, graben
vegerandin, ez ve-di-gerîn-im, min ve-gerand *(tr.)*	entgegnen
vegerîhan, ez ve-di-gerih-im/ve-digerîha-m	→ vegerîn
vegerîn, ez ve-di-ger-im/ve-gerîya-m *(intr.)* Têkilîyên min bi Bakurî ra vedigerin sala 1984an.	zurückgehen Meine Verbindung mit dem Norden geht auf das Jahr 1984 zurück.
vekirin, ez ve-di-k-im, min ve-kir *(tr.)*	öffnen
vêca	nun
vêxistin, ez vê-di-x-im, min vê-xist *(tr.)*	anzünden, einschalten, anmachen
vir va	hierher
vîn, ez di-vê-m, min divê *(tr.)*	sollen, müssen

W

Wan *(f)*	*türk.* Van
wefat kirin *(tr.)*	sterben
wek(î/e/u)	wie
wekî	dass
welat (*m; Obl.* welêt)	Land *(n)*, Heimat *(f)*
welatê rojê	Morgenland *(n)*
welatparêz	PatriotIn *(f/m)*, patriotisch
wellehî	bei Gott
wenda kirin *(tr.)*	verlieren
weqif *(f)*, *weqfa me*	Stiftung *(f)*
wer (*a.* were)	so
were	*Befehlsform Sg. von* hatin
Were Dotmam	Titel eines Gedichtes von Celadet Ali Bedir-Xan
wergerandin (ser), ez wer-di-gerîn-im, min wer-gerand *(tr.)*	übersetzen (in)
wergirtin, ez wer-di-gr-im, min wer-girt *(tr.)*	bekommen, entgegen nehmen
westandin, ez di-westîn-im, min westand *(tr.)*	ermüden, erschöpfen
weşan *(f)*	Sendung *(f)*
weşandin, ez di-weşîn-im, min weşand *(tr.)*	fallen lassen
weşanxane *(f)*	Verlag *(m)*
wext *(f)*	Zeit *(f)*
wextekê şûnda	eine Zeit danach, später
wê demê	zu jener Zeit
wê derê	da(hin), dort(hin)
wêran	zerstört, ruiniert
Wêranşar *(f)*	kurdische Stadt, *türk.* Viranşehir
wêrîn, ez di-wêr-im/wêrî-m *(intr.)*	sich trauen
wir va	dorthin
wisa *(Adv.)*	so

X

Xadê *(m) reg.*	Gott *(m),* Allah *(m), Standardvar.* Xwedê
xal *(f)*	Punkt *(m)*
xalîçe *(f)*	Teppich *(m)*
xanî (*m; Obl.* xênî)	Haus *(m)*, Wohnung *(f)*
xapandin, ez di-xapîn-im, min xapand *(tr.)*	betrügen, täuschen
xar bûn *(intr.)*	schief sein; hängen
xatir *(m)*	Gefallen *(m)*
xe (*a.* xwe)	sich *(Reflexivpronomen)*
xebat *(f)*	Arbeit *(f)*
xebat pê bûn *(intr.)*	arbeitsfähig sein
xeber dan *(tr.)*	informieren
xebera ... kirin *(tr.)*, bi	auf jdn. hören
xebitîn, ez di-xebitî-m/xebitî-m *(intr.)*	arbeiten
xelk *(m)*	Bewohner *(f/m)*
xelxelek *(f)*	Locke *(f)*
xem *(f)*	Sorge *(f)*
xemgînî *(f)*	Trauer *(f)*
xemilandî	verziert
xeniqîn, ez di-xeniq-im/xeniqî-m *(intr.)*	ertrinken
xerîbî *(f)*	Fremde *(f)*
xerîbî kirin *(tr.) reg.*	vermissen
xerîbîstan *(f)*	Fremde *(f)*
xerîte *(f)*	Landkarte *(f)*
xet *(f)*	Linie *(f)*, Strich *(m)*
xew *(f)*	Schlaf *(m)*
xew ... revîyan (intr.)	nicht schlafen können
xeyal kirin *(tr.)*	träumen
xêncî	außer
xilas kirin *(tr.)*	beenden *(n)*, retten
xistin, ez di-xîn-im, min xist *(tr.)*	hineintun, platzieren, schlagen
xisûsîyet *(f)*	Eigenschaft *(f)*
xizmet *(f)*	Dienst *(m)*

xizmet kirin *(tr.)*	dienen, bedienen
xizmetkar *(f/m)*	DienerIn *(f/m)*
xoce *(f/m)*	Hodscha *(m)*
xof *(f)*	Furcht *(f)*
Xoresan *(f)*	Chorasan
xort	jung
xuya bûn *(intr.)*	scheinen, erscheinen
xuya kirin *(intr.)*	erscheinen, ans Licht bringen
xwar kirin *(tr.)*	biegen, verbiegen
xwarin, ez di-xw-im, min xwar *(tr.)*	essen
xwarin çêkirin *(tr.)*	kochen
xwe sist kirin *(tr.)*	unentschlossen sein
xwe bi xwe	selber, mit/aus eigener Kraft, autodidaktisch
xwedî *(f/m)*	BesitzerIn *(f/m)*
xwedî kirin *(tr.)*	erziehen, züchten
xwende	*Part. von* xwendin
xwendekar *(f/m)*	StudentIn *(f/m)*, LeserIn *(f/m)*
xwendî	*Part. von* xwendin
xweranedîtî	faul
xweş	schön
xweşî ... çûn *(intr.)*	gefallen
xwestin, ez di-xwaz-im, min xwast *(tr.)*	wollen
xweştir	*Komp. von* xweş
xwezî *(f)*	*Einleitungswort bei Wunschsätzen*; Wunsch *(m)*, Wille *(m)*
xwînî *(Adj.)*	blutig
xwişkûbira *(Pl.)*	Geschwister *(Pl.)*

Y

yanzdehem/ya-yê yanzdeyan	elfte(r,s)
yaqût *(f)*	Korund *(m)*
yar *(f/m)*	Geliebte(r) *(f/m)*
yaranî kirin *(tr.) reg.*	Spaß machen

yasa *(f)*	Jura *(m)*
yekem/ya-yê yekê	erste(r,s)
yekitî *(f)*	Vereinigung *(f)*, Einheit *(f)*

Z

zanîngeh *(f)*	Universität *(f)*
zar *(m)*	Sprache *(f)*
zar *(m)*	Kind (*das*), *Standardvar.* zarok
zargotin *(f)*	Folklore *(f)*
zebeş *(f)*	Wassermelone *(f)*
zêde	viel
zêdetir	mehr, *Komp. von* zêde
zên bûn *(intr.)*	belesen/klug/schlau sein
zêr *(m)*	Gold *(n)*
zêrîn *(Adj.)*	golden
zeft kirin *(tr.)*	mit Gewalt festhalten
zeif *(Adj.)*	schlank, dünn
zeman *(m)*	Zeit *(f)*
zevî *(f)*	Feld *(n)*
zewicîn, ez di-zewic-im/zewicî-m *(intr.)*	heiraten
zil *(f)*	Stroh *(n)*
zilf *(f)*	kurzes Löckchen, Seitenlocke *(f)*
ziman *(m)*	Sprache *(f)*, Zunge *(f)*
zimrûd *(f)*	Smaragd *(m)*
zindî kirin *(tr.)*	entfachen, wach rufen
zirav	dünn, schlank
zirne *(f)*	Mandoline *(f)*
zivirîn, ez di-zivir-im/zivirî-m *(intr.)*	zurückkehren
zîz bûn *(intr.)*	verärgert sein
zor	viel, kräftig
Zozan *(f)*	*Mädchenname*, Sommerweide *(f)*
zuluf *(Pl.)*	*Pl. von* zilf
zûrezûr kirin *(tr.)*	heulen (bei Tieren)

VOKABELVERZEICHNIS

DEUTSCH – KURDISCH

A

ab und zu	geh ... geh
aber	lê, lêbelê
abreißen	hilşandin, ez hil-di-şîn-im, min hilşand *(tr.)*
absagen	betal kirin *(tr.)*
abschaffen	betal kirin *(tr.)*
Abschlusszeugnis *(n)*	dîploma *(f)*
abschütteln	daweşandin, ez da-di-weşîn-im, min da-weşand *(tr.)*
abschwächen	sist kirin *(tr.)*
achte(r,s)	heştem/ya-yê heştan
Ackerbauer *(m)*	cotkar *(f/m)*
Ackerbäuerin *(f)*	cotkar *(f/m)*
Adresse *(f)*	navnîşan *(f)*
ähneln	şibîn, ez di-şib-im/şibîya-m *(intr.)*
Ahorn *(m)*	çinar *(f)*
aktiv	çalak *(Adj.)*
akzeptieren	qebûl kirin *(tr.)*
AlbanerIn *(f/m)*	Arnawût *(f/m)*
Album *(n)*	album *(f)*
alle	hemî, hemû, her, herkes, tev
allein	tenê, bi tenê
allein lassen	tenê hiştin *(tr.)*
alt	pîr
alt werden	kal bûn *(intr.)*

an	ber, li ber
an der Tür	li ber derî
an der Tür klopfen	teqînî kirin *(tr.)*
anbieten	îkram kirin *(tr.)*, pêşkeş kirin *(tr.)*
andauern	kudandin, di-kudîn-e, kudand *(intr.)*
andere	din
ändern	deforme kirin *(tr.)*
Anfang *(m)*	destpêk *(f)*
anfangen	destpê kirin/dest bi ... kirin *(tr.)*
anflehen	ji rica kirin *(tr.)*; kerem kirin *(tr.)*, lava kirin *(tr.)*; lavahî kirin *(tr.)*
anfüllen	tijî kirin *(tr.)*; dagirtin, ez da-di-gr-im, min da-girt *(tr.)*
Angelenheit *(f)*	şuxul *(m)*
angemessen sein	di cih da bûn *(intr.)*
angesehene Persönlichkeit	giregir *(m)*
angesichts	li hemberî
angreifen	êriş kirin *(tr.)*, rabûn ser *(tr.)*, hatin ... *(intr.)*
Wölfe greifen mich an.	Gur tên min.
Angst *(f)*	tirs *(f)*
ängstlich	bi tirsonekî
angucken	dîna xwe dan *(intr.)*, bala xwe dan *(tr.)*
anhäufen	berhev kirin *(tr.)*
Anhöhe *(f)*	bilindahî *(f)*, bilindayî *(f)*, bilindî *(f)*
Ankara	Enqere *(f)*
anklagen	mehkeme kirin *(tr.)*
anlegen (sich mit)	danîn, ez da-t-în-im, min danî *(tr.)*
anmachen	dadan, ez da-di-d-im, min da-da *(tr.)*
anmelden	qeyd kirin *(tr.)*
annehmen	qebûl kirin *(tr.)*
anonym	bê navûnîşan
anpöbeln	bela xwe di ... dan *(tr.)*
anrufen	telefon kirin *(tr.)*
ans Licht bringen	xuya kirin *(intr.)*

anschauen	li temaşe kirin *(tr.)*
anstecken	girtin, ez di-gr-im, min girt *(tr.)*; jêgirtin/ji ... girtin *(tr.)*
anstelle (von)	dêlev, şûn
Anstrengung *(f)*	ked *(f)*
antworten	bersiv dan *(tr.)*
Anwaltschaft *(f)*	parêzerî *(f)*
Anzahl *(f)*	hejmar *(f)*
anziehen	lêkirin/li ... kirin *(tr.)*
anzünden	dadan, ez da-di-d-im, min dada *(tr.)*; pêxistin, ez pê di-x-im, min pê-xist *(tr.)*; vêxistin, ez vê-di-x-im, min vê-xist *(tr.)*
Arbeit *(f)*	kar *(f)*, xebat *(f)*, şuxul *(m)*
arbeiten	xebitîn, ez di-xebitî-m/xebitî-m *(intr.)*; kar kirin *(tr.)*
Arbeitsergebnis *(n)*	ked *(f)*
arbeitsfähig sein	xebat pê bûn *(intr.)*
Arbeitskolleg(e)In*(f/m)*	hevkar *(f/m)*
Arbeitslosigkeit *(f)*	betalî *(f)*
ärgern	aciz bûn *(intr.)* li ber xwe ketin *(Redewendung)*
Zozan ärgert sich sehr.	Zozan pirr li ber xwe dikeve.
Arm *(m)*	bask *(m)*
Art *(f)*	awa *(m)*
Artikel *(m)*	nivîs *(f)*
Arzt *(m)* / Ärztin *(f)*	bijîşk *(f/m)*
Asket *(m)*	sofî *(f/m)*
Ast *(m)*	çiqil *(f)*
atmen	tenefûs kirin *(tr.)*
attackieren	êriş kirin *(tr.)*, hicûm kirin *(tr.)*
auf den Fersen sein	dan pey, ez di-d-im pey, min da pey *(tr.)*
auf die Nerven gehen	bela xwe di ... dan *(tr.)*
auf diese Art und Weise	bi vî awayî
auf jeden Fall	bi her awayî
aufdecken	kifş kirin *(tr.)*

aufeinanderlegen	lêkirin/li ... kirin *(tr.)*
Aufgeben *(n)*	terk *(f)*
auffinden	peyda kirin *(tr.)*
aufhängen	darda kirin *(tr.)*
aufheben	daxistin, ez da-di-x-im, min daxist *(tr.)*
aufheben	rakirin, ez ra-di-k-im, min ra-kir *(tr.)*
aufhören	berdan, ez ber-di-d-im, min ber-da *(tr.)*
aufhören mit	dev ji ... berdan, ez dev ji ... berdidim, min dev ji ... berda *(tr.)*; pêşî ... berdan *(tr.)*
Aufmerksamkeit *(f)*	bal *(f)*
aufnehmen	qeyd kirin *(tr.)*
aufräumen	hilçinîn, ez hil-di-çin-im, min hil-çinî *(tr.)*; hilanîn, ez hil-tîn-im, min hil-anî *(tr.)*
Aufregung *(f)*	heyecan *(f)*, kelecan *(f)*
aufrichten, sich	pişta xwe rast kirin *(Redewendung)*
Aufsatz *(m)*	nivîs *(f)*
aufstehen	rabûn (pê), ez ra-di-b-im/rabû-m *(intr.)*
aufwachen	hişyar bûn *(intr.)*
Auge *(n)*	çav *(m)*
Augenkontakt hegen	çav ketin hev *(intr.)*
aus	ji, ji nav *(Präp.)*
aus Bazîd stammend	Bazîdî
aus den Augen verlieren	ji ber çavan wenda bûn *(intr.)*
aus eigener Kraft	xwe bi xwe
Ausdauer *(f)*	tehemul *(f)*
ausgraben	kolan, ez di-kol-im, min kola *(tr.)*
aushalten	kişandin, ez di-k(i)şîn-im, min kişand *(tr.)*
auslegen	raxistin, ez ra-di-x-im, min ra-xist *(tr.)*
ausleihen	bi emanetî girtin *(tr.)*, deyn kirin *(tr.)*
ausprobieren	ceribandin, ez di-ceribîn-im, min ceriband *(tr.)*
ausrotten	qir kirin *(tr.)*; qelîn/qelîyan, ez di-qel-im/qelîya-m *(intr.)*
ausruhen	rihet kirin *(tr.)*

Aussage *(f)*	*reg.* qezî *(f)*
außer	xêncî
aussetzen	dev ji ... berdan, ez dev ji ... berdidim, min dev ji ... berda *(tr.)*; pêşî ... berdan *(tr.)*; terikandin, ez di-teri-kîn-im, min terikand *(tr.)*; lê dan çûn *(Redewendung)*
aussöhnen	*reg.* aşt bûn *(intr.)*
aussteigen lassen	peya kirin *(tr.)*
Auswahl *(f)*	gulbijêr *(f)*
auswählen	hilbijartin, ez hil-di-bijêr-im, min hil-bijart *(tr.)*
auswendig lernen	ji ber kirin *(tr.)*
ausziehen	ji pê kirin *(tr.)*
Auto *(n)*	trimbêl *(f)*
autodidaktisch	xwe bi xwe

B

Bagdad	Bexda *(f)*
Bande *(f)*	çete *(f)*
bannen	dûr xistin *(tr.)*
Baum *(m)*	dar *(f)*
Baumwollgewebe *(n)*	caw *(m)*
Bazîd (*türk.* Doğubeyazıt)	Bazîd *(f)*
bebauen	ava kirin *(tr.)*
bedienen	xizmet kirin *(tr.)*
Bedingung *(f)*	merc *(f)*
bedrücken	aciz kirin *(tr.)*
beeilen	*reg.* hahanga dan *(tr.)*
beenden	qedandin, ez di-qedîn-im, min qedand *(tr.)*, xilas ki-rin *(tr.)*
befehlen	emir kirin *(tr.)*
Befinden fragen (nach dem)	li hal û wextê ... pirsîn *(tr.)*
befreit sein	aza(d) bûn *(intr.)*
befriedet	sûrkirî
befüllen	dagirtin, ez da-di-gr-im, min da-girt *(tr.)*
begeben, sich in/nach	berê xwe dan *(tr.)*

begegnen	rast hatin *(intr.)*
begehren	dil bijîn/bijîyan *(intr.)*
Beginn *(m)*	destpêk *(f)*
beginnen	destpê kirin/dest bi ... kirin *(tr.)*
begnadigen	efû kirin *(tr.)*
beherrschen, sich	girtin, xwe *(tr.)*
bei	ber *(Präp.)*, cem *(Präp.)*
bei Gott	wellehî
bei Verstand sein	hatin ser hişê xwe *(intr.)*
beide	herdu
beißen	vedan (bi), ez ve-di-d-im, min veda *(tr.)*; gez kirin *(tr.)*
bekannt machen	dîyar kirin *(tr.)*
bekommen	wergirtin, ez wer-di-gr-im, min wergirt *(tr.)*; girtin, ez di-gr-im, min girt *(tr.)*; jêgirtin/ji ... girtin *(tr.)*
beladen	bar kirin *(tr.)*
belesen sein	zên bûn *(intr.) reg.*
bemerken	hesîyan (bi/pê), ez bi/pê ... di-hes-im, ez bi/pê ... hesîya-m *(intr.)*; dîna xwe dan *(intr.)*, bala xwe dan *(tr.)*; ferq kirin *(tr.)*
Benehmen *(n)*	tevger *(f)*
benennen	bi nav kirin *(tr.)*
benötigen	lazim bûn *(intr.)*
benutzen	bikar anîn *(tr.)*
benutzt werden	bikar hatin *(intr.)*
BeraterIn *(f/m)*	aqildar *(f/m)*
Bereich *(m)*	beş *(f)*
bereit sein	amade bûn *(intr.)*
bereitstellen	amade kirin *(tr.)*
Berg *(m)*	çîya *(m)*
berichten	behs kirin *(tr.)*; qal kirin *(tr.)*
beschäftigen	girtin kar *(tr.)*
beseitigen	rakirin, ez ra-di-k-im, min ra-kir *(tr.)*
Besen *(m)*	gêzik *(f)*

besiegen	lêdan/li ... dan *(tr.)*
BesitzerIn *(f/m)*	xwedî *(f/m)*
besteigen	siwar kirin *(tr.)*, sîyar bûn *(intr.)*
betäuben	gêj kirin *(tr.)*
betäubt werden/sein	gêjbûn *(intr.)*
betreten	derbas ... bûn *(intr.)*
betrübt sein Zozan ärgert sich sehr.	li ber xwe ketin *(Redewendung)* Zozan pirr li ber xwe dikeve.
betrügen	xapandin, ez di-xapîn-im, min xapand *(tr.)*
betrunken sein	serxweş bûn *(intr.)*
Bett *(n)*	nivîn *(m)*
Beutel *(m)*	kîs *(m)*
bewaffnet	çekdar
bewohnen	cî-star bûn *(intr.)*
Bewohner *(f/m)*	xelk *(m)*
bewohnt Danke! (*wörtl.* möge das Haus deines Vaters reich sein)	ava mala bavê te ava
Beziehung *(f)*	têkilî *(f)*, eleqe *(f)*
bezweifeln	şik kirin *(tr.)*
Bibliothek *(f)*	kitêbxane *(f)*
biegen	xwar kirin *(tr.)*
binden	girê dan *(tr.)*
bis	heta *(Präp.)*
bitte bitte schön	ji kerema xwe fermo
bitten	ji rica kirin *(tr.)*; kerem kirin *(tr.)*; lava kirin *(tr.)*
bitter	tehl *(Adj.)*
bitter machen	tehl kirin *(tr.)*
Blatt *(n)*	pel *(m)*
blau	şîn
Bleibe *(f)*	star *(f)*

bleiben	man/mayîn, ez di-mîn-im/ma-m; sekinîn, ez di-sekin-im/sekinî-m *(tr.)*
Blick *(m)*	awir *(m)*
Blinzeln *(n)*	şewq *(f)*
blühen	şên bûn *(intr.)*
Blume *(f)*	kulîlk *(f)*
blutig	xwînî *(Adj.)*
borgen	bi emanetî girtin *(tr.)*, deyn kirin *(tr.)*
boshaft	kîndar *(Adj.)*
braten	qijilandin, ez di-qijilîn-im, min qijiland *(tr.)*; qelîn/qelîyan, ez di-qel-im/qelîya-m *(intr.)*
Brauch *(m)*	edet *(m)*, tevger *(f)*
brennen	şewitîn, ez di-şewit-im/şewitî-m *(intr.)*
bringen	gihandin, ez di-g(i)hên-im, min gihand *(tr.)*
Brot *(n)*	nan (*m; Obl.* nên)
Brunnen *(m)*	kanî *(f)*
Brust *(f)*	sîng *(m)*, sing û ber
Brusttasche *(f)*	bêrîk *(f)*
Buch *(n)*	pirtûk *(f)*
Bücherei *(f)*	kitêbxane *(f)*
Büschel *(n)*	guşî *(f)*
BüßerIn *(f/m)*	tobekar *(f/m)*
Butter *(m)*	rûn *(m)*

C

charmant	dilbar *(Adj.)*
Chorasan	Xoresan *(f)*
ChristIn *(f/m)*	File(h) *(f/m)*
Cousin *(m)* (väterlicherseits)	pismam *(m)*
Cousine *(f)* (väterlicherseits)	dotmam *(f)*, domam *(f)*

D

da(hin)	wê derê
damals	hingê
Damaskus	Şam *(f)*

Damm *(m)*	best *(f)*
Dämon *(m)*	dêw *(m)*, hût *(m)*
danach	pişt ra
Dankbarkeit verlangen	minet kirin *(tr.)*
dann	hingê, nexwe, piştî hingê
darauf	bi ser da *(Präp.)*
darauf	hingê, piştî hingê
dass	wekî
Dauer *(f)*	dewam *(f)*
davor	berî
dazu	bi ser da
deformieren	deforme kirin *(tr.)*
Deich *(m)*	best *(f)*
deshalb	lewra, ji ber ku, ji bo wê
deutsche Migranten mit kurd./ türk. Wurzeln	Almancî *(f/m)* – (*türk.*)
Deutschland	Almanya *(f)*
Dialekt *(m)*	devok *(f)*
Dickkopf *(m)*	serhişk
dickköpfig	serhişk
dienen	xizmet kirin *(tr.)*
DienerIn *(f/m)*	xizmetkar *(f/m)*
Dienst *(m)*	xizmet *(f)*
diese Tatsache	ev yeka han
dieses Jahr	îsal *(f)*
dil ketin ... *(intr.)* Dilê Zozanê ket Baran.	sich verlieben Zozan verliebte sich in Baran.
Dinosaurier *(m)*	dînazor *(f)*
Diskussion *(f)*	gotûbêj *(f)*
Disput *(m)*	qal *(f)*
Divan *(m)*	dîwan *(f)*
doch	bes
doof	dîn *(f/m)*

DorfbewohnerIn *(f/m)*	gundî *(f/m)*
dort	li wir
dort(hin)	wê derê
dorthin	wir va
Dossier *(n)*	dosye *(f)*
Draußen	der
draußen	li ber derî
drehen	badan, ez ba-di-d-im, min ba-da *(tr.)*; gerandin, ez di-gerîn-im, min gerand *(tr.)*
dritte(r,s)	sêyem/ya-yê sisê(yan)
drohen	tehdît kirin *(tr.)*
dumm	aqilsivik *(Adj.)*
dunkel	tarî
dünn	zirav, zeif *(Adj.)*
durchgehen	derbas ... bûn *(intr.)*
Durchsuchung *(f)*	tehqîqat *(f)*

E

Ebene *(f)*	deşt *(f)*, çol *(f)*
Ehre *(f)*	bext *(m)*
ehren	qedir girtin *(tr.)*
eifersüchtig sein	dexisîn, ez di-dexis-im/dexisî-m *(intr.)*
Eigenschaft *(f)*	sifet *(f)*, xisûsîyet *(f)*, taybetî *(f)*
Eile *(f)*	lez *(f)*
eilig	bi lez û bez
ein bisschen	piçekî
ein gewisser Mensch, dieser und jener	filan û bêvan *(f/m)*
einander	hev
eindrücken	dewisandin, ez di-dewisîn-im, min dewisand *(tr.)*
eine Weile	bîstekê *(Adv.)*
eine Zeit danach	wextekê şûnda
eingeknickt	stûxwar
eingerahmt	çarçovekirî

Eingeweide *(Pl)*	hinav *(m)*
Einheit *(f)*	yekitî *(f)*
Einkaufsstraße *(f)*	çarşî *(f)*
einreisen	derbas ... bûn *(intr.)*
einritzen	kolan, ez di-kol-im, min kola *(tr.)*
einsammeln	dan hev *(tr.)*; tovî serhev kirin *(tr.)*; berhev kirin *(tr.)*
einschalten	vêxistin, ez vê-di-x-im, min vê-xist *(tr.)*
einseifen	sabûn kirin *(tr.)*
Eintopf *(m)*	aş *(m)*
eintreten	derbas ... bûn *(intr.)*
Eisen *(n)*	hesin *(m)*
eisern	pola *(Adj.)*
elegant	xweş, qeşeng, keleş, delal
elfte(r,s)	yanzdehem/ya-yê yanzdeyan
Emir *(m)*	mîr *(m)*
empor heben	hildan, ez hil-di-d-im, min hil-da *(tr.)*
Ende *(n)*	dawî *(f)*
EnkelIn *(f/m)*	torin *(f/m)*
entdecken	peyda kirin *(tr.)*
entfachen	teze kirin *(tr.)*; zindî kirin *(tr.)*
entführen	revandin, ez di-revîn-im, min revand *(tr.)*
entgegen kommen	pêrgî ... hatin *(intr.)*
entgegen nehmen	wergirtin, ez wer-di-gr-im, min wer-girt *(tr.)*; hildan, ez hil-di-d-im, min hil-da *(tr.)*
entgegnen	vegerandin, ez ve-di-gerîn-im, min ve-gerand *(tr.)*
enthüllen	eşkere kirin *(tr.)*
Entscheidung *(f)*	qerar *(f)*
Epoche *(f)*	dewran *(f)*
erbauen	ava kirin *(tr.)*
erbaut	ava
Danke! (*wörtl.* möge das Haus deines Vaters reich sein)	mala bavê te ava
erblicken	çav li ketin *(tr.)*

Erdboden *(m)*	ax *(f)*
Erde *(f)*	ax *(f)*
Ereignis *(n)*	serhatî *(f)*
erfahren	hesîyan (bi/pê), ez di-hes-im/hesîya-m *(intr.)*
Erfahrung *(f)*	tecrûbe *(f)*
erfinden	kifş kirin *(tr.)*
erhaben	bala *(Adj.)*
erheben	bilind kirin *(tr.)*
erinnern	anîn bîra ... *(tr.)*, bibîr anîn *(tr.)*
erinnern, sich ... an	hatin bîra ... *(intr.)*
Erinnerung *(f)*	bîranîn *(f)*
erkennen	bi ser ketin *(intr.)*
Erklärung *(f)*	beyan *(f)*
Erlaubnis *(f)*	misaade *(f)*
ermüden	gêj kirin *(tr.)*; westandin, ez di-westîn-im, min westand *(tr.)*
erneuern	teze kirin *(tr.)*
erreichen	gihandin, ez di-g(i)hên-im, min gihand *(tr.)*
erscheinen	xuya kirin *(intr.)*; peyda bûn *(intr.)*; xuya bûn *(intr.)*; derketin, ez der-di-kev-im/der-ket-im *(intr.)*
erschöpfen	gêj kirin *(tr.)*; westandin, ez di-westîn-im, min westand *(tr.)*
erste(r,s)	yekem/ya-yê yekê
Erste(r)	pêşîn
ertrinken	xeniqîn, ez di-xeniq-im/xeniqî-m *(intr.)*
erzählen	qal kirin *(tr.)*; behs kirin *(tr.)*
Erzählung *(f)*	hikyat *(f)*
erziehen	xwedî kirin *(tr.)*
es sich wohl ergehen lassen	li kêfa xwe mêze kirin *(tr.)*
essen	xwarin, ez di-xw-im, min xwar *(tr.)*
etwas	piçekî
Europa *(n)*	Ewrûpa *(f)*
Exil *(n)*	sirgûn(î) *(f)*

existieren	peyda bûn *(intr.)*

F

fallen	ketin, ez di-kev-im/ket-im *(intr.)*
fallen lassen	weşandin, ez di-weşîn-im, min weşand *(tr.)*
Familie *(f)*	malbat *(f)*
fangen	girtin, ez di-gr-im, min girt *(tr.)*
Farbe *(f)*	reng *(m)*
farbig	rengîn *(Adj.)*
fast	hema hema
fasziniert	dilbar *(Adj.)*
faul	tembel, xweranedîtî
Faust *(f)*	kulm *(f)*
Fehler *(m)*	şaşitî *(f)*
Feier *(f)*	şahî *(f)*, dilşahî *(f)*
feiern	pîroz kirin *(tr.)*
fein	kubar
feind	dijmin
FeindIn *(f/m)*	dijmin *(f/m) (Adj.)*
feindlich	dijmin *(Adj.)*
Feindschaft *(f)*	dijminahî *(f)*, dijminatî *(f)*, dijminayî *(f)*, dijminî *(f)*
Feld *(n)*	zevî *(f)*
FeldarbeiterIn *(f/m)*	pale *(f/m)*
Fels *(m)*	lat *(f)*
Fenster *(n)*	pencere *(f)*
fern	dûr
ferner	dûrtir
fernsehen	li mêze kirin *(tr.)*
fertig sein	amade bûn *(intr.)*
fest	şidiyayî; *Part. von* şidandin
festdrücken	şidandin, ez di-şidîn-im, min şidand *(tr.)*
Fetzen *(m)*	qerpal *(f)*
Feuer *(n)*	agir *(m)*

Figur *(f)*	bejin *(f)*, *bejna min*
finden	peyda kirin *(tr.)*
Flamme *(f)*	alav *(f)*
flechten	*reg.* mûnandin, ez di-mûnîn-im, min mûnand *(tr.)*
fliegen	firîn, ez di-fir-im/firîya-m *(intr.)*
Fliegerei *(f)*	balafirvanî *(f)*
fliehen	revîn, ez di-rev-im/revîya-m *(intr.)*
Fliehen *(n)*	rev *(f)*
Fliese *(f)*	fayans *(f)*
Flöte *(f)*	bilûr *(f)*, ney *(f)*
FlötenspielerIn *(f/m)*	bilûrvan *(f/m)*
Fluch der Nacht	ayê şevê
Flucht *(f)*	rev *(f)*
flüchten	revîn, ez di-rev-im/revîya-m *(intr.)*
Flügel *(m)*	bask *(m)*
Flugzeug *(n)*	balafir *(f)*, teyare *(f)*
Flur *(f)*	hewş *(f)*
Fluss *(m)*	çem (*m; Obl.* çêm)
flüstern	piste-pist kirin *(tr.)*
folgen	dan dû(v) *(tr.)*; li pê hev gerîyan *(intr.)*; guhdarî kirin *(tr.)*
Folklore *(f)*	zargotin *(f)*
fortfahren	bar kirin *(tr.)*
fortführen	dom kirin *(tr.)*
fortschaffen	dûr xistin *(tr.)*
fortsetzen	dewam kirin *(tr.)*; dom kirin *(tr.)*
Fortsetzung *(f)*	berdewam *(f)*
fragen (nach)	pirs kirin *(tr.)*; (li) pirsîn *(tr.)*
fragen, sich	meraq kirin *(tr.)*
Frau *(f)*	afret *(f)*
frei	azad, serbest
frei sein/werden	aza(d) bûn *(intr.)*

Freiheit *(f)*	azadî *(f)*
Fremde *(f)*	xerîbî *(f)*, bîyanîstan *(f)*, xerîbîstan *(f)*
Freude *(f)*	şahî *(f)*, dilşahî *(f)*
Freude ergreifen	şahî girtin *(tr.)*
freuen (über)	şabûn (bi/pê), ez şa-di-b-im/şabû-m *(intr.)*
FreundIn *(f/m)*	dost *(f/m)*
Freundschaft *(f)*	dostahî *(f)*, dostanî *(f)*, dostayetî *(f)*, dostayî *(f)*, dostî *(f)*, hevaltî *(f)*
Frieden	aştî *(f)*
friedlich	aştîxwaz
froh sein	şabûn *(intr.)*
fröhlich	şên
Fröhlichkeit *(f)*	şahî *(f)*, dilşahî *(f)*
Frosch *(m)*	beq *(f)*
Frühstück *(m)*	taştê *(f)*
Fuchs *(m)*	rûvî *(m)*
fühlen	hesîyan (bi/pê), ez di-hes-im/hesîya-m *(intr.)*
FührerIn *(f/m)*	serkêş *(f/m)*
füllen	tijî kirin *(tr.)*
fünfte(r,s)	pêncem/ya-yê pêncan
für	bona, ji bona
Furcht *(f)*	xof *(f)*
fürchten	bizdîn/bizdîyan, ez di-bizd-im/bizdîya-m *(intr.)*
Fürst *(m)*	mîr *(m)*
Fuß *(m)*	nig *(m)*, pê *(m)*

G

Garten *(m)*	hewş *(f)*
Gasse *(f)*	kûçe *(f)*
Gast *(m)* zu Gast	mêvan *(f/m)* bi mêvanî
GastgeberIn *(f/m)*	mazûvan *(f/m)*
gastlich	merd, nandar *(f/m)* *(Adj.)*
geben	dan, ez di-d-im, min da *(tr.)*

Gebet *(n)*	selat *(f)*
Gebetswaschung vornehmen	destmêj girtin *(tr.)*
Gebiet *(n)*	herêm *(f)*
Gebrauch, im ... sein	bikar hatin *(intr.)*
gebrauchen	bikar anîn *(tr.)*; lazim bûn *(intr.)*
Gedanke *(m)*	fikir *(m)* fikra min, raman *(m)*
Gedicht *(n)*	helbest *(f)*
Geduld *(f)*	tehemul *(f)*
geehrt	bi rêzanî
gefallen	xweşî ... çûn *(intr.)*
Gefallen *(m)*	xatir *(m)*
Gefängnis *(n)*	girtîgeh *(f)*
Gefühl *(n)*	hest *(f)*, hîs *(f)*
gegen	ber bi
gegen (zeitlich)	berî
gegen Abend	berî êvarê
gegenseitig	hevdu
gegenüberliegend	beramber
gehbehindert	topal *(Adj.)*
gehen	lê dan çûn *(tr.)* *(Redewendung)*
Geld *(m)*	dirav *(m)*
Gelegenheit *(f)*	derfet *(f)*, firsend *(f)*, îmkan *(f)*
Geliebte(r) *(f/m)*	yar *(f/m)*, evîndar I. *(Adj.)* II. *(f/m)*
gemäß	gor(a), li gorî
Gemeinschaft *(f)*	cimeat *(f)*
Genf	Cenevre *(f)*
Georgier	gurc
georgisch	gurc
Gericht *(n)*	mehkeme *(f)*
Geschichte *(f)*	hikyat *(f)*
Geschwister *(Pl.)*	xwişkûbira *(Pl.)*
Gesicht *(n)*	rû *(m)*, serçav *(m)*, ber *(m)*
gestern	do, duh

gesund	şifadar *(Adj.)*
getrennt sein	qut bûn *(intr.)*
Gewohnheit *(f)*	edet *(m)*, tevger *(f)*
gitarrenähnliches Musikinstrument	saz *(m)*
glänzen	biriqîn, ew di-biriq-e/biriqî *(intr.)*
gläsern	caminî *(Adj.)*
glätten	têdan/di ... dan *(tr.)*
glauben	bawer bûn *(intr.)*; bawer kirin *(tr.)*; bawerî bi ... hebûn *(intr.)*
gleich	heman
Glieder *(Pl.)*	dest û pê *(Pl.)*
glücklich	bextewar *(Adj.)*
glücklicher	bextewartir (*Komparativ von* bextewar)
Gold *(n)*	zêr *(m)*
golden	zêrîn *(Adj.)*
graben	kolan, ez di-kol-im, min kola *(tr.)*; vedan (bi), ez vedi-d-im, min ve-da *(tr.)*, gez kirin *(tr.)*
Graben *(m)*	çahal/çal *(f)*
Granatapfel *(m)*	hinar *(f)*
Gras *(n)*	giya *(m)*
gratulieren	pîroz kirin *(tr.)*
Grenze *(f)*	sînor *(m)*
Grenztür *(f)*	derîyê sînor
grob	rûreş
Größe *(m)*	mezinahî *(f)*
größer machen	mezin kirin *(tr.)*
Großmutter *(f)*	dapîr *(f)*
Großvater *(m)*	bapîr *(m)*
großzügig	merd, nandar *(f/m)* *(Adj.)*
Grube *(f)*	çahal/çal *(f)*
grün werden	şîn bûn *(intr.)* (*etymolog. von* hêşîn bûn – wachsen)
Grund *(m)*	sebeb *(f)*, sedem *(f)*

gründen	ava kirin *(tr.)*
Grundschule *(f)*	dibistana seretayî
Gruppe *(f)*	kom *(f)*
gucken	li mêze kirin *(tr.)*
gymnasiale Oberstufe	lîse *(f)*

H

Haar *(n)*	por *(m)*
Hahn *(m)*	dîk *(m)*
halbe Stunde	nîvsaet *(f)*
Hälfte *(f)*	nîvî *(m)*
Hals *(m)*	stû *(m)*
Haltung *(f)*	tewr *(f)*
Hand *(f)*	dest *(m)*
hängen	xar bûn *(intr.)*
Härchen *(n)*	ta *(m)*
hart	hişk *(Adj.)*
Hass *(m)*	kîn *(f) reg.* kên *(f)*
hasserfüllt	kîndar *(Adj.)*
Hauptstadt	paytext *(f)*
Haus	xanî (*m; Obl.* xênî)
Hausfrau *(f)*	kebanî/kevanî *(f)*
Haushälterin *(f)*	kebanî/kevanî *(f)*
Haut *(f)*	post *(f/m)*
heben	bilind kirin *(tr.)*; hilgirtin, ez hil-di-gr-im, min hil-girt *(tr.)*
Hefe *(f)*	hevîrtirş *(m)*
Heiliger Ort jesidischer Kurden	Şerefdîn
Heimat *(f)*	welat (*m; Obl.* welêt)
heiraten	zewicîn, ez di-zewic-im/zewicî-m *(intr.)*
heiratsreif	berzewac *(Adj.)*
Held *(m)*	mêrxas *(m)* / egîd *(m)*
Heldentum *(n)*	mêrxasî *(f)*

helfen	alî ... kirin *(tr.)*
HelferIn *(f/m)*	alîkar *(f/m)*
Hemd *(n)*	îşlig *(m)*
herabsteigen	peya kirin *(tr.)*
herausbringen	derxistin (ji), ez der-di-x-im, min der-xist *(tr.)*; deranîn, ez der-tîn-im, min der-anî *(tr.)*; çap kirin *(tr.)*
herausgeben	derxistin (ji), ez der-di-x-im, min der-xist *(tr.)*; çap kirin *(tr.)*
herauskommen	derketin, ez der-di-kev-im/der-ket-im *(intr.)*
herausnehmen	derxistin (ji), ez der-di-x-im, min der-xist *(tr.)*; deranîn, ez der-tîn-im, min der-anî *(tr.)*
herausschmeißen	kirin der *(tr.)*
Herbst *(m)*	payîz *(f)*
Herr *(m)*	camêr *(m)*; beg *(m)* Titel für das Mitglied einer aristokratischen Familie
herstellen	peyda kirin *(tr.)*
Herz *(n)*	dil *(m)*
heulen (bei Tieren)	zûrezûr kirin *(tr.)*
heute	îro
hierher	vir va
Hilfe *(f)*	alîkarî *(f)*
Hilferuf *(m)*	hewar/hawar *(f)*
Hilfeschrei *(m)*	hewar/hawar *(f)*
Himmel *(m)*	asîman *(m)*, ewr *(m)*, ezman (*m; Obl.* ezmên)
hinaufsteigen lassen	siwar kirin *(tr.)*
hinaufsteigen lassen	siwar kirin *(tr.)*
hinausschmeißen	kirin der *(tr.)*
hinbringen	birin û çûn (*tr., Redewendung*)
hineintun	xistin, ez di-xîn-im, min xist *(tr.)*
hinkend	topal *(Adj.)*
hintereinander	ser hev
hinzu	bi ser da
Hirt *(m)*	şivan (*m; Obl.* şivên)

hoch	bilind *(Adj.)*, bala *(Adj.)*
hochheben	hildan, ez hil-di-d-im, min hil-da *(tr.)*
Hodscha *(m)*	xoce *(f/m)*
Hoffnung *(f)*	hêvî *(f)*
höflich	kubar, bi rêzanî
Höhe *(f)*	bilindahî *(f)*, bilindayî *(f)*, bilindî *(f)*
Höhle *(f)*	şikeft *(f)*
Holz *(n)*	dar *(f)*
hören	bihîstin, ez di-bihîz-im, min bihîst *(tr.)*; seh kirin *(tr.)*
hören, auf jdn.	bi xebera ... kirin *(tr.)*
Hose *(f)*	şal *(m)*
Hosentasche *(f)*	bêrîk *(f)*
hübsch	xweş, qeşeng, keleş, delal
Huhn *(n)*	mirîşk *(f)*
human	mirovperwer
Humor *(m)*	mîzah *(f)*
Hund *(m)*	seg *(m)*

I

im Namen	bi navê
in *(Präp.)*	di nav da
in Bedrängnis kommen Zozan ist in Bedrängnis gekommen.	ser ... ketin belayê *(intr.)* Serê Zozanê ket belayê.
in Brand setzen	şewitandin, ez di-şewitîn-im, min şewitand *(tr.)*
in der Mitte	di nav da
in der Tat	bi rastî
in die Irre führen	şaş kirin *(tr.)*
in diesem Moment	di vê navê da
in jedem Fall	bi her awayî
in jenem Moment	di wê gavê de
in Ruhe lassen	dev ji ... berdan, ez dev ji ... berdidim, min dev ji ... berda *(tr.)*, pêşî ... berdan *(tr.)*
Information *(f)*	agahî *(f)*

informieren	xeber dan *(tr.)*
IngenieurIn *(f/m)*	endezyar *(f/m)*
Innere *(n)*	hundir *(m)*
Inneres *(n)*	hinav *(m)*
ins Auge fassen	çav berdan *(tr.)*
ins Bett gehen	ketin nivînan *(intr.)*
ins Exil schicken	sirgûn kirin *(tr.)*
insbesondere	bi taybetî
Intellektuelle(r) *(f/m)*	rewşenbîr *(f/m)*
interessant	balkêş *(Adj.)*
Interesse *(n)*	eleqe *(f)*
Interview *(n)*	hevpeyvîn *(f)*
interessieren, sich	meraq kirin (tr.)
Irak *(m)*	Îraq *(f)*

J

Jahr *(n)*	sal *(f)*
jährlich	salewext
Japanisch	Japonî *(f)*
je mehr	her ku
jede(r,s)	her
jeder	herkes
jedoch	bes
jdn. «alt machen», ermüden, krank machen, altern lassen, ärgern	pîr kirin *(tr.)* → ärgern
jdn. «alt machen», krank machen, altern lassen	kal kirin *(tr.)* → ärgern
jetzt	aniha
joggen	revîn, ez di-rev-im/revîya-m *(intr.)*
Joghurt *(m)*	mast (*m; Obl.* mêst)
Jugendliche(r) *(f/m)*	genc (*m; Obl.* gênc)
jung	xort, ciwanî
Junge *(m)*	kur (*m; Vokativ* kuro), kurik *(m)*, gede *(m)*, lawik *(m)*

jünger	ciwantir, *Komparativ von* ciwan
Jura *(m)*	hiquq *(f)*, yasa *(f)*

K

Kaffee *(m)*	qehwe *(f)*
Kairo	Qahîre *(f)*
KaiserIn *(f/m)*	padişah *(f/m)*
Kalb (dreijähriges weibliches)	nogin *(f)*
kalt	sar *(Adj.)*
kalt werden	sar bûn *(intr.)*
KameradIn *(f/m)*	dost *(f/m)*
Kamin *(m)*	pixêrî *(f)*
Kampf *(m)*	şer *(m)*
KämpferIn *(f/m)*	şervan *(f/m)*
KandidatIn *(f/m)*	berendam *(f/m)*
kaputt gehen	şikestin, ez di-şkê-m/şikîya-m *(intr.)*
kaputt machen	şikandin, ez di-ş(i)kên-im, min şikand *(tr.)*
Kassettenrekorder *(m)*	teyib *(f)*, teyba min
Kassette *(f)*	kaset *(f)*
Katze *(f)*	*reg.* kitik *(m)*
kennen	nas kirin *(tr.)*
Kessel (Holz-) *(m)*	*reg.* kulengik *(f)*
Kissen *(m)*	balgî *(f)*
Klasse *(f)*	dersxane *(f)*
Klausel *(f)*	bend *(f)*
Kleider *(Pl.)*	cil *(Pl.)*
Kleinvieh *(n)*	pez (*m; Obl.* pêz)
klug sein	zên bûn *(intr.) reg.*
Koch *(m)*	aşvan *(m)*
kochen	xwarin çêkirin *(tr.)*
Köchin *(f)*	aşvan *(f)*
KönigIn *(f/m)*	padişah *(f/m)*

Königin von Saba (Malkat Shebah)	Belqîs, Beqlîsa
können	kanîn, ez di-kan-im, min kanî *(tr.)*; karîn, ez di-kar-im, min karî *(tr.)*; şîyan, ez di-şê-m, min şa *(tr.)*
KonsulIn *(f/m)*	balyoz *(f/m)*
Konsulat *(n)*	balyozxane *(f)*
konzentrieren	konsantre bûn *(intr.)*
Kopf *(m)*	ser *(m)*
Kopfschmerzen *(m)*	serêş *(m)*
kopieren	kopî kirin *(tr.)*
Korb *(m)*	sepet *(f)*
Körper *(m)*	beden *(f)*
Körpergröße *(f)*	bejin *(f)*, bejna min
korrigieren	rast kirin *(tr.)*
Korund *(m)*	yaqût *(f)*
Kraft *(f)*	qewet *(f)*
kräftig	zêde, zor
krank	nexweş
krank werden	nexweş ketin *(tr.)*
Krieg *(m)*	ceng *(f)*
kritisieren	rexne kirin *(tr.)*
Krug *(m)*	kûp *(m)*, sebîl *(m)*
Küche *(f)*	aşxane *(f)*
Kuckuck *(m)*	pepûk *(f)*
Kuh *(f)*	çêlek *(f)*, mange *(f)*
Kultur *(f)*	çand *(f)*
Kunst *(f)*	huner *(f)*, senet *(m)*
KünstlerIn *(f/m)*	hunermend *(f/m)*, senetkar *(f/m)*,
Künstlertum *(n)*	hunermendî *(f)*
Kurdischsein	Kurdîtî *(f)*
kurz	kin *(Adj.)*
kürzen (Haare)	kurr kirin *(tr.)*
küssen	maç kirin *(tr.)*; çûn rûyên hev *(intr.)*

L

lächelnd	bi devkenî
lachen	kenîn, ez di-ken-im/kenîya-m *(intr.)*
Lachen *(n)*	ken *(m)*
Lamm *(n)*	berx *(m)*
Lammhirte *(m)*	berxivan *(f/m)*
Land *(n)*	welat (*m; Obl.* welêt)
Landkarte *(f)*	xerîte *(f)*
lang	dirêj
Länge *(f)*	dirêjahî *(f)*, dirêjayî *(f)*, dirêjî *(f)*
länger	dirêjtir (*Komp. von* dirêj)
Langeweile *(f)*	mûr *(m)*
langweilen	aciz bûn *(intr.)*
Lanze *(f)*	rim *(m)*
lassen	hiştin, ez di-hêl-im, min hişt *(tr.)*
latinisieren	latînîze kirin *(tr.)*
laufen	revîn, ez di-rev-im/revîya-m *(intr.)*; meşîn, ez di-meş-im/meşîya-m *(intr.)*
Lautsprecher *(m)*	hoperlor *(f)*
leben	jîyan, ez di-jî-m/jîya-m *(intr.)*
Leber *(f)*	cîger (*m; a.* cerg, ceger)
Leder *(n)*	post *(f/m)*
leer	vala
legen	danîn, ez da-t-în-im, min danî *(tr.)*
lehren	fêr kirin *(tr.)*; hîn kirin *(tr.)*
Leib *(m)*	beden *(f)*
leicht	sivik *(Adj.)*
leidtun, jdm.	dil [li] ser şewitîn *(Redewendung)*
leider	mixabin
leise	bêdeng
LeserIn *(f/m)*	xwendekar *(f/m)*
letzte(r,s)	dawîn *(Adj.)*

letztes Jahr	par
leugnen	înkar kirin *(tr.)*
Licht *(n)*	şewq *(f)*
Liebe *(f)*	evîn *(f)*, eşq *(f)*, hub *(f)*
lieben	ji hez kirin/hez ji ... kirin *(tr.)*
Lied *(n)*	kilam *(f)*, stran *(f)*
Liege *(f)*	sedye *(f)*
Linie *(f)*	xet *(f)*
links	çep *(m)*
loben	pesn ... dan *(tr.)*
Loch *(n)*	qulik *(f)*
lochen	qul kirin *(tr.)*
Locke *(f)*	xelxelek *(f)*
Löckchen	zilf *(f)*
loslassen	berdan, ez ber-di-d-im, min ber-da *(tr.)*
Lösung sein	çar(e) bûn *(intr.)*
Löwe *(m)*	şêr *(m)*
Lüge *(f)*	derew *(f)*
LügnerIn *(f/m)*	derewker *(f/m)*
Lumpen *(m)*	qerpal *(f)*
machen	kirin, ez di-k-im, min kir *(tr.)*

M

Macht *(f)*	qewet *(f)*
Mädchen *(n)*	keçik *(f)*
Magie *(f)*	sêhr *(f)* (*a.* sihr)
mähen	çinîn, ez di-çin-im, min çinî *(tr.)*
Mahnung *(f)*	îxtarî *(f)*
manchmal	carcaran
Mandoline *(f)*	tembûr *(f)*, zirne *(f)*
Mann *(m)*	mêr *(m)*
mannhaft	mêrane *(Adj.)*
Männlichkeit *(f)*	mêranî *(f)*

Markt *(m)*	çarşî *(f)*
Märtyrer sein	şehîd bûn *(intr.)*
Maschinengewehr *(n)*	makînelî *(f)*
MazedonierIn *(f/m)*	Makedon *(f/m)*
Meer *(n)*	behr *(f)*
Mehl *(n)*	ard *(m)*
mehr	zêdetir (*Komparativ von* zêde)
Meinung *(f)*	raman *(m)*, fikir *(m)*, fikra min
melken	dotin, ez di-doş-im, min dot *(tr.)*
menschenliebend	mirovperwer
Milch *(f)*	şîr *(m)*
Milchtrinker *(f/m)*	şîrmij *(f/m)*
Militär *(n)*	leşkerî *(f)*
Militärdienst leisten	leşkerî kirin *(tr.)*
Minute *(f)*	deqîqe *(f)*
misslingen	pûç kirin *(tr.)*
mit	digel *(Präp.)*
mit der Familie	bi malbatî
mit Gewalt festhalten	zeft kirin *(tr.)*
Mitglied *(n)*	endam *(f/m)*
Mitleid mit sich haben Hast du kein Mitleid mit dir selbst?	dil bi xwe bûn *(intr.)* Ma te dil bi xwe va jî nîne?
Mittag	nîvro *(f)*
Mitte *(f)*	nîv *(m)*, orte *(f)* , navber *(f)*
Mittelschule *(f)*	dibistana navîn
mittleren Alters	navsal *(Adj.)*
mögen	ji hez kirin/hez ji ... kirin *(tr.)*
möglich	mumkîn
Möglichkeit *(f)*	derfet *(f)*, firsend *(f)*, îmkan *(f)*
Möglichkeit geben	firsend dan *(tr.)*
MörderIn *(f/m)*	mêrkuj *(f/m) (Adj.)*

Molkerei außerhalb des Dorfes auf dem Weideplatz	bêrî *(f)*
Morgendämmerung *(f)*	berbang *(f)*
Morgenland *(n)*	welatê rojê
Moschee *(f)*	mizgeft *(f)*
Mühle *(f)*	aş *(m)*
Mullah *(m)*	mela *(m)*
MüllerIn *(f/m)*	aşvan *(f/m)*
Mund *(m)*	dev *(m)*
Munition *(f)*	fîşek *(f)*, gule *(f)*
muss	gerek, lazim, mecbûr
müssen	vîn, ez div-ê-m, min divê *(tr.)*; bira; bila; gerek; mecbûr
Mut *(m)*	cesaret *(f)*
mutig	mêrxas, mêrane, merd

N

nach	li dû *(Präp.)*
nach oben	serbijor
nach unten	serbijêr
nach vorne	bi pêş da *(Präp.)*
nachmachen	kopî kirin *(tr.)*
NachrichtensprecherIn *(f/m)*	spîker *(f/m)*
Nachwort *(n)*	paşgotin *(f)*
Nacken *(m)*	stû *(m)*, mil *(m)*
nackt	rût *(Adj.)*
nah	nêzî, nêzîk
nah sein	nêzî bûn *(intr.)*
Nähe *(f)*	nêzîkî *(f)*
nähen	dirûtin, ez di-dirû-m, min dirût *(tr.)*
Nation *(f)*	milet *(m)*, qewm *(m)*, nijad *(f)*
nehmen	girtin, ez di-gr-im, min girt *(tr.)*; jêgirtin/ji ... girtin *(tr.)*; hilgirtin, ez hil-di-gr-im, min hil-girt *(tr.)*
neidisch	çavreş

Neigung *(f)*	mêl *(f)* / meyil *(f)*, meyla min
nennen	bi nav kirin *(tr.)*
nett	kubar
neu	nû
neunte(r,s)	nehem/ya-yê nehan
nicht	nîn
nicht (wahr)	ne
niederträchtig	alçax (*aus dem Türkischen*)
noch	hîn
Nonne *(f)*	rahîbe *(f)*
Norden *(m)*	bakur *(m)*
nötig	gerek, lazim, mecbûr
notwendig	gerek, lazim, mecbûr
nun	vêca, aniha
nur	tenê, bi tenê

O

oben	jor
OberbürgermeisterIn *(f/m)*	şaredar *(f/m)*
obschon	herçiqas
Ochse *(m)*	ga *(m)*
offenbaren	eşkere kirin *(tr.)*
öffnen	vekirin, ez ve-di-k-im, min ve-kir *(tr.)*
ohne Zweifel	bê şik û şuphe
ohnehin	jixwe
Opa *(m)*	bapîr *(m)*
Operation *(f)*	emelîyat *(f)*
ordnen	saz kirin *(tr.)*
Ort *(m)*	cî *(m)*
osmanisch	osmanî
Osten *(m)*	rojhilat *(m)*

P

Papier *(n)*	kaxiz *(f)*
passieren, jdm. etwas	hatin serê *(intr.)*
PatriotIn *(f/m)*	welatparêz
patriotisch	welatparêz
Person *(f)*	kes *(f/m)*
Persönlichkeit *(f)*	kesayetî *(f)*
Peschmerga, kurdischer Freiheitskämpfer	pêşmerge *(f/m)*
Petroleum *(n)*	petrol *(f)*
Pfad *(m)*	şiverê *(f)*
Pferd *(n)*	hesp *(m)*
pflanzen	daçikandin, ez da-di-çikîn-im, min da-çikand *(tr.)*
Pflug *(m)*	cot *(m)*
pflügen	cot kirin *(tr.)*
Platz *(m)*	şûn *(f)*
platzieren	xistin, ez di-xîn-im, min xist *(tr.)*
Politik *(f)*	sîyaset *(f)*
PolitikerIn *(f/m)*	sîyasetmedar *(f/m)*, sîyasetvan *(f/m)*
Praktikum *(n)*	staj *(f)*
Prinz *(m)*	mîr *(m)*
privat	taybetî *(f)*
Programm *(n)*	bername *(f)*
prügeln	lêxistin/li ... xistin *(tr.)*; lêdan/li ... dan *(tr.)*
Punkt *(m)*	xal *(f)*

R

Rahmen *(m)*	çarçove *(f)*
rasieren	kurr kirin *(tr.)*
Rede *(f)*	qal *(f)*
RassistIn *(f/m)*	nijadperest *(f/m)*
Rat *(m)*	şîret *(f)*
RatgeberIn *(f/m)*	şîretkar *(f/m)*

Raubtier *(n)*	dehbe *(m)*
Rauch *(m)*	duman *(f)*
rauchen	kişandin, ez di-k(i)şîn-im, min kişand *(tr.)*
recht	rast
Recht *(n)*	maf *(m)*
regeln	saz kirin *(tr.)*
Regen *(m)*	baran *(f)*
reiben	mizdan *(tr.)*
reich	ava
Danke! (*wörtl.* möge das Haus deines Vaters reich sein)	mala bavê te ava
Reich *(n)*	împarator *(m)*
Reihe *(f)*	dor *(f)*
ReiterIn *(f/m)*	siwar *(f/m)*
Reklame *(f)*	reklam *(f)*
religiös-rituelle Waschung	destmêj *(f)*
Rennen *(n)*	bez *(f)*
respektvoll sein	hurmet girtin *(tr.)*
retten	qedandin, ez di-qedîn-im, min qedand *(tr.)*; xilas kirin *(tr.)*
Reue *(f)*	tobe *(f)*
Revolution *(f)*	şoreş *(f)*
revolutionär	şoreşgerî *(f)*
RevolutionärIn *(f/m)*	şoreşger *(f/m)*
RichterIn *(f/m)*	hakim *(f/m)*
riechen	bêhn/bîhn kirin *(tr.)*
Rinderhirte *(m)*	gavan *(f/m)*
Roman *(m)*	roman *(f)*
römisch	Romî
Rose *(f)*	gul *(f)*
rot	sor
rotäugig	çavsor

Rücken *(m)*	pişt *(f)*
Ruf *(m)*	bang *(f)*
rufen	gazî kirin *(tr.)*; deng li ... kirin *(tr.)*
ruhig	sakîn *(Adv.)*
ruiniert	wêran

S

Saal *(m)*	dîwan *(f)*
Sache *(f)*	tişt *(f/m)*
Sack *(m)*	kîs *(m)*, heban *(f/m)*
Salat *(m)*	selete *(f)*
Salon *(m)*	salon *(f)*
sammeln	dan hev *(tr.)*, tovî serhev kirin *(tr.)*
Samt *(m)*	mexmer *(f)*
satt	têr
satt machen	têr kirin *(tr.)*
satt sein/werden	têr bûn *(intr.)*
satteln	lêkirin/li ... kirin *(tr.)*
sauber machen	paqij kirin *(tr.)*
säubern	paqij kirin *(tr.)*
sauer	tirş
Schaf *(n)*	mîh *(m)*
Schäfer *(m)*	şivan (*m; Obl.* şivên)
Scham *(f)*	şerm *(f)*
schändlich	rûreş
scharf	tûj
scheinen	xuya bûn *(intr.)*; biriqîn, ew di-biriq-e/biriqî *(intr.)*
Schere (große) zur Schafschur	cawbir *(f)*
Scheu *(f)*	şerm *(f)*
scheuern	mizdan *(tr.)*
Schicksal *(n)*	bext *(m)*
schieben	dehf dan *(tr.)*; tem dan *(tr.)*
schief sein	xar bûn *(intr.)*

Schlacht *(f)*	ceng *(f)*
Schlaf *(m)*	xew *(f)*
schlagen	xistin, ez di-xîn-im, min xist *(tr.)*; lêxistin/li ... xistin *(tr.)*; lêdan/li ... dan *(tr.)*
schlank	zirav, zeif, bejinzirav
schlau sein	zên bûn *(intr.) reg.*
schließen, aufheben	daxistin, ez da-di-x-im, min daxist *(tr.)*
Schloss *(n)*	sera *(f)*
Schluchzen *(n)*	kelegirî *(f)*
Schlüssel *(m)*	mifte *(f)*
schmecken	tam kirin *(tr.)*
schmelzen	helandin, ez di-helîn-im, min heland *(tr.)*
Schmerz *(m)*	êş *(f)*
schneiden	jêkirin, ez jê-di-kim, min jê-kir *(tr.)*; birrîn, ez di-birr-im, min birrî *(tr.)*
Schnurbart *(m)*	simbêl *(m)*
schön	xweş, delal, qeşeng, keleş
Schoß *(m)*	hemêz *(f)*
Schrei *(m)*	bang *(f)*
SchreinerIn *(f/m)*	necar *(f/m)*
Schrift *(f)*	nivîs *(f)*
SchriftstellerIn *(f/m)*	nivîskar *(f/m)*
Schritt *(m)*	gav *(f)*
Schuh *(m)*	pêlav *(f)*
Schuhe ausziehen	pêxwas kirin *(tr.)*
Schuld *(f)*	deyn *(m)*
SchuldnerIn *(f/m)*	deyndar *(f/m)*
Schule *(f)*	dibistan *(f)*
Schulter *(f)*	mil *(m)*
Schüssel *(f)*	tas *(f)*
schütteln	çelqandin, ez di-çelqîn-im, min çelqand *(tr.)*
schütteln	hejandin, ez di-hejîn-im, min hejand *(tr.)*
Schutzlosigkeit *(f)*	bêxwedîtî *(f)*

Schwager *(m)* (Bruder des Ehemannes)	tî *(m)*
schwanger	bi heml, heml
schwarz	reş
schwarzäugig	çavreş
schwärzen	reş-reş(k)î kirin *(tr.)*
Schweden	Swêd *(f)*
Schwelle *(f)*	şêmûg *(f)*
schwer	giran *(Adj.)*
Schwert *(n)*	şûr *(m)*
Schwertzieher	şûrkêş *(f/m)*
Schwimmen *(n)*	*reg.* melevanî *(f)*
schwindeln	hejandin, ez di-hejîn-im, min hejand *(tr.)*
schwören	sond xwarin *(tr.)*
sechste(r,s)	şeşem/ya-yê şeşan
See *(m)*	gol *(f)*
Seele *(f)*	rih *(m)*, gîyan *(m)*
sehen	li mêze kirin *(tr.)*; çav li ketin *(intr.)*; dîna xwe dan *(intr.)*; bala xwe dan *(tr.)*
sehnen nach, sich	dil bijîn/bijîyan *(intr.)*
Ich sehne mich nach Fleisch.	Dilê min dibije goşt.
Sehnsucht *(f)*	hesret *(f)*
Seide *(f)*	hevrîşim *(m)*
sein Leben retten	canê xwe xilas kirin *(tr.)*
Seite *(f)*	alî *(m)*, kêlek *(f)*
Seitenlocke *(f)*	zilf *(f)*
Sekunde *(f)*	sanîye *(f)*
selber	xwe bi xwe
seltsam	ecêb *(Adj.)*
Sendung *(f)*	weşan *(f)*
Sessel *(m)*	qoltix *(f)*
sich *(Reflexivpronomen)*	xwe, *reg.* xe, hev
sich interessieren	meraq kirin *(tr.)*

sich fragen	meraq kirin *(tr.)*
Sichel *(f)*	das *(f)*
Sicht *(f)*	nêrîn *(f)*
siebte(r,s)	heftem/ya-yê heftan
Sintflut *(f)*	tofan *(f)*
Situation *(f)*	rewş *(f)*
sitzen	rûniştin, ez rû-di-n-im/rû-nişt-im *(intr.)*
Skepsis *(f)*	dudilî *(f)*
Skorpion *(m)*	dûpişk *(m)*
Smaragd *(m)*	zimrûd *(f)*
so	wisa, were
so viel wie	bi qasî
sogar	tew *(Adv.)*
Sohn *(m)*	kurik *(m)*, *reg.* gede *(m),* lawik *(m)*
SoldatIn *(f/m)*	leşker *(f/m)*
sollen	vîn, ez di-vê-m, min divê *(tr.)*; bira; bila; gerek; mecbûr
Sommerweide *(f)*	Zozan *(f)*
Sorge *(f)*	xem *(f)*
Sorgen machen	meraq kirin *(tr.)*
soviel	ewçend
sowohl als auch	hem... hem...
spalten	dubendîtî kirin *(tr.)*
Spaltung *(f)*	dubendîtî *(f)*
Spaß machen	*reg.* yaranî kirin *(tr.)*
später	wextekê şûnda
Spiegel *(m)*	neynik *(f)*
Sprache *(f)*	ziman *(m)*, zar *(m)*
sprechen	axifîn, ez di-axif-im/axaft-im *(intr.)*
Sprecher(-tum) *(m)*	berdevkî *(f)*
Stab *(m)*	şivdar *(f)*
Stadt *(f)*	bajar (*m; Obl.* bajêr)

StädterIn *(f/m)*	bajarvan *(f/m)*
Stamm *(m)*	eşîr *(f)*
Stapel *(m)*	baq *(f)*
stark	şidiyayî; *Part. von* şidandin
starren	çav qurç kirin *(tr.)*
Statur *(f)*	bejin *(f)*, bejna min
Statur *(f)*	bala (*nur zusammen mit* bejn: bejn û bala)
Staub *(m)*	toz û xibar *(f)*
stechen	vedan (bi), ez ve-di-d-im, min veda *(tr.)*; gez kirin *(tr.)*
stehen	sekinîn *(intr.)*, ez di-sekin-im/sekinî-m; man/mayîn *(intr.)*, ez di-mîn-im/ma-m
stehen über Er steht über allen.	di ser ... bûn *(intr.)* Ew di ser hemûyan ra ye.
stehlen	dizîn, ez di-diz-im, min dizî *(tr.)*
steinig	kevirî
Stelle *(f)*	şûn *(f)*
stellen	lêkirin/li ... kirin *(tr.)*
sterben	mirin, ez di-mir-im/mir-im *(intr.)*; wefat kirin *(tr.)*; serî danîn *(tr.)*
steril	stewr
Stern *(m)*	stêrk *(f)*
stets	her
Stiftung *(f)*	weqf *(f)*
Stil *(m)*	awa *(m)*
still sein	birrîn (deng), ez di-birr-im, min birrî *(tr.)*
Stimme *(f)*	deng *(m)*
stimmlos	bêdeng
Stock *(m)*	şiv *(f)*
stöhnen	nale-nal kirin *(tr.)*
Stöhnen *(n)*	axîn *(f)*
stören	aciz kirin *(tr.)*
Straße *(f)*	soqaq *(f)*, sûk *(f)*
streichen	têdan/di ... dan *(tr.)*

Strich *(m)*	xet *(f)*
Stroh *(n)*	zil *(f)*
Stückchen *(n)*	heb *(f)*
StudentIn *(f/m)*	xwendekar *(f/m)*
Stuhl *(m)*	kursî *(m)*
Stunde *(f)*	saet *(f)*
stürzen	hilşandin, ez hil-di-şîn-im, min hil-şand *(tr.)*
Süden *(m)*	başûr *(m)*
Sufî *(f/m)*	sofî *(f/m)*
Sultan *(m)*	sultan *(f/m)*
Sünde *(f)*	guneh *(m)*
süß	şêrîn
Syrien	Sûrîye *(f)*

T

Tag *(m)*	ro(j) *(f)*
Taifun *(m)*	tofan *(f)*
tapfer	mêrxas, mêrane, merd, egîd
Tapferkeit *(f)*	mêrxasî *(f)*, mêranî *(f)*
Tasche *(f)*	çente *(m)*
Taube *(f)*	kevok *(f)*
taugen, für/zu	şuxul pê bûn *(intr.)*
tauschen	guhertin, ez di-guher-im, min guhert *(tr.)*
täuschen	xapandin, ez di-xapîn-im, min xapand *(tr.)*
Tee *(m)*	çay *(f)*
Teig *(m)*	hevîr *(m)*
Teil *(n)*	perçe *(m)*
teilen	parve kirin *(tr.)*; perçe kirin *(tr.)*
teilnehmen an	pişkdarî kirin *(tr.)*
Teppich *(m)*	xalîçe *(f)*
teuer	biha
Text *(m)*	metin *(f)*, metna min
Thema *(n)*	mijar *(f)*

tief	kûr *(Adj.)*
tiefgläubiger Mensch	sofî *(f/m)*
Titel, mit/unter dem	bi navê
Tochter *(f)*	keçik *(f)*
Todesengel *(m)*	Ezreîl *(m)*
Toilette *(f)*	avdestxane *(f)*
Tor *(n)*	dergeh *(m)*
töten	kuştin, ez di-kuj-im, min kuşt *(tr.)*
tragen	hilgirtin, ez hil-di-gr-im, min hil-girt *(tr.)*
tränken	av dan *(tr.)*
Traube *(f)*	tirî *(m)*
Traubenbüschel *(n)*	guşî *(f)*
trauen, ehelich	mehr kirin *(tr.)*
trauen, sich	wêrîn, ez di-wêr-im/wêrî-m *(intr.)*
Trauer *(f)*	xemgînî *(f)*
träumen	xeyal kirin *(tr.)*
traurig	stûxwar
treffen, auf jdn.	qelibîn, ez di-qelib-im/qelibîm *(intr.)*
trennen	berdan, ez ber-di-d-im, min ber-da *(tr.);* perçe kirin *(tr.)*
Trennung *(f)*	dubendîtî *(f)*
treulos	bêbext
Trohn *(m)*	text *(m)*
Trommel *(f)*	dahol *(f)*
trösten	li ber dilê ... dan *(tr.)*
Trümmer *(Pl.)*	kelef *(m)*
tun	kirin, ez di-k-im, min kir *(tr.)*
Tür *(f)*	derî *(m)*
Türke/In *(f/m)*	tirk *(f/m)*
Türkei *(f)*	Tirkîye *(f)*
Turm *(m)*	birc *(f)*
TürsteherIn *(f/m)*	dergevan *(f/m)*
Tüte *(f)*	kîs *(m)*

U

überbringen	gihandin, ez di-g(i)hên-im, min gihand *(tr.)*
überdecken	nixaftin, ez di-nixêf-im, min nixaft *(tr.)*
übereinkommen	li hev kirin *(tr.)*
überhaupt nicht	tu *(Gebrauch nur zusammen mit der Negation)*
überqueren	derbas ... bûn *(intr.)*; derbas kirin *(tr.)*
überreichen	dirêj kirin *(tr.)*
übersetzen (in)	wergerandin (ser), ez wer-di-gerîn-im, min wergerand *(tr.)*
ÜbersetzerIn *(f/m)*	tercuman *(f/m)*
Ufer *(n)*	berav *(m)*, perav *(f)*
Uhr *(f)*	saet *(f)*
um ... herum	dor *(f)*
um zu	bona, ji bona, da ku
umarmen	hemêz kirin *(tr.)*
Umgang *(m)*	tewr *(f)*
umzäunt	sûrkirî
unbepflanzt	beyar
unendlich	serî heye, binî tuneye
unentschlossen sein	xwe sist kirin *(tr.)*
unfruchtbar	stewr
unfruchtbares Land	beyar
Ungeheuer *(n)*	hût *(m)*
Universität *(f)*	zanîngeh *(f)*
unklug	aqilsivik *(Adj.)*
unproduktiv	stewr
unschlüssig sein	ketin dudilîyê *(intr.)*
unten	jêr, bin *(Präp.)*
Unterdrückte(r) *(f/m)*	bindest *(f/m)*
Untergebene(r) *(f/m)*	bindest *(f/m)*
Unternehmen *(n)*	kargeh *(f)*
Unterricht *(m)*	ders *(f)*

unterrichten	fêr kirin *(tr.)*; hîn kirin *(tr.)*; ders dan *(tr.)*
unterscheiden	ferq kirin *(tr.)*
ununterbrochen	ser hev
Ursache *(f)*	sebeb *(f)*, sedem *(f)*

V

Verantwortliche(r) *(f/m)*	rayedar *(f/m)*
verärgert sein	zîz bûn *(intr.)*
verbilligen	erzan kirin *(tr.)*
verbinden	girê dan *(tr.)*
verblüfft werden/sein	gêjbûn *(intr.)*
verbreiten	belav kirin *(tr.)*
verbrennen	şewitîn, ez di-şewit-im/şewitî-m *(intr.)*
verdächtigen	şik kirin *(tr.)*
verdienen	heq kirin *(tr.)*; qezenc kirin *(tr.)*
verehrt	xweş, qeşeng, keleş, delal
vereinen	bûn yek *(intr.)*
Vereinigung *(f)*	yekitî *(f)*
verfolgen	dan dû(v) *(tr.)*; dan pey; li pê hev gerîyan *(intr.)*
vergeben	helal kirin *(tr.)*
vergehen	derbas ... bûn *(intr.)*
vergessen	ji bîr kirin *(tr.)*
vergrößern	mezin kirin *(tr.)*
verheiraten	mehr kirin *(tr.)*
Verkehr *(m)*	trafîk *(f)*
Verlag *(m)*	weşanxane *(f)*
verlängern	dirêj kirin *(tr.)*
verlassen	dev ji ... berdan, ez dev ji ... berdidim, min dev ji ... berda *(tr.)*; pêşî ... berdan *(tr.)*; terikandin, ez di-terikîn-im, min terikand *(tr.)*; lê dan çûn *(tr.) (Redewendung)*
Verlassen *(n)*	terk *(f)*
verletzen	jêgirtin/ji ... girtin *(tr.)*; birîndar kirin *(tr.)*

verlieben, sich	dil ketin ... *(intr.)*; çav ketin hev *(intr.)*; çav berdan *(tr.)*
Zozan verliebte sich in Baran.	Dilê Zozanê ket Baran.
verliebt	evîndar
verlieren	wenda kirin *(tr.)*; wenda bûn *(intr.)*
Verlobte(r) *(f/m)*	dergîstî *(f/m)*
vermissen	bêrî (*a.* bîrî) kirin *(tr.)*; *reg.* xerîbî kirin *(tr.)*
Vermögen *(n)*	hebûn-tunebûn *(f)*
vernünftig	maqûl
vernünftig werden	hatin ser hişê xwe *(intr.)*
Vernunft *(f)*	hiş *(m)*
veröffentlichen	derxistin (ji), ez der-di-x-im, min der-xist *(tr.)*; belav kirin *(tr.);* çap kirin *(tr.)*
veröffentlicht werden	çap bûn *(intr.)*
verräterisch	bêbext
versagen	pûç kirin *(tr.)*
versammeln	civiyan (li hev), ez di-civ-im/civîya-m *(intr.)*
verschieben	paşde dan *(tr.)*
versöhnen	li hev anîn *(tr.); reg.* aşt bûn *(intr.)*
versprechen	soz dan *(tr.)*
Verstand *(m)*	aqil *(m)*; hiş *(m)*
verstehen	fehm/fêm kirin *(tr.)*; bi ser ketin *(intr.)*
Vertrag *(m)*	peyman *(f)*
vertreiben	belav kirin *(tr.)*
VertreterIn *(f/m)*	nûner *(f/m)*
Verwandte *(f/m)*	lêzim *(f)*
verwunden	birîndar kirin *(tr.)*
verziert	xemilandî
verzweifelt sein	*reg.* atirîn, ez di-atir-im/atirî-m *(intr.)*
viel	zêde, zor
vielleicht	belkî *(Adv.)*
vierte(r,s)	çarem/ya-yê çaran
Vogel *(m)*	teyr *(m)*
Volk *(n)*	milet *(m)*, qewm *(m)*

vor	berî
vor Angst zittern	bizdîn /bizdîyan, ez di-bizd-im/bizdîya-m *(intr.)*
VorarbeiterIn *(f/m)*	serkar *(f/m)*
vorbereiten	amade kirin *(tr.)*; hazir kirin *(tr.)*
Vorbereitungen treffen	hazirî kirin *(tr.)*
Vorderseite *(f)*	ber *(m)*
vorhanden sein	peyda bûn *(intr.)*
Vorhang *(m)*	perde *(f)*
Vorreiter *(m)*	pêşeng *(f/m)*
Vorsitzende(r) *(m/f)*	serok *(f/m)*
vorstellen	pêşkeş kirin *(tr.)*
Vorteil *(m)*	berjewendî *(f)*
Vorwort *(n)*	pêşgotin *(f)*

W

wach	hişyar
wach rufen	zindî kirin *(tr.)*
Wache *(f)*	nobet *(f)*
wachsen	şîn bûn *(intr.)* (*etymolog. von* hêşîn bûn – wachsen)
WächterIn *(f/m)*	nobedar *(f/m)*
wackeln	hejandin, ez di-hejîn-im, min hejand *(tr.)*
Waffe *(f)*	çek *(m)*
wahrnehmen	hesîyan (bi/pê), ez di-hes-im/hesîya-m *(intr.)*
wahrscheinlich	belkî; muhtemel
wallen	pêl dan *(tr.)*
Wand *(f)*	dîwar *(m)*
wann	çi wext, çaxtê, kengê
warm	germ *(Adj.)*
Wärme *(f)*	germahî *(f)*, germayî *(f)*, germî *(f)*
Warnung *(f)*	îxtarî *(f)*
warum	çima
was	çi
waschen	şûştin, ez di-şo-m, min şûşt *(tr.)*

Waschung *(f)*	avdest *(f)*
Wasser *(n)*	av *(m)*
wässerig	avî *(Adj.)*
Wassermelone *(f)*	zebeş *(f)*
wechseln	guhertin, ez di-guher-im, min guhert *(tr.)*
weder noch	ne... ne...
wegen	ji ber *(Präp.)*, ji bo xatirê
Weib *(n)*	afret *(f)*
weiden	çêrandin, ez di-çêrîn-im, min çerand *(tr.)*
weil	ji ber ku, lewra
weinen, hinter etwas her-	dil [li] ser şewitîn *(Redewendung)*
weinerlich werden	*reg.* dev dan girîn *(tr.)*
Weintraubengarten *(m)*	rez *(m)*
Weise *(f)*	awa *(m)*
Weise *(f)*	rûspî *(f/m)*
weiß	spî, *reg.* sîs
weit	dûr
welche(r,s)	kîjan
Welle *(f)*	pêl *(f)*
Welt *(f)*	cîhan *(f)*
wenigstens	kêmî kêm
wenn	heger, ger
wenn ... nicht wäre	ne ji ... bûn *(intr.)*
wenn auch	herçiqas
wer	kî *(C. Rect.)*, kê *(C. Obl.)*
werfen	avêtin, ez di-avêj-im, min avêt *(tr.)*
Werk *(n)*	berhem *(f)*
Wesen *(n)*	tebîet *(m)*
Westen *(m)*	rojava *(m)*
wie	çawa *(Fragewort)*, mîna *(Vergleich)*, nola *(Vergleich)*, wek(î/e/u)
wie viele	çend

wiederholen	dubare kirin *(tr.)*
wildes Tier	*reg.* dehbe *(m)*
Wildnis *(f)*	çol *(f)*
Wille *(m)*	xwezî *(f) (Einleitungswort bei Wunschsätzen)*
Wind *(m)*	ba *(m)*
wirklich	bi rastî
wo	li kûderê
Woge *(f)*	pêl *(f)*
wogen	pêl dan *(tr.)*
wohlgeformt	bejinzirav
Wohnort sein	cî-star bûn *(intr.)*
Wohnung *(f)*	xanî *(m)*
Wolf *(m)*	gur *(m)*
wolkig	ewravî *(Adj.)*
wollen	xwestin, ez di-xwaz-im, min xwast *(tr.)*
Wort *(n)*	gotin *(f)*, qezî *(f)*
wunderlich	ecêb *(Adj.)*
Wunsch *(m)*	xwezî *(f) (Einleitungswort bei Wunschsätzen)*
Wunsch *(m)*	mirad *(m)*
wünschen	mirad kirin *(tr.)*
wünschend	miradxwaz *(Adj.)*
würdigen	qedir girtin *(tr.)*
Wut *(f)*	hêrs *(f)*
wütend	çavsor

Y

Yerevan	Êrîvan *(f)*

Z

z. B.	mesela
zählen zu	hesibandin, ez di-hesibîn-im, min hesiband *(tr.)*
Zauberei *(f)*	sêhr *(f)* / sihr *(f)*
zehnte(r,s)	dehem/ya-yê dehan
Zeichen *(n)*	işaret *(f)*

zeigen	îşaret kirin *(tr.)*; nîşan dan *(tr.)*; ray dan *(tr.)*
Zeit *(f)*	wext *(f)*, zeman *(m)*
Zeitung *(f)*	rojname *(f)*
Zeitungsartikel *(m)*	bend *(f)*
Zelle *(f)*	hucre *(f)*
Zelt *(n)*	kon *(m)*
Zentrum *(n)*	navend *(f)*
zerbrechen	şikandin, ez di-ş(i)kên-im, min şikand *(tr.)*; şikestin, ez di-şkê-m/şikîya-m *(intr.)*
zerlegen	perçe kirin *(tr.)*
zerstört	wêran
zerstückeln	hûr-hûrî kirin *(tr.)*
Zeugnis *(n)*	bawername *(f)*
ziehen	kişandin, ez di-k(i)şîn-im, min kişand *(tr.)*
Zigarette *(f)*	cixare *(f)*
Zimmer *(n)*	ode *(f)*
zivil	medenî *(Adj.)*
zu	cem
zu jener Zeit	wê demê
züchten	xwedî kirin *(tr.)*
Zucker *(m)*	şekir *(f)*
zufrieden sein	razî bûn *(intr.)*
zugeneigt	mêldar *(Adj.)*
zuhören	guhdarî kirin *(tr.)*; guh dan *(tr.)*
zulassen	hiştin, ez di-hêl-im, min hişt *(tr.)*
zuliebe	ji bo xatirê
Zuneigung *(f)*	mêl *(f)* / meyil *(f)*, meyla min
Zunge *(f)*	ziman *(m)*, zar *(m)*
zurück	bi şûn da

zürückgehen	vegerîn, ez ve-di-ger-im/vegerîya-m *(intr.)*
Meine Verbindung mit dem Norden geht auf das Jahr 1984 zurück.	Têkilîyên min bi Bakurî ra vedigerin sala 1984an.
zurückkehren	zivirîn, ez di-zivir-im/zivirî-m *(intr.)*; vegerîn, ez ve-di-ger-im/vegerîya-m *(intr.)*
zurückschieben	paşde dan *(tr.)*
zusammen	digel *(Präp.)*
zusammen kommen	civiyan (li hev), ez di-civ-im/civîya-m *(intr.)*
zusammen tun	dan hev *(tr.)*, tovî serhev kirin *(tr.)*
zusammensetzen	bûn yek *(intr.)*
Zustand *(m)*	rewş *(f)*
Zweifel *(m)*	tereddud *(f)*
Zweig *(m)*	çiqil *(f)*
zweite(r,s)	duyem/ya-yê du(diy)an/duwemîn
zwischen	navber *(Präp.)*

VERBSTÄMME

aciz bûn *(intr.)*	sich ärgern, langweilen
aciz kirin *(tr.)*	bedrücken, stören
alî ... kirin *(tr.)*	helfen
amade bûn *(intr.)*	fertig/bereit sein
amade kirin *(tr.)*	vorbereiten, bereitstellen
anîn bîra ... *(tr.)*	erinnern an
aşt bûn *(intr.) reg.*	sich aussöhnen/versöhnen
atirîn, ez di-atir-im/atirîm *(intr.) reg.*	verzweifelt sein
ava kirin *(tr.)*	erbauen, bebauen, gründen
av dan *(tr.)*	bewässern, tränken
avêtin, ez di-avêj-im, min avêt *(tr.)*	werfen
axifîn, ez di-axif-im/axaft-im *(intr.)*	sprechen
aza(d) bûn *(intr.)*	frei sein/werden, befreit sein
badan, ez ba-di-d-im, min ba-da *(tr.)*	drehen
bala xwe dan *(tr.)*	sehen, angucken
bar kirin *(tr.)*	beladen, fortfahren
bawer bûn *(intr.)*	glauben
bawer kirin *(tr.)*	glauben
bawerî bi ... hebûn *(intr.)*	glauben an
behs kirin *(tr.)*	erzählen, berichten
bela xwe di ... dan *(tr.)*	anpöbeln, auf die Nerven gehen
belav kirin *(tr.)*	vertreiben, verbreiten, veröffentlichen
berdan, ez ber-di-d-im, min ber-da *(tr.)*	(los)lassen, aufhören, trennen
berê xwe dan *(tr.)*	sich begeben in/nach
berhev kirin *(tr.)*	einsammeln, anhäufen
bersiv dan *(tr.)*	antworten

ber xwe ketin, li *(Redewendung)*	sich ärgern, betrübt sein
betal kirin *(tr.)*	abschaffen, absagen
bêhn (a. *bîhn*) kirin *(tr.)*	riechen
bêrî (a. *bîrî*) kirin *(tr.)*	vermissen
bibîr anîn *(tr.)*	erinnern
bihîstin, ez di-bihîz-im, min bihîst *(tr.)*	hören
bikar anîn *(tr.)*	benutzen, gebrauchen
bikar hatin *(intr.)*	im Gebrauch sein, benutzt werden
bilind kirin *(tr.)*	heben, erheben
bi nav kirin *(tr.) Neol.*	nennen, benennen
birin û çûn *(tr., Redewendung)*	hinbringen
biriqîn, ew di-biriq-e/biriqî- *(intr.)*	scheinen, glänzen
birîndar kirin *(tr.)*	verletzen, verwunden
birrîn, ez di-birr-im, min birrî *(tr.)*	schneiden, still sein
bi ser ketin *(intr.)*	erkennen, verstehen
bizdîn /bizdîyan, ez di-bizd-im/bizdîya-m *(tr.)*	sich fürchten, vor Angst zittern
bîhn kirin *(tr.)*	riechen
canê xwe xilas kirin *(tr.)*	sein Leben retten
ceribandin, ez di-ceribîn-im, min ceriband *(tr.)*	ausprobieren
civiyan (li hev), ez di-civ-im/civîya-m *(intr.)*	zusammen kommen, sich versammeln
cî-star bûn *(intr.)*	Wohnort sein, bewohnen
cot kirin *(tr.)*	pflügen
çap bûn *(intr.)*	veröffentlicht werden
çap kirin *(tr.)*	veröffentlichen, herausbringen
çar(e) bûn *(intr.)*	Lösung sein
çav berdan *(tr.)*	ins Auge fassen, sich verlieben
çav ketin hev *(intr.)*	Augenkontakt hegen, sich verlieben
çav li ketin *(intr.)*	sehen, erblicken
çav qurç kirin *(tr.)*	starren
çelqandin, ez di-çelqîn-im, min çelqand *(tr.)*	schütteln

çêrandin, ez di-çêrîn-im, min çerand *(tr.)*	weiden
çinîn, ez di-çin-im, min çinî *(tr.)*	mähen
çûn rûyên hev *(intr.)*	sich küssen
dan pey, ez di-d-im pey, min da pey *(tr.)*	verfolgen, auf den Fersen sein
daçikandin, ez da-di-çikîn-im, min da-çikand *(tr.)*	pflanzen
dadan, ez da-di-d-im, min da-da *(tr.)*	anzünden, anmachen
dagirtin, ez da-di-gr-im, min da-girt *(tr.)*	(be)füllen, (an-)füllen
dan, ez di-d-im, min da *(tr.)*	geben
dan dû(v) *(tr.)*	folgen, verfolgen
dan hev *(tr.)*	zusammen tun, einsammeln, sammeln
danîn, ez da-t-în-im, man danî *(tr.)*	legen, (sich mit) anlegen
darda kirin *(tr.)*	aufhängen
daweşandin, ez da-di-weşîn-im, min daweşand *(tr.)*	abschütteln
daxistin, ez da-di-x-im, min da-xist *(tr.)*	schließen, aufheben
deforme kirin *(tr.)*	deformieren, ändern
dehf dan *(tr.)*	schieben
deng li ... kirin *(tr.)*	jdn. rufen
deranîn, ez der-tîn-im, min der-anî *(tr.)*	herausnehmen, herausbringen
derbas ... bûn *(intr.)*	betreten, überqueren, durchgehen, eintreten, vergehen, einreisen
derbas kirin *(tr.)*	überqueren, überqueren lassen
derbaz kirin *(tr.)*	→ derbas kirin
derketin, ez der-di-kev-im/der-ket-im *(intr.)*	herauskommen, erscheinen
ders dan *(tr.)*	unterrichten
derxistin (ji), ez der-di-x-im, min der-xist *(tr.)*	herausbringen, veröffentlichen, herausnehmen (aus), herausgeben
destmêj girtin *(tr.)*	die Gebetswaschung vornehmen
destpê kirin/dest bi ... kirin *(tr.)*	beginnen, anfangen

dev dan girîn *(tr.) reg.*	weinerlich werden
dev ji ... berdan, ez dev ji ... ber-di-dim, min dev ji ... ber-da *(tr.)*	in Ruhe lassen, aufhören mit, verlassen
dewam kirin *(tr.)*	fortsetzen
dewisandin, ez di-dewisîn-im, min dewisand *(tr.)*	eindrücken
dexisîn, ez di-dexis-im/dexisî-m *(intr.)*	eifersüchtig sein
deyn kirin *(tr.)*	ausleihen, borgen
di cih da bûn *(intr.)*	angemessen sein
dil ketin ... *(intr.)*	sich verlieben
dilbar *(Adj.)*	charmant, fasziniert
dil bi xwe bûn *(intr.)*	Mitleid mit sich haben
dil bijîn/bijîyan *(intr.)*	begehren, sich sehnen nach
dil [li] ser şewitîn *(Redewendung)*	hinter etwas (her-) weinen, jdm. Leid tun
dirêj kirin *(tr.)*	verlängern, überreichen
dirûtin, ez di-dirû-m, min dirût *(tr.)*	nähen
di ser ... bûn *(intr.)*	stehen über
dizîn, ez di-diz-im, min dizî *(tr.)*	stehlen
dîna xwe dan *(intr.)*	sehen, sich etwas angucken, bemerken
dîyar kirin *(tr.)*	bekannt machen
dom kirin *(tr.)*	fortsetzen, fortführen
dotin, ez di-doş-im, min dot *(tr.)*	melken
dubare kirin *(tr.)*	wiederholen
dubendîtî kirin *(tr.)*	spalten
dûr xistin *(tr.)*	bannen, fortschaffen
dwîtin, ez di-doş-im, min dwît *(tr.) reg.*	→ *Standardvar.* dotin
efû kirin *(tr.)*	begnadigen
emir kirin *(tr.)*	befehlen
erzan kirin *(tr.)*	verbilligen
eşkere kirin *(tr.)*	enthüllen, offenbaren

êriş kirin *(tr.)*	angreifen, attackieren
fehm (a. *fêm*) kirin *(tr.)*	verstehen
ferq kirin *(tr.)*	unterscheiden, bemerken
fersend dan *(tr.)*	→ firsend dan
fêm (a. *fehm*) kirin *(tr.)*	verstehen
fêr kirin *(tr.)*	lehren, unterrichten
firîn, ez di-fir-im/firîya-m *(intr.)*	fliegen
firsend dan *(tr.)*	eine Möglichkeit geben
gazî kirin *(tr.)*	rufen
gerandin, ez di-gerîn-im, min gerand *(tr.)*	drehen
gez kirin *(tr.)*	beißen
gêjbûn *(intr.)*	betäubt/verblüfft werden/sein
gêj kirin *(tr.)*	ermüden, betäuben
gihandin, ez di-g(i)hên-im, min gihand *(tr.)*	erreichen, bringen, überbringen
girê dan *(tr.)*	binden, verbinden
girtin, ez di-gr-im, min girt *(tr.)*	fangen, nehmen, bekommen
girtin, xwe *(tr.)*	sich beherrschen
girtin kar *(tr.)*	beschäftigen
guh dan *(tr.)*	zuhören
guhdarî kirin *(tr.)*	(zu)hören, folgen
guhertin, ez di-guher-im, min guhert *(tr.)*	tauschen, wechseln
hahanga dan *(tr.) reg.*	sich beeilen
hatin ... *(intr.)*	angreifen
hatin ... *(intr.)*	angreifen
hatin bîra ... *(intr.)*	sich erinnern an
hatin serê *(intr.)*	jdm. passiert etwas
hatin ser hişê xwe *(intr.)*	vernünftig werden
hazirî kirin *(tr.)*	Vorbereitungen treffen, vorbereiten
hejandin, ez di-hejîn-im, min hejand *(tr.)*	wackeln, schwindeln, schütteln
helal kirin *(tr.)*	vergeben

helandin, ez di-helîn-im, min heland *(tr.)*	schmelzen
hemêz kirin *(tr.)*	umarmen
heq kirin *(tr.)*	verdienen
hesibandin, ez di-hesibîn-im, min hesiband *(tr.)*	zählen zu
hesîyan (bi/pê), ez di-hesim/hesîya-m *(intr.)*	erfahren, wahrnehmen, bemerken, fühlen
hez ji ... kirin *(tr.)*	lieben, mögen
hicûm kirin *(tr.)*	attackieren
hilanîn, ez hil-tîn-im, min hil-anî *(tr.)*	(auf)räumen, heben
hilbijartin, ez hil-di-bijêr-im, min hil-bijart *(tr.)*	(aus)wählen
hilçinîn, ez hil-di-çin-im, min hil-çinî *(tr.)*	aufräumen
hildan, ez hil-di-d-im, min hil-da *(tr.)*	hochheben, empor heben, entgegen nehmen
hilgirtin, ez hil-di-gr-im, min hil-girt *(tr.)*	tragen, nehmen, heben
hilşandin, ez hil-di-şîn-im, min hil-şand *(tr.)*	abreißen, stürzen
hiştin, ez di-hêl-im, min hişt *(tr.)*	lassen, zulassen
hişyar bûn *(intr.)*	aufwachen
hîn kirin *(tr.)*	lehren, unterrichten
hurmet girtin *(tr.)*	respektvoll sein
hûr-hûrî kirin *(tr.)*	zerstückeln
îkram kirin *(tr.)*	anbieten
înkar kirin *(tr.)*	leugnen
îşaret kirin *(tr.)*	zeigen
jêgirtin/ji ... girtin *(tr.)*	anstecken, verletzen
jêkirin, ez jê-di-k-im, min jê-kir *(tr.)*	schneiden
ji ber çavan wenda bûn *(intr.)*	aus den Augen verlieren
ji ber kirin *(tr.)*	auswendig lernen
ji bîr kirin *(tr.)*	vergessen
ji hez kirin/hez ji ... kirin *(tr.)*	lieben, mögen
ji pê kirin *(tr.)*	ausziehen

ji rica kirin *(tr.)*	bitten
jîyan, ez di-jî-m/jîya-m *(intr.)*	leben
kal bûn *(intr.)*	alt werden
kal kirin *(tr.)*	jdn. «alt machen», krank machen, altern lassen
kanîn, ez di-kan-im, min kanî *(tr.)*	können
kar kirin *(tr.)*	arbeiten
karîn, ez di-kar-im, min karî *(tr.)*	können
kenîn, ez di-ken-im/kenîya-m *(intr.)*	lachen
kerem kirin *(tr.)*	bitten
ketin, ez di-kev-im/ket-im *(intr.)*	fallen
ketin dudilîyê *(intr.)*	unschlüssig sein
ketin nivînan *(intr.)*	ins Bett gehen
kifş kirin *(tr.)*	erfinden, aufdecken
kirin, ez di-k-im, min kir *(tr.)*	machen, tun
kirin der *(tr.)*	hinaus-/herausschmeißen
kişandin, ez di-k(i)şîn-im, min kişand *(tr.)*	rauchen, ziehen, aushalten
kolan, ez di-kol-im, min kola *(tr.)*	ausgraben, graben, einritzen
konsantre bûn *(intr.)*	konzentrieren
kopî kirin *(tr.)*	kopieren, nachmachen
kudandin, di-kudîn-e, kudand *(intr.)*	(an)dauern
kurr kirin *(tr.)*	rasieren, kürzen (Haare)
kursî *(m)*	Stuhl *(m)*
kuştin, ez di-kuj-im, min kuşt *(tr.)*	töten
lava kirin *(tr.)*	bitten, anflehen
lavahî kirin *(tr.)*	anflehen
lazim bûn *(intr.)*	gebrauchen, benötigen
leşkerî kirin *(tr.)*	den Militärdienst leisten
lêdan/li ... dan *(tr.)*	schlagen, besiegen
lê dan çûn *(tr.) (Redewendung)*	gehen, verlassen

lêkirin/li ... kirin *(tr.)*	aufeinanderlegen, stellen, satteln, anziehen
lêxistin/li ... xistin *(tr.)*	schlagen, prügeln
li ber dilê ... dan *(tr.)*	jdn. trösten
li hev anîn *(tr.)*	versöhnen
li hev kirin *(tr.)*	sich übereinkommen
li kêfa xwe mêze kirin *(tr.)*	es sich wohl gehen lassen
li pê hev gerîyan *(intr.)*	folgen
maç kirin *(tr.)*	küssen
man, ez di-mîn-im/ma-m *(intr.)*/mayîn (*a.* man), ez di-mîn-im/ma-m *(intr.)*	bleiben
mehkeme kirin *(tr.)*	anklagen
mehr kirin *(tr.)*	(ehelich) trauen, verheiraten
meraq kirin *(tr.)*	sich Sorgen machen, sich interessieren, sich fragen
meşîn/meşîyan, ez di-meş-im/meşîya-m *(intr.)*	laufen
mezin kirin *(tr.)*	vergrößern, größer machen
mêze kirin *(tr.)*, li	gucken, sehen, fernsehen
minet kirin *(tr.)*	Dankbarkeit verlangen
mirad kirin *(tr.)*	wünschen
mirin, ez di-mir-im/mir-im *(intr.)*	sterben
mûnandin, ez di-mûnîn-im, min mûnand *(tr.)*	flechten
nale-nal kirin *(tr.)*	stöhnen
nas kirin *(tr.)*	kennen
ne ji ... bûn *(intr.)*	wenn ... nicht wäre
nexweş ketin *(tr.)*	krank werden
nêzî bûn *(intr.)*	nah sein
nixaftin, ez di-nixêf-im, min nixaft *(tr.)*	überdecken
nîşan dan *(tr.)*	zeigen
paqij kirin *(tr.)*	sauber machen, säubern

parve kirin *(tr.)*	teilen
paşde dan *(tr.)*	zurückschieben, verschieben
perçe kirin *(tr.)*	teilen, trennen, zerlegen
pesn dan *(tr.)*	loben
peya kirin *(tr.)*	herabsteigen, aussteigen lassen
peyda bûn *(intr.)*	erscheinen, existieren, vorhanden sein
peyda kirin *(tr.)*	finden, herstellen, entdecken, auffinden
pê ... hesîyan, ez bi/pê ... di-hes-im/ bi/pê ... hesîya-m*(intr.)*	bemerken, fühlen, erfahren
pêl dan *(tr.)*	wogen, wallen
pêrgî hatin *(intr.)*	entgegen kommen
pêşî ... berdan *(tr.)*	in Ruhe lassen
pêşkeş kirin *(tr.)*	vorstellen, anbieten
pêxistin, ez pê di-x-im, min pê-xist *(tr.)*	anzünden
pêxwas kirin *(tr.)*	jdm. die Schuhe ausziehen
pirs kirin *(tr.)*	fragen
pirsîn *(tr.)*, li	fragen nach,
piste-pist kirin *(tr.)*	flüstern
pişkdarî kirin *(tr.) reg.*	teilnehmen an
pişta xwe rast kirin *(Redewendung)*	sich aufrichten
pîr kirin *(tr.)*	jdn. «alt machen», ermüden, krank machen, ärgern
pîroz kirin *(tr.)*	gratulieren, feiern
pûç kirin *(tr.)*	versagen, misslingen
qal kirin *(tr.)*	erzählen von
qebûl kirin *(tr.)*	akzeptieren, annehmen
qedandin, ez di-qedîn-im, min qedand *(tr.)*	beenden
qedir girtin *(tr.)*; *qedrê min*	würdigen, ehren
qelibîn, ez di-qelib-im/qelibî-m *(intr.)*	auf jdn. treffen

qelîn/qelîyan, ez di-qel-im/qelîya-m *(intr.)*	braten, ausrotten
qeyd kirin *(tr.)*	anmelden, aufnehmen
qezenc kirin *(tr.)*	verdienen, gewinnen
qijilandin, ez di-qijilîn-im, min qijiland *(tr.)*	braten
qir kirin *(tr.)*	ausrotten
qul kirin *(tr.)*	lochen
qut bûn *(intr.)*	getrennt sein
rabûn (pê), ez ra-di-b-im/rabû-m *(intr.)*	aufstehen
rabûn ser *(tr.)*	angreifen
rakirin, ez ra-di-k-im, min ra-kir *(tr.)*	beseitigen, aufheben
rast hatin *(intr.)*	begegnen
rast kirin *(tr.)*	korrigieren
raxistin, ez ra-di-x-im, min ra-xist *(tr.)*	auslegen
ray dan *(tr.)*	zeigen
razî bûn *(intr.)*	zufrieden sein
reş-reş(k)î kirin *(tr.)*	schwärzen
revandin, ez di-revîn-im, min revand *(tr.)*	entführen
revîn, ez di-rev-im/revîya-m *(intr.)*	fliehen, flüchten, laufen, joggen
rexne kirin *(tr.)*	kritisieren
rihet kirin *(tr.)*	ausruhen
rûniştin, ez rû-di-n-im/rû-nişt-im *(intr.)*	sitzen
sabûn kirin *(tr.)*	einseifen
saz kirin *(tr.)*	regeln, ordnen
seh kirin *(tr.)*	hören
sekinîn, ez di-sekin-im/sekinî-m *(intr.)*	bleiben, stehen
ser ... ketin belayê *(intr.)*	in Bedrängnis kommen
serî danîn (tr.)	sterben
serxweş bûn *(intr.)*	betrunken sein
sirgûn kirin *(tr.)*	ins Exil schicken
sist kirin *(tr.)*	(ab)schwächen

siwar kirin *(tr.)*	hinaufsteigen lassen
sîyar bûn *(intr.)*	besteigen
sond xwarin *(tr.)*	schwören
soz dan *(tr.)*	versprechen
şabûn (bi/pê), ez şa-di-b-im/şabû-m *(intr.)*	froh sein, sich freuen (über)
şahî girtin *(tr.)*	Freude ergreifen
şaş kirin *(tr.)*	in die Irre führen, sich irren
şehîd bûn *(intr.)*	Märtyrer sein
şewitandin, ez di-şewitîn-im, min şewitand *(tr.)*	in Brand setzen
şewitîn, ez di-şewit-im/şewitî-m *(intr.)*	brennen, verbrennen
şên bûn *(intr.)*	blühen
şibîn, ez di-şib-im/şibîya-m *(intr.)*	ähneln
şidandin, ez di-şidîn-im, min şidand *(tr.)*	festdrücken, festpressen
şik kirin *(tr.)*	verdächtigen, bezweifeln
şikandin, ez di-ş(i)kên-im, min şikand *(tr.)*	kaputt machen, zerbrechen
şikestin, ez di-şkê-m/şikîya-m *(intr.)*	kaputt gehen, zerbrechen
şîn bûn *(intr.)*	wachsen, grün werden *(etymolog. von* hêşîn bûn – wachsen*)*
şîyan, ez di-şê-m, min şa *(tr.)*	können
şuxul pê bûn *(intr.)*	für etwas taugen
şûştin, ez di-şo-m, min şûşt *(tr.)*	waschen
tam kirin *(tr.)*	schmecken
tehdît kirin *(tr.)*	drohen
tehl kirin *(tr.)*	bitter machen
telefon kirin *(tr.)*	anrufen
temaşe kirin *(tr.)*, li	sich etwas anschauen
tem dan *(tr.)*	schieben
tenefûs kirin *(tr.)*	atmen
tenê hiştin *(tr.)*	allein lassen

teqînî kirin *(tr.)*	Krach machen, an der Tür klopfen
terikandin, ez di-terikîn-im, min terikand *(tr.)*	verlassen, aussetzen
teze kirin *(tr.)*	entfachen, erneuern
têdan/di ... dan *(tr.)*	glätten, streichen
têr bûn *(intr.)*	satt sein/werden
têr kirin *(tr.)*	satt machen
tije kirin *(tr.)*	→ tijî kirin
tijî kirin *(tr.)*	füllen, anfüllen
tovî serhev kirin *(tr.)*	zusammen tun
vedan (bi), ez ve-di-d-im, min ve-da *(tr.)*	beißen, stechen, graben
vegerandin, ez ve-di-gerîn-im, min ve-gerand *(tr.)*	entgegnen
vegerîhan, ez ve-di-gerih-im/ve-digerîha-m	→ vegerîn
vegerîn, ez ve-di-ger-im/ve-gerîya-m *(intr.)*	zurückgehen
vekirin, ez ve-di-k-im, min ve-kir *(tr.)*	öffnen
vêxistin, ez vê-di-x-im, min vê-xist *(tr.)*	anzünden, einschalten, anmachen
vîn, ez di-vê-m, min divê *(tr.)*	sollen, müssen
wefat kirin *(tr.)*	sterben
wenda bûn *(intr.)*	verlieren
wenda kirin *(tr.)*	verlieren
wergerandin (ser), ez wer-di-gerîn-im, min wer-gerand *(tr.)*	übersetzen (in)
wergirtin, ez wer-di-gr-im, min wer-girt *(tr.)*	bekommen, entgegen nehmen
westandin, ez di-westîn-im, min westand *(tr.)*	ermüden, erschöpfen
weşandin, ez di-weşîn-im, min weşand *(tr.)*	fallen lassen
wêrîn, ez di-wêr-im/wêrî-m *(intr.)*	sich trauen
xapandin, ez di-xapîn-im, min xapand *(tr.)*	betrügen, täuschen
xar bûn *(intr.)*	schief sein; hängen
xebat pê bûn *(intr.)*	arbeitsfähig sein
xeber dan *(tr.)*	informieren

xebera ... kirin *(tr.)*, bi	auf jdn. hören
xebitîn, ez di-xebitî-m/xebitî-m *(intr.)*	arbeiten
xeniqîn, ez di-xeniq-im/xeniqî-m *(intr.)*	ertrinken
xerîbî kirin *(tr.) reg.*	vermissen
xeyal kirin *(tr.)*	träumen
xilas kirin *(tr.)*	beenden *(n)*, retten
xistin, ez di-xîn-im, min xist *(tr.)*	hineintun, platzieren, schlagen
xizmet kirin *(tr.)*	dienen, bedienen
xuya bûn *(intr.)*	scheinen, erscheinen
xuya kirin *(intr.)*	erscheinen, ans Licht bringen
xwar kirin *(tr.)*	biegen, verbiegen
xwarin, ez di-xw-im, min xwar *(tr.)*	essen
xwarin çêkirin *(tr.)*	kochen
xwe sist kirin *(tr.)*	unentschlossen sein
xwedî kirin *(tr.)*	erziehen, züchten
xweşî bûn *(intr.)*	gefallen
xwestin, ez di-xwaz-im, min xwast *(tr.)*	wollen
yaranî kirin *(tr.) reg.*	Spaß machen
zên bûn (intr.)	belesen/klug/schlau sein
zeft kirin *(tr.)*	mit Gewalt festhalten
zewicîn, ez di-zewic-im/zewicî-m *(intr.)*	heiraten
zindî kirin *(tr.)*	entfachen, wach rufen
zivirîn, ez di-zivir-im/zivirî-m *(intr.)*	zurückkehren
zîz bûn *(intr.)*	verärgert sein
zûrezûr kirin *(tr.)*	heulen (bei Tieren)

INDEX

TRACKLISTE

1 Destpêka Çîrokê – Çîroka kitêbê
2 Tebîetê Dûpişk
3 Tiştên Destpêkê
4 Hesreta zaroktîyê
5 Çend Kesayetî
6 Li Mala Mîr Celadet Alî Bedir-Xan
7 Hin Stran û anekdotek
8 Bavê min û Şivan, ez û Şakiro
9 Sewîlê Sofî
10 Min navê xwe kola li bircên Dîyarbekir
11 Sînor
12 Martînê Bextewar
13 Nameyêd Neşandî
14 Xwezil
15 Dengê Arif
16 Xewn û xeyala qîzikan: Derwêşê Evdî
17 Lesetext I: Anton Çêxov – Zêrê Qezenckirî
18 Lesetext II: Topal Osmanê xwînî û şerma mezin
19 Lesetext III: Lawikê du dê
20 Lesetext IV: Ji zargotina Kurmancî
21 Lesetext V: Lêxistina li derîyê serayê

Die **Audiodateien** befinden sich auf der **CD**. Sie finden sie aber auch zum **Download** oder direktem **Hören** auf der **Verlags-website** sowie auf der **Autoren-Website**.

http://reichert-verlag.de

https://kurdihindibim.com

Kurdisch Kompakt
Lehr- und Übungsbuch
mit Lösungsschlüssel und CD
Von Abdullah Incekan
8°. 274 S., kart., 50 s/w-Abb.
(978-3-89500-720-0)

Compact Kurdish - Kurmanji
Textbook with Exercises,
Key and Audio-CD
By Abdullah Incekan
8°. 276 pp., pb., 70 ill. b/w,
(978-3-89500-959-4)

Der „Kompaktkurs Kurdisch (Kurmancî) mit CD" liefert in 19 Kapiteln praxis-orientiert Grundkenntnisse des Kurdischen. Jedes Kapitel besteht aus einem authentischen Text, Vokabelangaben, Grammatikerklärungen sowie Übungen. Die Texte sowie mehrere Übungen zur Aussprache können über die mitgelieferte Audio-CD gehört werden. Die Bilder und Grafiken dienen der Veranschaulichung der Textinhalte. Der Kompaktkurs eignet sich für alle, die im Selbststudium oder im Sprachkurs das Kurdische (auch ohne Vorkenntnisse) lernen oder ihre Kenntnisse vertiefen möchten. Ein umfangreicher Anhang mit Schlüssel, einem Vokabelverzeichnis Kurdisch-Deutsch und Deutsch-Kurdisch, einer Liste der beiden Verbstämme sowie einem Grammatikindex runden den Band ab.

Deutsche Gedichte zweisprachig
(Kurmanji-Kurdisch / Deutsch)

Von Abdullah Incekan
8°. 112 S., geb.,
(978-3-95490-507-2)

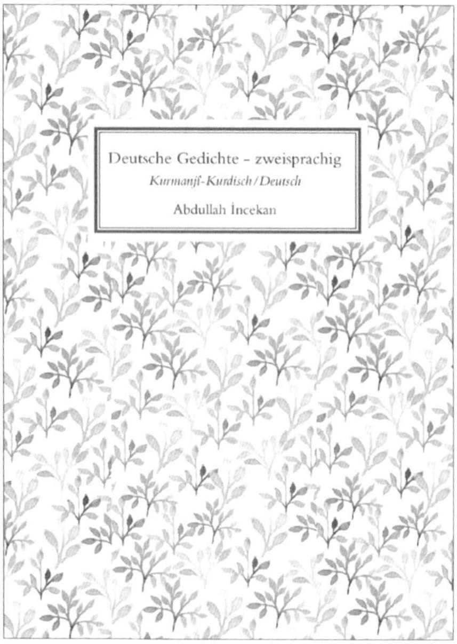

In Deutschland leben mittlerweile 1.5 Millionen Menschen kurdischer Herkunft, doch ist der Austausch zwischen den beiden Sprachen Deutsch und Kurdisch auf künstlerisch-literarischer Ebene nur marginal. Erste literarische Werke kurdischer Autoren wurden in den letzten Jahren ins Deutsche übersetzt, eine Seltenheit ist bisher jedoch die Übersetzung deutscher Literatur in die kurdische Sprache. Abdullah Incekan, ein deutscher Autor und Pädagoge kurdischer Herkunft, hat es sich zum Ziel gemacht, die kurdische Sprache, deren Gebrauch in den Herkunftsregionen massiver Unterdrückung unterliegt, auch auf literarischer Ebene zu wahren und zu fördern. In seinem Lyrikband „Deutsche Gedichte / zweisprachig" übersetzt er ausgewählte Gedichte deutscher Dichterinnen und Dichter aus unterschiedlichen Epochen ins Kurmanji-Kurdisch. Neben zahlreichen Gedichten aus dem West-Östlichen Divan von Johann Wolfgang von Goethe finden sich auch Werke von so bedeutenden Autoren wie Heinrich Heine, Friedrich Nietzsche, Rainer Maria Rilke, Erich Fried, Ulla Hahn und Ingeborg Bachmann.